姜企华　总主编

赢 在未来

规划：
高中生涯教育手册

姜企华　吴冬辰　主编

Planning

上海交通大学出版社
SHANGHAI JIAO TONG UNIVERSITY PRESS

内容提要

上海市崇明区在多年的心理健康教育和生涯教育实践过程中，注重打造区域生涯教育特色，不断提升区域生涯教育品质，尤其在生涯教育课程方面，开展了小初高一体化的探索。本书基于崇明生涯教育团队多年的实践经验，从中小学生涯教育理论背景和学理机制出发，系统开发了小初高一体化的生涯教育手册，以学生自主发展为目标，引导学生在认识自我、探索社会的基础上做好自身的学涯、生涯规划，激发持续的学习动力，培养坚毅的学习品格，促进学生成长成才。

本书可供相应学段学生自主阅读，也可作为生涯教育教师备课参考。

图书在版编目(CIP)数据

赢在未来. 规划：高中生涯教育手册/姜企华总主编；姜企华，吴冬辰主编.
—上海：上海交通大学出版社，2021
ISBN 978 - 7 - 313 - 24510 - 6

Ⅰ.①赢…　Ⅱ.①姜…②吴…　Ⅲ.①职业选择—高中—教学参考资料
Ⅳ.①G634.933

中国版本图书馆 CIP 数据核字(2020)第 254300 号

赢在未来——规划：高中生涯教育手册

YING ZAI WEILAI——GUIHUA：GAOZHONG SHENGYA JIAOYU SHOUCE

总 主 编：姜企华　　　　　　　主　　编：姜企华　吴冬辰
出版发行：上海交通大学出版社　　地　　址：上海市番禺路 951 号
邮政编码：200030　　　　　　　　电　　话：021 - 64071208
印　　制：当纳利(上海)信息技术有限公司　经　　销：全国新华书店
开　　本：787mm×1092mm　1/16　印　　张：13.5
字　　数：157 千字
版　　次：2021 年 4 月第 1 版　　　印　　次：2021 年 4 月第 1 次印刷
书　　号：ISBN 978 - 7 - 313 - 24510 - 6
定价(全三册)：88.00 元

生涯起航　瀛洲拓梦

中小学生涯教育是运用系统方法,指导学生增强对自我和人生发展的认识与理解,促使学生在成长过程中学会选择、主动适应变化和开展生涯规划的发展性教育活动。加强中小学生涯教育,是促进学生全面发展和终身发展的重要举措,也是上海深化教育综合改革、实施新时期德育与心理健康教育的必然要求。

自 2015 年起,崇明区的高中学校就积极参与新高考改革下上海市生涯教育的实践。2018 年上海市教育委员会颁发了《关于加强中小学生涯教育的指导意见》,崇明区作为项目区,更是积极探索和有效推动中小学一体化实践。这套书是崇明区在生涯教育上不断探索实践、在心理健康教育方面不断进取的体现,也是崇明区育心育德的进一步拓展。本书具有出如下特点:

1. 在主题上满足学生发展和成长的需求

心理健康教育是开展认识自我、尊重生命、学会学习、人际交往、调适情绪、升学择业、人生规划以及适应社会生活等方面的教育，引导学生增强调控心理、自主自助、应对挫折、适应环境的能力，培养学生健全的人格、积极的心态和良好的个性心理品质。本书包含生涯教育中的"自我认知""社会探索"和"生涯管理"板块，还加入了"电影人生"和"拓展阅读"板块，整个栏目的设计，全面贯穿了生涯教育的主线，同时兼顾心理健康教育的多项内容，起到培养学生自我管理、适应社会和积极人格的作用。

2. 在设计上综合助人和自助多种途径

学生生涯规划能力是一种综合能力，是在学生学习和社会实践过程中慢慢培养的，这有赖于课程育人、活动育人、实践育人、环境育人、文化育人等多种手段的运用。本书每一个主题的设计都由"课前导引""悦读一刻""体验学习""知识锦囊""故事阅读"和"课后实践"组成，整体结构完整、内容丰

富,教师容易学习和实施,在小学、初中和高中分段实施,是比较系统的课程教育资源。同时,生涯知识、人物故事、电影理解、拓展阅读等都可以让学生自己学习和领悟。设计依据学生的年龄特点,运用生动活泼、丰富有趣、富有启发、能拓展、可实施的素材,助人和自助相结合,起到提升学生的生涯意识和生涯成熟度的作用。

3. 在内容上与地域风土人情和文化环境相结合

生涯教育是连接学校与职场、生活世界的桥梁,其实施也应注重与学校之外的真实社会生活的连接,不能只停留于书本上理论知识的获得,最终是要让学生具备独立面对社会、走向社会的能力,使学生具备终身生涯规划的基本素养。本书立足学生身边的资源,包括父母的职业、校友的行业和身边的职业,尤其关注本地区的自然资源和人文环境中蕴藏的丰富的职业岗位、职场人物、传统行业、新兴职业和未来的职业发展,充分挖掘和开拓崇明地区的生涯教育资源,大大提升学生生涯实践体验的情感和实效。

4. 在目标达成上提升了心理教师队伍的专业化水平

崇明地处上海比较偏远的地区，在引进师范毕业生上没有优势，多年来，崇明区教育局致力于心理健康教师队伍的专业化建设。本书集结众多心理教师参与，区教研员和骨干教师充分发挥引领作用。本书的撰写让教师们对生涯教育有了更深的学习和领会，也让心理健康教育活动课有了再设计和创新的基础，这是区域内心理健康教育教师队伍培养和提升的有效手段和真实途径，也提升了教师课堂教学的拓展力。

综上所述，本书目标清晰、结构完整、内容丰富，是知识性、体验性和实践性兼具的生涯教育课程资源和学生读本，策划与撰写教师的细心、贴心、用心非常令人感动，对我是一次很好的学习，是为序。

上海学生心理健康教育发展中心副主任　沈之菲教授

2021年3月

目录
Contents

赢在未来——规划：高中生涯教育手册

绪章

生涯概述

第一节　生涯是什么

对于很多人来说，"生涯"（Career）是一个既熟悉又陌生的词。说它熟悉，是因为不少人都听说过"职业生涯""演艺生涯""学生生涯"等名词，甚至自己也经常把它挂在嘴边；说它陌生，则是因为，如果要明确地说出一个对于"生涯"的准确定义，我们总是觉得模模糊糊，不知如何描述。

生涯领域的著名专家舒伯（D. E. Super）曾经凭借他在该领域的极深造诣，为"生涯"做出了这样一份定义：

"生涯是生活里各种事态的连续演进方向；它统合了人一生中依序发展的各种职业和生活的角色，由个人对工作的投入而流露出独特的自我发展形式；它也是人生自青春期以至退休之后，一连串有酬或无酬职位的综合，除了职业之外，还包括任何和工作有关的角色，如学生、受雇者、退休者，甚至包含了副业、家庭、公民的角色。生涯是以人为中心的，只有在个人寻求它的时候，它才存在。"

这满篇拗口而抽象的专业词汇，再加上长长的句子和陌生的翻译式句法，一定会让你觉得非常头疼——每个字分开来都认识，但是放在一起却不知道是什么意思。

没关系，接下来我们用一个比喻，让你理解生涯概念里的五个要点：你可以把生涯想象成一段扬帆出海的旅程。

一、所有的旅程,都有一个方向、一个目标

这是"生涯"与"人生"最大的不同:人生开始于出生,终结于去世,中间可以随波逐流,可以浮浮沉沉,不管主动还是被动,积极还是悲观,绚烂抑或悲惨,都是一种人生,就像一艘小船,在大海的波涛中随浪起伏。

但是那样的人生,并不是生涯。

只有当你决定扬帆出海的时候,才是开启你生涯的那一刻。那时候,你的心中一定有一个方向:也许你想要看一看海豚跃出水面的美景,或者你想看鲸鱼喷水的奇观,或者你想去寻找海底失落的宝藏。

正是因为有了这个目标,你才会有针对性地做出各种各样的准备:定期保养、升级你的小船,准备好足够的食物和水,不断地根据地图调整航向……

一个方向,让这些行动有了意义;一个目标,让人生成为生涯。

二、每一个人拥有不一样的生涯目标

每个人出海的原因可能都不一样。前面我们提到,有的人出海是为了找海豚,有的人出海是为了找蓝鲸,有的人出海是为了找孤岛,有的人出海是为了找宝藏。

同样的,在漫长的生涯旅程中,每个人都在寻找着独属于自己的"成功和幸福",每个人对这两个词汇都有自己的理解。

比如,同样是追求事业上的成功,有的商人想的是赚更多的钱来满足自己

的奢欲，有的商人想的是改变一个国家；有的演员想的是尽快大红大紫、赚流量，有的演员想的是留下可以传承百年的经典佳作。

此外，也没有谁规定一段漫长的旅程，只能追求一个目标。当你看过了海豚之后，说不定还能继续去寻找独角鲸呢？

生涯也是如此。随着我们生活阅历的增加，过去的目标在完成或无法完成的时候，也可能会发生改变。比如，你小的时候想成为一名威风凛凛的抓坏人的警察，但是等长大了才发现，警察的工作很危险、很忙碌，此时你就想当一个清闲的民警，或者干脆放弃警察，改当一名普通的白领。

三、每一段生涯旅程都是独一无二的

就算两个人的目标完全一样（这种概率当然很小），他们的生涯过程也必然会出现不同。

当出海的时候，你会不会觉得每一段航程都一样？无非就是从小船换成中船再换成大船，然后沿着固定的航线，从小港口到中港口再到大港口，一段一段地走下去……

这种传统的生涯观念，我们叫做"表生涯"：它指的是在我们的生涯旅程中，别人可以清楚看见的一条条客观的、固定的路径。比如，如果你选择了公务员，就要按照乡科级、县处级、厅局级、省部级、国家级的顺序，一步步往上攀登。如果你选择在学校里面当老师，也有相应的教师级别，从初级到中级再到高级，需要你逐步升级。而在公司里工作，则需要从一般职员开始，然后主管、总监，最后一路升迁到总经理，才算是功德圆满……

在不了解生涯的人眼里，他们坚信"女怕嫁错郎，男怕入错行"的古训，认为职业选择是一件可以与婚姻相媲美的"终身大事"，因为选择一份职业，不仅仅是选择了现在的职位，也是选定了一条未来30年必须走下去的路。

但是只有当你自己踏上这段旅程，才会知道，你遇见的每一朵浪花、每一次风暴，你欣赏的每一场美景、每一次奇遇，都是不可复制的。

这种生涯观念，就是"里生涯"：从生涯的角度来说，客观的职位变动固然存在，却不是最重要的，因为生涯更强调的是主观感受。

前者是"工作是怎么样的"，后者则是"人如何工作"，甚至于"工作如何成就一个人"。因此，即便对于同一个职位来说，不同的人可以，而且一定有不一样的表现形式。譬如，同样是美国总统，奥巴马和特朗普在任内的表现却完全不同，获得的评价不同，个人的生涯经验当然也有着巨大的差别。

四、职业不是生涯的全部

尽管我们出海都有一个比较单纯的目标，但是到了海上，会碰到很多意想不到的事情：比如，你要不断学习提高操纵船只的技巧，你会结识志同道合的朋友，你要在海上打扫自己的船只，你需要定期拜访你的父母和亲戚，你会在天气晴好的时候晒晒太阳，你甚至可能邂逅一段美好的爱情……你会为了海豚或者宝藏，完全放弃这些美好的体验吗？

对于生涯来说，也是如此。尽管在很多人的眼中，"生涯"和"职业"似乎是一对固定搭配，甚至很多人会认为"职业生涯"就是一个词。但是，"生涯＝职业"，这样的公式并不成立。

生涯是由多个角色所组成的，职业只是其中一个角色，重要但并不唯一。所以，在生涯的目标和过程中，我们不仅仅在追求和体验工作角色，还体验着其他与职业相关联的重要内容。

除了工作之外，生涯中重要的角色还包括：

（1）子女角色，涉及我们和父母的关系，比如和父母闲聊娱乐，接受父母的照料或照料父母；

（2）学生角色，涉及我们个人的学习和成长，比如读书、进修；

（3）休闲者角色，涉及我们的娱乐放松，比如玩游戏、看小说；

（4）公民角色，涉及我们对社会公共事务的关注与贡献，比如讨论社会新闻、成为志愿者；

（5）夫妻/爱人角色，涉及亲密关系的建立和维持，比如谈恋爱和婚姻生活；

（6）持家者角色，涉及对家庭的投入，比如洗碗扫地、添置家用；

（7）父母角色，涉及对后代的关注与投入，比如带孩子去游乐场、陪孩子旅行。

在生涯的不同阶段，这些角色的重要性各不相同。比如，当我们还在学校读书的时候，更多的是追求学生角色上的成功；初入职场，更多关心工作者角色，也就是事业上的成就；但是人到中年，就需要平衡工作者、夫妻、子女等多个角色；而到了老年，则可能会追求其他角色（比如休闲者）。

每个人生涯过程的独特性，也体现为不同角色之间因为不同重要性所形成的组合。比如，相比于男生来说，女生的生涯发展过程通常会面临更大的挑战，以及更多的不确定性。因为女生所要考虑的角色任务更多、更重，比如养育后代,精力容易被分散,不像男生只须集中在有限的几个角色上(工作者、休闲者)。

以上所有的这些,都属于生涯的范畴,它们和工作一起,相互影响、相互融合,组成了一个人生涯的全部。

五、并不是只有工作的人才有生涯

在现行的社会制度下,职业生涯是有一定周期的,时间是有限的:一般始于基础教育完成之时(20岁左右),终结于退休之日(60岁左右)。因此,传统的生涯理论和相关指导,针对的都是将要进入工作(比如应届生)或已经工作的人士。

我们在前面提到,在生涯里,工作之外其他的事情,也都是生涯的一部分。这变相地延长了生涯的时间跨度,将之从职业解放出来,拓展到了更长的时间段内。

就好比,对于航行来说,在岸上的每一次休整、放松,都是为了下一次更好地启程,因此也是旅行的一部分。

在生涯中,休息的时间也一样有意义。这种拓展对两类人特别重要:

第一类人,是离职场非常遥远的低年级学生,比如高中生,甚至是初中生、小学生。

我们常常听到这样的疑惑:学生离参加工作还远着呢,为什么现在就要学习生涯? 以后的事情,谁又能预言? 现在进行生涯探索,是不是太早了一点?

如果你认可传统的、以"职业"为核心的理念，那么类似的这些问题就非常难回答；不过按照我们上面提到的更宽泛的生涯概念的话，生涯并不遥远。

即便是高中生，甚至初中生和小学生，也在进行着他们的生涯之旅，在学生、子女等角色的协调与冲突中，探索着自己的未来之路。

第二类人，则是脱离了工作的老年人，也就是退休者。

对于退休者来说，退休意味着从繁重的工作中解脱出来，既有快感，又有一种放逐的意味：退休的人不仅远离了工作、远离了重要的人脉关系，似乎也随之失去了人生的方向，变成了依靠养老金而"无所事事"的人。

于是，有的人天天在家围着柴米油盐转，有的人总是出门游山玩水，有的抚养孙辈，有的写字跳舞。虽然外人看起来都非常悠闲，但是对退休者来说，这些似乎只是为了打发时间而不得不采取的行动。

生涯则给了退休者一个新的视角来看待自己的退休生活：不再被动地"消磨时间"，而是主动地选择与享受休闲者或持家者的角色，或是其他的角色，如公民角色、父母角色等。

随着人均期望寿命的逐渐延长，退休之后的时光也越来越长，退休者应该尽情地去追求新的生涯方向，以创造或延续自己的生涯体验。

小结：

生涯，就是这样一段带着目标、与众不同、丰富多彩的旅程。现在，你知道了吗？

第二节　为什么要学习生涯

前面我们提到了关于生涯的定义，帮助你了解了什么是生涯。那么另一个问题随之而来：生涯是要学什么呢？为什么要学习生涯呢？

在很多人看来，生涯根本不需要刻意去学。毕竟，每个人对于自己的生涯发展，都会有一种直觉，能在面对各种挑战的时候灵活应对。更何况，古今中外，有那么多名人，比如李世民、林肯、爱迪生、居里夫人，他们可从来没学过什么生涯，不也度过了成功的一生吗？

这种说法，有它一定的道理：有些人确实会对自己的生涯发展，做出恰当的反应，其中一些人也会因此而获得成功。但是，这里面忽略了一个关键点：概率。

对于没有学过生涯的人来说，他们在面对各种生涯挑战时，自发做出的反应，往往是错的多、对的少；而从整个社会来说，取得成功的人，也远远少于那些没有成功的人。这些成功者的成功，与其说是个人生涯思考的结果，不如说是风云际会所造就的偶然。

我们可以用打乒乓球做比方：只要你手脚利索，哪怕你不进行任何训练，也能像模像样地跟别人打上几拍，运气特别好的时候，甚至能打赢一些专业选手。但是总体来说，你出错和失败的概率是很高的。

然而，专业的学习和训练却可以快速提升你的技巧、提高你的反应能力，让你在乒乓球运动中，打得更从容、更准确，更容易获得成功。

你希望自己反应更快、技巧更多，从而更可能获得成功，还是自己瞎琢磨、乱挥拍，等待命运女神的眷顾？

任何正常人可能都希望能掌控自己的人生。而生涯学习的意义就在于此：通过已经得到验证的系统性学习和训练，提高自己在面对生涯挑战时反应的准确率，并最终提高整体生涯发展中的成功率。

具体来说，学习生涯，可以让你在三个不同的层面，获得长足的进步：决策、发展与适应。

一、第一个层面，是点的层面：决策

决策是我们在生涯发展过程中的一个个关键点。

虽然在我们的人生中，早已做过很多大大小小的决定：小到今天中午吃什么、明天穿什么衣服上学，大到我要读哪所中学、未来我要成为什么样的人。

但是，真正会做决定、能做出好决定的人，其实并不多：有的时候，你选择了一份难吃的午餐；有的时候，你选错了班级。甚至有不少人，将选择权交给别人，让父母、老师、朋友、亲戚甚至陌生人来决定自己的生涯。

俗话说的好：授之以鱼，不如授之以渔。通过生涯学习，我们将重新掌握主动权、自主权，学会理性地、系统地、全面地进行决策，尤其是那些重大的、足以影响整个生涯发展走向的决策。比如，你在高一时候，要决定自己的高考选考科目；高考完成了，则要决定自己的志愿填报，选择专业与大学。

二、第二个层面,是线的层面:发展

在不用做重大决策的日常,我们该做些什么呢?难道就干等着决策的到来?当然不是。将一个个重要决策点连起来的一条条线段,就是生涯学习中的第二个重点,也就是我们通常理解的"努力"。

过去常常听人说,"选择比努力重要",然而在生涯的学习中,选择固然重要,努力却占据着更高的地位,因为努力从两方面影响着选择的结果。

在选择之前,发展决定了选择的范围。努力发展是为了什么?有些人认为,努力就是为了得到更好的东西,比如考高分就是为了上更好的大学,赚钱就是为了买奢侈品……这其实曲解了努力的真正含义:努力,是让你有更多选择的自由。

努力赚钱,是让你想要吃昂贵美食的时候能吃得起,并不是说顿顿都要吃山珍海味,便宜的美食(比如麻辣烫、酱鸭腿)就不能吃。

同样的,在学习上的努力,也并不是说你一定要"一分都不浪费"地上最好的大学,而是让你有更多挑选的范围,不至于去不了自己要去的地方、学不了自己想学的专业。

更重要的是,在选择之后,发展决定了选择能否实现。生涯目标的实现,并不仅仅依赖于选择的方向,也依赖于后续的努力。如果一开始选择对了,但是却不能很好地付诸行动,那么最终的结果也不会太好。

比如有些学生,终于决定进入国内知名的大学和专业,但是最终却以退学收场,未必是因为当初的选择错了,而是在后续的学习中,没有努力地去磨合和适应。

反过来说，也许一开始的选择看起来并不完美，但是通过不懈的努力，也有可能使之成为现实。在中华人民共和国成立初期，以钱学森为代表的海外学者纷纷归国参与建设。以当时的情况来说，不能说这是一个很好的选择，然而正是因为他们的不懈努力，才让当初看起来"傻傻"的选择，变成了最有意义的事情。

尽管人人都知道要努力，可是具体来说应该怎么努力呢？比如，在众多的技能中，哪些技能需要投入较多的时间和精力去磨练，哪些技能只需要粗略的掌握？在学习的过程中，怎么样才能让自己坚持不懈，而不是三分钟热度呢？怎么样能够提高自己的学习效率呢？

这些，都是生涯学习中我们要去学会的。

三、第三个层面，是面的层面：适应

不管是作为点的决策也好，作为线的发展也罢，它们大多是固定的。很多人的生涯非常相似：都会在比较一致的时间点，面对一致的决策问题（比如高一选科、高三选专业、大学毕业找工作），也会在比较一致的时间内，面对一致的发展问题（比如中学学习基础知识、大学学习专业知识、工作后提高工作技能）。

但是我们前面在生涯概念中提到了，每一个人的生涯都是独一无二的。之所以会觉得类似，主要是因为以往的社会比较稳定、变化较少，因此在选择的过程中，人们会预设许多影响选择的因素，处于一种较为固定的状态（比如整体就业环境）。

而在发展的过程中，由于可预见的挑战越来越多，人们也会更多偏向于去培养一些固定的、公认为有用的能力，比如高考的应试能力、求职技巧等。

然而，随着社会的发展，职业世界的变动也越来越快。过去十分有保障的"铁饭碗"（比如公务员、国企员工），有可能在短短几年之内就无人问津；而从未出现过的新兴职业（比如网络主播、电子竞技选手），却能在刚刚兴起的时候，就成为人人趋之若鹜的"香饽饽"。

此外，随着科技的发展（比如互联网的出现），信息的交流变得极为方便快捷，因此使得个体在不同工作间的流动也越来越频繁。过去几乎被认为是美德的"从一而终"式的长期雇用，越来越多地被短期雇用、频繁转职或多重兼职所取代，也就是著名的"无边界生涯"（boundaryless career）。

简单来说，就是你可能再也无法准确地预料，你可能面对的问题：你不知道自己学的东西，在下一秒会不会变得没用；你不知道会面对什么挑战，也不知道是否为它做好了准备；当新的东西出现的时候，你也不知道怎样快速地去应用它；当周围环境风起云涌的时候，你也不知道怎样灵活地去适应它。

学习生涯，可以教会你这些。因为生涯之学，即应变之学。不管是选择也好，发展也罢，本质上都是一种适应的过程。

而除了选择和发展，学习生涯可以让你始终保持对自我和社会的关注、对新事物的好奇、对自我的掌控，以及对自身的信心，从而从容地面对任何不可预知的挑战。

换句话说，生涯的学习可以帮助你更清楚自己想要的东西，不断调整自己的目标和方向；同时，也可以帮助你不断更新自己的知识和技能，更容易获得自己想要的成功与幸福。

小结：

理性地选择，高效地发展，从容地适应。如果你希望自己能够做到这三件事，那么生涯的学习，就是你不能错过的核心功课。

第三节　我该做什么：高中生涯任务

前面我们提到了生涯学习的三层意义（学会决策、学会发展和学会适应），这是对整个生涯发展过程（从青春期到老年的漫长时光）而言的。但是，生涯学习包含的内容实在是太多了。因此，在生涯发展的不同阶段，会有不同的侧重点。

具体到高中阶段，结合高中学科学习的现状，以及中国独特的社会文化条件，高中生要重点学习的就是"决策"：决定高考选考科目、决定未来升学途径（国内还是国外，艺术特招还是体育特招，等等）、决定自己未来的大学与专业。

因此，围绕决策这一核心主题，在高中阶段我们要在生涯方面完成的学习，主要有以下四个任务：

一、进一步觉醒与巩固生涯意识

生涯学习与学科学习最大的一点不同是，学科学习可以由外部动力所推动：父母的期许、老师的督促、同学的比较、分数的鞭策，因为至少在当前，学科学习仍然主要是围绕考试分数进行的。

但是生涯学习不同。生涯学习没有任何量化的考试，没有同学、老师、家长的强迫。对于很多同学来说，生涯的相关学习和课程，就跟体育课、音乐课一样，是非常快乐轻松的课程。

所以，如果你希望在生涯学习中有所收获，那么最重要的就是具备一种主动的意识，或者说信念：在理解生涯概念的基础上，相信在书本上、课堂上所进行的各种探索，都会对自己未来的生涯产生帮助。

如果缺乏这种信念，所有的生涯学习就会事倍功半，甚至可能竹篮打水一场空，看似热闹和投入，实则一无所获。

二、进行深入而全面的自我探索

所有的选择都离不开对自己的了解。对自身的了解，不仅仅是生涯选择的基础，同时也是生涯发展的开端，因为高中生并不是白纸一张，而是已经形成了自己的性格特色。

但是，了解自己又是一个庞大的课题，包含着数之不尽的内容，而其中对生涯发展有重大帮助的自我了解，只占很小一部分。

比如，了解自己的身高和体重，了解自己的饮食习惯，算不算自我了解？但是这种了解对未来发展并没有太多的作用。

那么，在高中有限的时间里，应该重点了解自己的哪些信息呢？在生涯领域最流行的人-环境匹配理论（包括霍兰德兴趣类型理论、工作适应理论）的指导下，为了促进自我的生涯发展，做出更好的决定，最重要的自我探索内容主要包括四个方面：

兴趣（我喜欢做什么）、能力（我能做什么）、价值观（我想做什么）和性格（我做事的典型风格）。

此外，值得一提的是，对于具有高度可塑性的高中生来说，自我探索的内容除了强调"现在"，更要强调"未来的发展和变化"，比如兴趣的演变、能力的发展、价值观的移动、性格的塑造，等等。

三、掌握外部探索的基本方法

俗话说的好：知己知彼，方能百战百胜。在"知己"的自我探索之后，就要进行"知彼"的外部探索了。

与自我探索相同，生涯领域的外部探索包含着丰富的内容，小到班级家庭，大到国家社会。因此，在有限的时间里，外部探索主要集中在三个主题上：大学、专业与职业。

但是，世界上的大学、专业与职业，加起来成千上万，我们既没有办法，也没有必要一一进行介绍。因此，外部探索方面，高中生要做的不仅仅是了解具体的内容，更重要的是掌握一整套探索的方法：对于大学、专业和职业，应该从哪些角度进行评价和比较，又可以通过哪些方式和途径获得关键的信息。

还是那句话，授之以鱼，不如授之以渔。与其听别人没完没了地介绍甚至吹嘘，不如把探索的主动权握在手里。

四、掌握生涯决策的知识与技巧

在高中的生涯学习中，作为"选择"任务的最后一步，决策技巧占据了非常重要的位置。正如著名的存在主义哲学家萨特所言："我们的决定，决定了我们。"

但是前文提到，尽管我们曾经做过很多大大小小的决定，却从未对决策的过程和技巧有过深入的了解：生涯中的选择，重点并不是选择的结果，而是选择的过程。

更何况，除了你自己之外，没有任何一个人、任何一本书，有资格代替你做决定。所以最好的方法就是，学习一整套经过验证、行之有效的决策技巧，结合自身情况（自我探索）和外在环境（外部探索），完全自主地做出最适合自己的决定。

小结：

意识先行，了解自我，探索环境，科学决策，共同组成了高中生涯的"四重奏"。

第四节　本书能带给我什么

你手上拿到的这本书，就是围绕我们上面提到的高中生涯四大发展任务，而建立起来的一整套内容。

如果把生涯比作扬帆起航的旅程，这本书扮演的角色，就是一张航海图、一份藏宝图。它可以分成以下五个部分。

第一部分，生涯概述，也就是你现在读到的这一部分，主要包括六个小节：生涯是什么、为什么要学习生涯、高中生要完成哪些生涯任务、这本书能带给我什么、这本书该怎么使用，以及除了这本书之外我还可以做什么。

通过介绍与生涯有关的基本概念，第一部分的作用，是帮助你进一步加强生涯意识，更清晰地知道你在干什么、读这本书有什么用。

第二部分，自我探索。包括我的职业兴趣、我的价值观、我的性格密码、我的合作能力、学做时间的主人，这五个小节。

第二部分的目的，是让你对自己的兴趣、价值观、性格和两种关键能力（团队合作、时间管理）进行深入的了解，从而为生涯决策奠定基础。

第三部分，外部探索。包括理想大学探秘、探索大学专业、崇明本土职业探秘、寻找好榜样、寻找好伙伴，这五个小节。

第三部分的目的，并不是让你一下子化身江湖百晓生，对大学、职业这些内容烂熟于心，而是让你学会分析，以及获得相关信息的方法。更多的信息，需要你自己用别的方法收集。

第四部分，生涯决策。包括寻找好职业、人生规划书和生涯决策单，这三个小节。

这一部分的目的，不是告诉你该做什么选择，而是在进一步拓宽你对生涯认识的基础上，有机地整合前面进行的所有内部及外部探索，教授理性决策的方法，帮助你最终做出一个属于自己的决定。

第五部分，生涯拓展。包括电影中的生涯故事、拓展阅读两个小节。

这一额外的部分，从两种我们日常生活中最常见的信息源出发，介绍一些能够引发生涯思考的优秀电影和书籍。除了增添你对生涯的好奇心和深度理解之外，这一部分还希望你能够意识到在书本之外，还可以通过其他很多方式获得生涯感悟。

小结：

生涯概述、自我探索、外部探索、生涯决策、电影/阅读，是这本书留给你的五份宝藏。

第五节　本书该怎么使用

本书并不是一本生涯教材,而是一本生涯读本。

因此,并不是说只有上课的时候你才可以把它拿出来使用,而是在任何你感觉到困惑、需要帮助或有所感悟的时候,哪怕是无所事事需要解闷时,都可以阅读它。

除了第一部分和第五部分之外,本书的每一节大约有 5 000 字左右(读完大概只需要一刻钟),主要分成六个模块:

(1) 课前导引,以某些问题或故事,引导你开始思考这一节的主题。

(2) 悦读一刻,通常是一些跟主题有关的小故事或者小知识,你可以轻松地阅读,并获得一些小小的体验。

(3) 体验学习,这一部分通常是一些需要你参与的活动(大多数只需要你动动笔)。为了实现这本书的最大作用,我们强烈建议你,根据活动的描述和要求,实际体验一下,而不是看看而已。

(4) 知识锦囊,通常与体验学习绑定,介绍一些与体验学习有关的重要知识点。仔细阅读这一部分——也许再勤奋地做一些笔记——会对你的生涯发展有更多的帮助。

(5) 故事阅读,通常是一些人物的生涯经历。里面也许有些你熟悉的名字,但更多的是你闻所未闻的普通人。尽管如此,他们带给我们的生涯感悟,并不会比名人少。

（6）课后实践，除了书上的内容，这部分会推荐你进行一些额外的拓展探索，你可以根据自己的现实情况，灵活地安排这些活动。

当然，对于生涯老师来说，如果手边没有合适的生涯教材，那么这本书也可以暂时充当一下这个角色。也可以围绕体验学习中的活动，构建一节独特的生涯课程，促进学生进行生涯探索。

小结：

轻松地阅读、投入地体验、认真地学习、自由地感悟，这本书才能带给你最大的收获。

第六节　除了阅读本书，我还能做什么

虽然对本书的内容和作用，我们编写者保持着充分的信心，但是我们也没有自大到觉得"只要看了它，你的人生就会发生脱胎换骨的改变"。

生涯的学习是一个庞大的工程，不是单纯地依靠一本书，就可以取得突破性的进展。只有通过多个方面的共同配合，才能够使自己的生涯不断进步。

因此，在阅读本书的基础上，我们建议你可以酌情采用以下提到的学习方式，来进一步强化你的生涯探索：

（1）校内活动。除了学习之外，学校里还有很多活动，每种都积极尝试一下，就可以促进你对自己生涯的理解，帮助你找到自己的兴趣和能力。比如，如果你的学校有艺术节、美食节、演讲比赛、运动会等，你就可以尝试探索自己是否有音乐、绘画、舞蹈、烹饪、言语、运动等方面的兴趣和能力。此外，校内活动也会让你接触到更多的人，可以使你从别人的生涯发展过程中得到一定的启示。

（2）校外实践。外部探索有很多个不同的渠道，如听老师讲解、看书或小说、看电影或电视剧、听从业人员讲解、实地参观、亲身参与等。这些不同的渠道带给学生的收获和感觉是完全不一样的。而走出校门，来到大学或职业场所，与真实的从业者进行访谈交流，你会得到最真实、最沉浸的体验。因此，希望你借助学校平台、家长资源、互联网工具等，多进行校外实践和探索，了解感兴趣的大学、专业和职业。

（3）生涯测试。除了在日常生活中发现自己的兴趣、能力、价值观等个人特征，我们还有更正式的方式：专业的生涯测试。科学验证过的生涯测试就像一次详细的体检，会更全面地告诉你，你是什么样的人、具有什么样的特点。再结合其他探索的收获，进行交叉验证，效果会更好哦！

（4）生涯讲座。对于某些特别的小型专题（比如考试焦虑、面试技巧、面试礼仪等），书本也好、活动也好，可能都不会涉及，但专门的生涯讲座却会把它们掰开揉碎地讲个清楚，在短时间内能产生比较好的效果。因此，碰到感兴趣的生涯讲座，也不要错过。

（5）融合学科。任何的学科教学里面，都有跟生涯相关的内容。比如，物理也好、语文也罢，里面有很多著名的人物，而每一个人都有其独特的生涯历程和生涯故事。再比如，结合不同学科中的知识点，我们可以联系到一些职业，比如化学里的蛋白质等知识点，跟营养师有关；地理中的等高线等知识点，跟测绘员、勘探工程师有关，都可以结合起来学习和了解。

（6）生涯辅导。如果你有一些特殊的、私人的困扰，而你的学校又有专门的心理咨询师或生涯咨询师，那么你可以选择生涯辅导这种最个性化的生涯教育方式。因为在面对面的互动中，咨询师将对学生面临的特殊状况、困难、疑惑或进步有更深入的了解，从而做到因材施教，对不同学生提供相应的生涯指导，促使生涯进步。所以，有问题，找咨询师就对了！

小结：

进入书本很重要，走出书本更重要。生涯这段旅程，你做好开始的准备了吗？

第一章

自我探索

第一节　我的职业兴趣

课前导引

我们都有这样的体验：当我们对一样事物十分感兴趣，就会产生积极探索和实践的动力，反之则会失去探索的欲望和动力。同样的，如果我们对所从事的职业充满兴趣，那么我们将更容易投入进去并持续付出努力，同时也能在一定程度上提升职业的满意度、稳定性和成就感。今天这节课就让我们一起探索职业兴趣。

同学们，平时你有哪些兴趣爱好？这些兴趣爱好和你的职业期待有关联吗？

悦读一刻

最有名的"村姑"

李子柒，生于 1990 年，四川绵阳人，知名视频博主，她的作品题材基本来源于中国人古朴的传统生活，以中华民族美食文化为主线，围绕衣食住行展开。

但和其他博主不一样的是,她拍摄的时间跨度会拉得非常大,更靠近事物的本质。比如拍姜的一生,拍摄从春末下姜种,到发芽、收获,历经秋、冬漫长的季节;拍酱油酿造也是从播种黄豆开始;拍冬棉被,则是从养蚕、做蚕丝再制被逐一呈现。因此她拍摄的视频总是呈现出一种时间的流动感。从造面包窑、做竹子家具、文房四宝、做衣服,到烤全羊、酿酒、酿造黄豆酱油……总之,正如网友所言,没有李子柒做不出来的东西。

父母在她很小的时候便离异,之后父亲早逝,由于从小继母对她不好,李子柒是跟着爷爷奶奶在四川农村长大的,爷爷去世后,奶奶就成了李子柒在这世上的至亲之人。由于家境清贫,14 岁她就辍学出去打工了,2012 年因为奶奶的一场重病,她决定回家照顾奶奶。2016 年,她开始策划起自己的短视频节目。2016 年 3 月 25 日,李子柒在美拍上发布了第一个"古香古食"系列的视频,当时对摄影一窍不通的她甚至是用手机完成整个视频的拍摄。2016 年11 月,她拍出了爆款视频"兰州牛肉面",全网播放量 5 000 万,点赞数超 60万。2017 年 4 月,视频"秋千"在美拍上的点击量突破 1 000 万,全网播放量8 000 万,点赞数超过 100 万,每天都有几十个广告商找上门跟她谈合作。这下,李子柒真的火了。目前李子柒的官方微博有粉丝 2 118 万,B 站有粉丝278.6 万。而在国外的视频网站上,还有数百万外国人为李子柒"打CALL",想要通过李子柒观看最有"中国风"味道的视频。

李子柒是一位现实中的造梦者,也是一位让梦想成真的普通人。在乡野山涧之间,在春风秋凉的轮替之中,她把中国人传统而本真的生活方式呈现出来,让现代都市人找到一种心灵的归属感,也让世界理解了一种生活着的中国文化。她用一餐一饭让四季流转与时节更迭重新具备美学意义,她让人看到

"劳作"所带给人的生机,而这一切,都源于她对农村生活的热爱。

体验学习

体验活动一:选择小岛

假设现在的你已经大学毕业,马上要步入社会,踏进职场,如果有以下 6 个岛,让你选择在其中一座小岛工作和生活一段时间,你会选择哪一个?

R岛:自然原始的岛屿,岛上保留有热带的原始植物林,自然生态保护得很好,也有相当规模的动物园、植物园、水族馆。岛上居民以手工见长,自己种植花果蔬菜、修理房屋、打造器物,制作各种工具。	S岛:温暖友善的岛屿,岛上居民个性温和、十分友善、乐于助人,社区自成一个密切互动的服务网络,人们互助合作,重视教育,充满人文气息。
C岛:现代井然的岛屿,岛上建筑十分现代化,是成熟的都市形态,以完善的户政管理、地政管理、金融管理见长。岛民个性冷静保守,处事有条不紊,善于组织规则。	A岛:美丽浪漫的岛屿,岛上充满了美术馆、音乐厅,弥漫着浓厚的艺术文化气息。同时,当地的原住民还保留了传统的舞蹈、音乐与绘画,许多艺术和文艺界的朋友都喜欢在这里找寻灵感。
E岛:显赫富足的岛屿,岛上居民热情豪爽,善于经营和贸易。岛上的经济高度发展,处处是高级饭店、俱乐部、高尔夫球场。来往者多是企业家、经理人、政治家、律师等。	I岛:深思冥想的岛屿,岛上人迹较少,建筑物多偏处一隅,平川绿野,适合夜观星象。岛上有多处天文馆、科博馆,以及科学图书馆等。岛上居民喜好沉思、追求真知,喜欢和来自各地的科学家、哲学家、心理学家等交流心得。

思考讨论:

(1) 你为什么会来到这个小岛?它最吸引你的地方是什么?

（2）在这个小岛上生活的这段时间里，你将以什么方式生活？

体验活动二：探索自己的兴趣类型

在生活中，你可能会遇到志同道合的朋友，你们对同一事物感兴趣。然而，即使是这样，你们也有可能属于不一样的职业兴趣类型。以足球为例：

兴趣类型	可能产生兴趣的原因
现实型(R)	足球运动
研究型(I)	足球技能以及比赛规律
艺术型(A)	足球运动中的竞技美感
社会型(S)	足球运动中的人际互动
企业型(E)	足球运动产生的周边商业价值
传统型(C)	足球比赛的规则及事务安排

所以，当探索自我兴趣的时候，不妨多问自己这样的问题：为什么对这件事感兴趣？对这件事的哪个部分感兴趣？

我的兴趣	可能产生兴趣的原因	所属的职业兴趣类型

赢在未来——规划：高中生涯教育手册

知识锦囊

霍兰德职业兴趣理论

体验活动一"快乐冒险岛"的六个小岛的原型，来源于霍兰德职业兴趣理论。霍兰德认为人的人格类型、兴趣与职业密切相关。根据兴趣的不同，该理论将人格分为研究型（I）、艺术型（A）、社会型（S）、企业型（E）、传统型（C）、现实型（R）六种类型，每个人的性格都是这六个维度的不同程度组合。

一、研究型(I型)

思想家而非实干家，抽象思维能力强，求知欲强，肯动脑，善思考，不愿动手。喜欢独立和富有创造性的工作。知识渊博，有学识才能，不善于领导他人。考虑问题理性，做事喜欢精确，喜欢逻辑分析、推理、不断探讨未知的领域。

二、艺术型(A型)

有创造力，乐于创造新颖、与众不同的成果，渴望表现自己的个性，实现自身的价值。做事理想化，追求完美，不重实际。具有一定的艺术才能和个性。善于表达、怀旧，心态较为复杂。

三、社会型(S型)

喜欢与人交往、不断结交新的朋友、善言谈、愿意教导别人。关心社会问题、渴望发挥自己的社会作用。寻求广泛的人际关系,比较看重社会义务和社会道德。

四、企业型(E型)

追求权力、权威和物质财富,具有领导才能。喜欢竞争、敢冒风险、有野心和抱负,为人务实,习惯以利益得失、权利、地位、金钱等来衡量做事的价值,做事有较强的目的性。

五、传统型(C型)

尊重权威和规章制度,喜欢按计划办事,细心、有条理,习惯接受他人的指挥和领导,自己不谋求领导职务。喜欢关注实际和细节情况,通常较为谨慎和保守,缺乏创造性,不喜欢冒险和竞争,富有自我牺牲精神。

六、现实型(R型)

愿意使用工具从事操作性工作,动手能力强,做事手脚灵活,动作协调。偏好于具体任务,不善言辞,做事保守,较为谦虚。缺乏社交能力,通常喜欢独立做事。

人们通常倾向选择与自我兴趣类型匹配的职业环境,如具有现实型兴趣的人希望在现实型的职业环境中工作,可以最好地发挥个人的潜能。

而霍兰德所划分的六大类型,也并非是并列

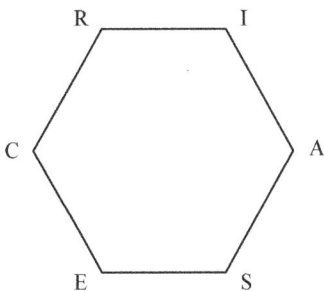

的，它们之间有着明晰的边界。霍兰德以六边形标示出六大类型的关系。

相邻关系：如 RI、IR、IA、AI、AS、SA、SE、ES、EC、CE、RC 及 CR。属于这种关系的两种类型的个体之间共同点较多，比如现实型 R、研究型 I 的人就都不太偏好人际交往，这两种职业环境也都较少有机会与人接触；现实型 R 和传统型 C 的人，做事情都非常仔细严谨。

相隔关系：如 RA、RE、IC、IS、AR、AE、SI、SC、EA、ER、CI 及 CS，属于这种关系的两种类型个体之间，共同点较相邻关系少。

相对关系：在六边形上处于对角位置的类型为相对关系，如 RS、IE、AC、SR、EI 及 CA，相对关系的人格类型共同点少，因此一个人同时对处于相对关系的两种职业环境兴趣很浓的情况较为少见。

一般来说，在评价个体的职业兴趣类型时会以其在六大类型中得分居前三位的类型组合而成，组合时根据分数的高低依次排列字母，构成其兴趣组型，如 RCA、AIS 等。不同组型相应适合不同类型的职业。

当然，我们也明白，影响职业选择的因素是多方面的，不完全依据兴趣类型，还要参照社会的职业需求及获得职业的现实可能性。因此，职业选择时要不断妥协，可能会寻求相邻职业环境，甚至相隔职业环境，在这种环境中，个体需要逐渐适应工作环境。但如果个体寻找的是相对的职业环境，意味着所进入的是与自我兴趣完全不同的职业环境，则我们工作起来可能难以适应，或者难以在工作中感到快乐。比如，当一个具有创造、个性的 A 型的人，进入到以保守、精细为主的职业中（比如会计），可能会感觉极度的压抑和不适。

兴趣的层次

兴趣是人认识某种事物或从事某种活动的心理倾向,它是以认识和探索外界事物的需要为基础的,是推动人认识事物、探索真理的重要动机。兴趣和人的积极情感相联系,培养良好的兴趣是推动人努力学习、积极工作的有效途径。

兴趣可以分为感官兴趣、自觉兴趣和志趣。三者一般呈金字塔状排列。

兴趣金字塔

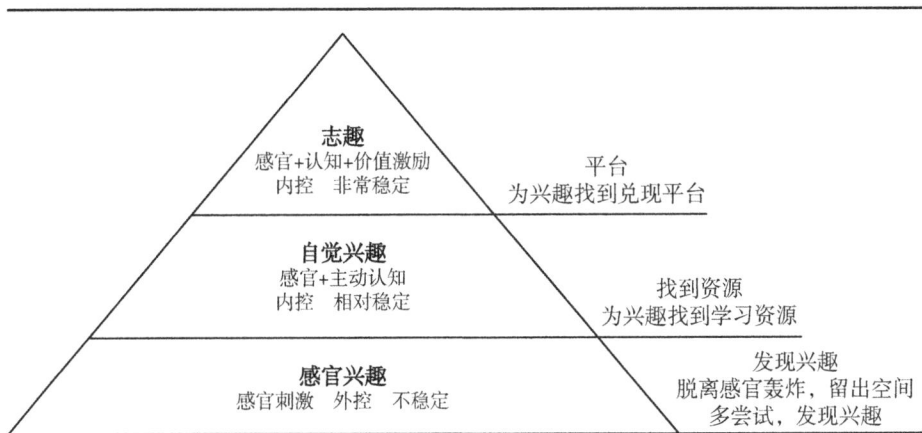

金字塔最底层的是感官兴趣。感官兴趣就是通过直观的感官刺激产生的兴趣,比如我们喜欢喝咖啡、吃火锅、看球赛、跟朋友聚会,日常生活中我们喜欢做的事情很大一部分都属于感官兴趣。感官兴趣让我们当时很放松、愉悦,然而它却无法让我们聚焦在其中一个事物上,继而形成能力。

金字塔的第二层是自觉兴趣,又称为乐趣。自觉兴趣是指在情绪参与下,把兴趣从感官推向了思维,由此产生了更加持久的兴趣。我们喝了咖啡后,开始对咖啡的种类,不同的口感甚至冲调制作产生兴趣,这就是自觉兴趣。事实上，生活中很多科学和艺术都是自觉兴趣的成果，他们不一定是谋生的工作，但我们愿意花费很多时间去研究、实践，并乐在其中。

金字塔的最顶层是志趣。感官兴趣不稳定，容易转移，持续时间短，自觉兴趣相对稳定且持久，但仍然只是生活中的调剂。但有一类兴趣它能产生足够的动力，能让你愿意倾注一生去体验，这类兴趣我们称之为志趣。志趣的秘密不仅在于有感官和认知能力，还加入了更深一层的内在动力——志向与价值观。

生活兴趣如何才能转换成职业兴趣

有许多人觉得，只要找到感兴趣的工作，就能快乐地坚持下去。可事实是，任何一个领域的发展，都伴随着痛苦。哪怕你在自己热爱的领域，哪怕你在这方面有极高的天赋，你仍然会受到打击，感到痛苦和挫败。没有什么比挫败感更能激发厌恶感的了，你愿意承受吗？即便进入热爱的领域，工作内容也不会百分之百都是你喜欢的，比如有可能让你为极不喜欢的产品设计营销方案，比如有可能会遇到蛮不讲理的顾客，甚至有可能站街发传单……你是否想过即使是热爱的工作也会有天花板，也会遇到瓶颈？如果不能接受这些，那么与其把它当作工作，不如只把它当兴趣。

所以，如何判断自己是否真的对一个职业有兴趣，请至少完成以下三件事：

第一件事，详细了解感兴趣的工作内容、能力要求，和做这份工作的人（入行至少三年）聊聊，看看他一天是如何度过的，有哪些酸甜苦辣，有哪些障碍，遇到过哪些困难,有怎样的晋升路径,这份工作有哪些好的地方,有哪些不好的地方。做这件事能帮助你剥开感兴趣工作的光环,看到它真实的样子——挑战、困难、不好的地方、回报,对它形成客观的认识。

第二件事,实际去体验这份感兴趣的工作。一种方法是在业余时间尝试。比如,你对试睡员这一职业感兴趣,不妨在放假期间,自己入住酒店,试着写几篇试睡报告。你对培训感兴趣,可以将自己能对别人有启发的知识整理出来,录成微课,听听别人的反馈。另一种方法是听听感兴趣领域的相关课程,参加线下活动。还有一种方法是把工作的核心分离出来,在日常生活中演练。比如,你对儿童教育感兴趣,你不妨把自己学到的知识运用到身边小孩子或亲戚朋友孩子身上去,学着和他们沟通。持续体验一段时间后,问问自己,我真的感兴趣吗? 我愿意坚持下去吗?

第三件事,回答这样几个问题:

(1) 感兴趣的工作能带给我哪些回报? 这些回报是我想要的吗? 比如,某份感兴趣的工作给你的回报是高收入,但经常会占用周末时间,你愿意从事这份工作吗?

(2) 如果在这个领域扎根,你打算给自己几年的时间尝试?

(3) 最坏的结果是怎样的? 你能够承受这样的结果吗? 你的底线是什么?

如果你体验了感兴趣工作的真实情况后依然喜欢,愿意克服无聊感,接受挑战,并且对上面的三个问题考虑清楚了,那么恭喜你,你也许可能找到了可以变成职业的兴趣。接下来需要做的就是如何进一步让兴趣落地,最终变成自己的职业。

故事阅读

郭晶晶:做己所爱,爱己所做

郭晶晶在她的职业生涯中曾多次获得世界冠军。然而,辉煌的背后是她一步步走过的荆棘之路。从小,她就对跳水很感兴趣,也表现出了极高的天赋,然而5岁就开始练习跳水的她,在15岁首次参加奥运会却一无所获,1998年参加世锦赛,也仅获女子3米跳板亚军,在之后的几年赛事中,她始终与奥运会冠军宝座失之交臂,其中包括在悉尼奥运会获得3米跳板单人、双人亚军。巨大的压力,残酷的现实,并没有让她意志消沉、打退堂鼓。相反,基于对跳水运动的喜爱,她以坚韧的毅力和不服输的信心,加之更为艰苦的训练坚持着,终于成为一代"跳水皇后"。

作为一名老运动员,郭晶晶承受着长年伤痛的困扰,那么是什么让她征战赛场多年却依然保持着良好的成绩?她成功的背后又有什么经历和特质?是什么在一路支撑着她?

郭晶晶说:"因为喜欢,才会投入,才会愿意付出。"我们寻找她动力的源泉,可以看到,对跳水的热爱是支持她战胜种种艰辛、勇往直前的动力。

郭晶晶在跳板上的成功,是职业与兴趣结合的最佳体现。她喜欢跳水这项运动,为了实现那完美一跳而不停地去修正肢体动作,在重复练习中不断改进不足,缔造完美。由此可见,兴趣是成功的奠基石,兴趣对职业发展的影响是决定职业能否能走向真正成功的重要因素。对职业的兴趣能让自己全身心地投入工作中，不计较得失，更能忍受成功前的寂寞，加快职业生涯发展的步伐。

课后实践

思考：

（1）此刻，你的霍兰德兴趣代码前三位分别是：（　　）（　　）（　　），这三个代码在六边形上的位置是怎样的？

（2）你的霍兰德职业兴趣代码对你现在的学习、选科以及将来的院校、专业选择甚至职业意向有什么影响和启发？

（本节编者：上海市崇明中学　陆婷婷）

第二节　我的价值观

课前导引

　　星期六下午,张阳约李君去看电影放松一下,李君觉得写作业比较重要不想去,可是张阳说,到底是朋友重要还是学习重要? 李君犹豫了。

　　这个情境中涉及了两次价值判断。第一次李君判断写作业和看电影哪个重要,内心给出了答案;第二次陪自己的朋友和写自己的作业哪个重要,他迷茫了。

　　其实,在生活中,我们经常面临各种选择,帮助我们做出选择的常常就是我们的价值观。

　　价值观,是关于价值的信念、倾向、主张和态度的观点,起着行为取向、评价标准、评价原则和尺度的作用。

　　那么,同学们,你最看重什么?

　　你在做各种选择的时候,首先考虑的因素是什么?

　　你觉得一生中重要的人和事是什么?

　　你的人生梦想其实隐含了你的什么价值观?

悦读一刻

我的五样

老师出了题目——写下"你生命中最宝贵的五样东西"，我拿着笔，面对一张白纸，周围一下静寂无声。万物好似压缩成超市货架上的物品，平铺直叙摆在那里，等待你的手挑选。货筐是那样小而致密，世上的林林总总，只有五样可以塞入。也许是当过医生的缘故，在片刻的斟酌之后，我本能地挥笔写下：空气、水、太阳……

这当然是不错的。你不可能设想在一个没有空气和水的星球上，滋长出如此斑斓多彩的生命。但我很快发现自己陷入了困境——如果继续按照医学的逻辑推下去，马上就该写下心脏和气管，它们对于生命之泵也是绝不可缺的零件。结果呢，我的小筐子立马就装满了，五项指标支出一净。想想那答案的雏形将是：我生命中最宝贵的东西——空气、水、阳光、气管、心脏……哈！充满了严谨的科学意味，飘着药品的味道。

可这样写下去，毛病大啦。测验的功能，是辅导我们分辨出什么是自己生命中最重要的因子，以致当我们面临人生的选择和丧失时，会比较地镇定从容，妥帖地排出轻重缓急，而我的答案，抽象粗放大而化之，缺乏甄别和实用性。

于是我决定在水、空气、阳光三种生命要素之后，写下对我个人更为独特和生死攸关的症结。第四样，我写下了——鲜花。挂着露滴的鲜花，是那样娇弱纤巧，但我真是如此地挚爱它们，觉得它们不可或缺。写下鲜花之后，仅剩一样挑选的余地了，刹那间，无数声音充斥耳鼓，申述着自己的不可替代性。

我偷着觑了一眼同学们的答案。有的人写的是："父母。"我顿时感到自己的不孝，是啊，对于我的生命来说，父母难道不是极为宝贵的因素吗？有的人写的是"孩子"。一看之下，我忐忑不安，甚至觉得自己负罪在身。那个幼小的生命，与我血脉相承，我怎能在关键的时刻，将他遗漏？有的人写的是"爱人"。我更惭愧了。或许因为潜意识里，认为在未曾相识他之前，我的生命就已经存在许久。我们也曾有约，无论谁先走，剩下的那人都要一如既往地好好活着。既然当初不是同月同日生，将来也难得同月同日死，彼此已商定不是生命的必需，排名在外，也有几分理由吧？

正不知将手中的孤球，抛向何处，老师一句话救了我。她说，这生命中最宝贵的东西，不必从逻辑上思索推敲是否成立，只需是你情感上的真爱即可。

凝神再想。略一顿挫之后，拟写"电脑"。因为基本上已不用笔写作，电脑便成了我密不可分的工作伴侣。很快联想到电脑所受制约较多，比如停电或是病毒入侵，都会让我无所依傍。惟有朴素的笔，虽原始简陋，却可朝夕相伴风雨兼程。于是，洁白的纸上，留下了我生命中最宝贵的五样东西——水、阳光、空气、鲜花和笔（未按笔画为序，排名不分先后）。

同学们嘻嘻笑着，彼此交换答案。一看之后，却都不做声了。每个人留在纸上的物件，万千气象，绝不雷同，有些简直让人瞠目结舌。比如某男士的"足球"，某女士的"巧克力"，在我就大不以为然。但老师再三提示，不要以自己的观点去衡量他人。接下来，老师说，每个人在你写下的五样当中，划去相对不那么重要的一样，只剩下四样。权衡之后，我在五样中的"鲜花"一栏旁边，打了个小小的"×"字，最先放弃清丽绝伦的花朵。

老师走过来看到了，说，不能只是在一旁做个小记号，放弃就意味着彻底的割舍，你必得要用笔把它全部删除。依法办了，将笔尖重重刺下。我咬咬牙对自己说，与剩下的四样相比，带有奢侈和浪漫情调的鲜花，毕竟逊了一等，舍就舍了吧。虽然花香不再，所幸生命大致完整。请将剩下的四样当中，再划去一样，剩下三样。老师的声音很平和，却带有一种不容商榷的断然压力。

我面对自己的纸，犯了难。阳光、水、空气和笔……删掉哪一样是好？思忖片刻，我提笔把"水"划去了。从医学知识上讲，没有了空气，人只能苟延残喘几分钟，没有了水，在若干小时尚可坚持。两害相权取其轻吧。我已经约略猜到了老师的程序。不断丧失的恐惧，化作乌云大兵压境，痛苦的抉择似一条苦难的巷道，弯弯曲曲伸向远方。

果然，老师说，继续划去一样，只剩两样。这时教师内变得很寂静，好似荒凉的墓冢，每个人都在冥思苦想举棋不定。笔、阳光、空气……何去何从？闭起眼睛一跺脚，我把"空气"划去了。刹那间好像有一双阴冷的鹰爪，丝丝入扣地扼住我的咽喉，顿觉手指发麻，眼冒金星，心擂如鼓，气息摒窒……

好了，现在再划去一样，只剩下最后一样。老师的音调很温和，但执著坚定充满决绝。笔和阳光。它们在纸上势不两立地注视着我，陷我于深深的两难。留下阳光吧——心灵深处在反复呼唤。妩媚温暖明亮洁净，天地一派光明。玫瑰花会重新开放，空气和水将濡养而出，百禽鸣唱，欢歌笑语。曾经失去的一切，都会在不知不觉中悄然归来。纵使除了阳光什么也没有，也可以在沙滩上直直地晒太阳哇。只是，我在哪里？在干什么？我扬起头来问天。我看到自己孤独的身影，在海边寂寞地拉长缩短，百无聊赖，看日出日落，听潮涨潮消。那生命的存在，于我还有怎样的意义？

我执着地扬起头来问天。

天无语。

自问至此，水落石出。我慢而稳定地拿起笔，将纸上的"太阳"划掉了。偌大一张纸，只残存下来一个字——"笔"。这种充满痛苦和抉择的测验，像一个渐渐缩窄的闸孔，将激越的水流聚成最后的能量，冲刷着我们纷繁的取向。当那通道变得一夫当关，万夫莫开之时，生命的重中之重，就简洁而挺拔地凸现了。感谢这一过程，让我清晰地得知什么是我生命中的真爱——就是我手中的这支笔啊。它噗噗跳动着，击打着我的掌心，犹如我的另一颗心脏，推动我的四肢百骸。

我安静下来，突然发现周围此时也很安静。人们在清醒地选择之后，明白了自己意志的支点，便像婴儿一般，单纯而明朗了。我细心收起自己的那张白纸，一如收起一张既定的船票，知道了航向和终点，剩下的就是帆起桨落战胜风暴的努力了。

——节选自毕淑敏《我的五样》

体验学习

价值拍卖会

一、活动规则

（1）每位同学拥有一百万元。

（2）请预估自己想买的物品及其金额，写下来。

（3）一定要将一百万用完。

（4）实际拍卖时，对每项拍品可自由出价，由主持者喊三声后成交，出价最高者拍卖成功。

二、拍品项目表

（1）为大众福利尽一份力。

（2）美感与艺术。

（3）寻求创意，发展新事物。

（4）独立思考，分析事理。

（5）有成就感。

（6）独立自主。

（7）受他人推崇并尊敬。

（8）管理他人的能力。

（9）有丰厚的收入。

（10）生活安定有保障。

（11）良好舒适的工作环境。

（12）与主管平等且融洽相处。

（13）与志同道合的伙伴一起工作。

（14）能选择自己喜爱的生活方式。

（15）工作富有变化不单调。

三、思考题

1. 你是否买到自己认为最重要的东西？

（1）如果是，买到时的心情如何？

（2）如果不是，则因何故没有买到？没有买到的心情如何？

（3）你最想买的是什么？其背后隐含的价值观是什么？为什么它对你而言那么重要？

2. 有些人什么都没有买到，为什么？

知识锦囊

价值观与人生

一、价值观是人的过滤器

简单地说,价值观就是你的一个过滤器。它决定了什么对你最重要,什么对你不重要,什么是有意义、有价值的,什么是无聊的、乏味的。如果你的价值观与你的工作相吻合,那么你会觉得很开心,很带劲。如果不吻合,那么就会感到无奈和痛苦。有些人虽然勉强从事着一份与自己价值观不符的工作,但是却以损失情感、精神甚至是身体为代价。

很多人在工作中最看重的是能够有更多的培训和学习机会,有较大的发展空间;还有很多人在工作中最看重的是创造性、挑战性,这样可以使他们更具活力;也有一些人最看重的是能否有更多的休闲时间,能不能更多地与家人待在一起;还有一些人看中的是获得更多的报酬与金钱,以便过上优越的生活等。

二、价值观是成功的基础

有什么样的决定,就会造成什么样的命运,而主宰我们做决定的关键因素就是价值观。一个人要想成为社会上的领导人物,他就必须清楚知道自

赢在未来——规划：高中生涯教育手册

己的价值观。社会阶层的各类精英人士，不管是职业人士、企业家或是教育家，在他们的专业领域能有杰出成就，全是因为能够将所持的价值观发扬光大。

相信你一定曾经碰过棘手的情况，迟迟下不了决定，这其中的原因乃是你不清楚在这种情况下，什么是最重要的价值。有杰出成就的人，必然是因为能很快做出决定，因为他清楚地知道自己人生最重要的价值是什么。

三、价值观是人生决策的依据

不管在工作中或生活上，我们始终都得清楚知道人生中最重要的价值是什么，不管周遭发生任何状况，毅然决然地遵从这些价值。我们必须始终保持这样的生活态度，而不能计较这么做是不是有什么好处，即使这么做会得罪人也必须坚守。因为人生真正的幸福只有一条路，那就是按照自己的价值观去生活，你怎么样地坚信，就怎么样地去行动。

如果我们不确知自己的价值观所在，那势必会像一只没头苍蝇一样乱撞，许多人成天追逐那些物质方面的东西，却没好好想一想自己到底要过一个什么样的人生，这实在是极大的悲剧。追逐物质永远无法使你的人生得到满足，唯有当你真正明白并确信生命中什么是真正有价值的，你的潜能才能充分发挥出来。

四、价值观是人生的指南针

不管你的价值观是什么，千万别忘了，它就是你人生的指南针，掌握着你人生的去向，每当你处在抉择的关头，它就会代你做出决定，引领你拿出必需的行动。这个指南针如果使用不当,就会给你带来挫折、失望、沮丧;若使用得当,就会给你带来无穷的力量——人生充满自信,不论处在何种状况都保持乐观态度。

人生要过得快乐,就一定要按照自己最高的价值标准过日子,每当你遵从自己的价值观,内心就会充满欢乐。真正的快乐不是吃更多的食物、喝更多的酒、让自己无所事事,其实生命本身就充满了富足,你无须再从外面去取得。好好思考你目前所持的价值观,它们是怎么塑造出今天的你,今后你要坚守正确的价值观、修正错误的价值观;因为你的一切决定都受制于所持的价值观,半点都由不得自己。

五、实质价值与工具价值

有价值的东西可分为两类,一种是实质上的,另一种则是工具上的。如果问你:"你认为对你最重要的东西有哪些?"你或许会这么回答:"亲情、家庭、金钱……"这里面的亲情就是你所追求的实质上的价值,因为它能挑起你的情绪,至于家庭和金钱便是工具上的价值,它们只是一个帮助你达成亲情的管道而已。如果再问你:"到底家庭能给你什么?"你或许会说:"亲情、安全感、快乐。"这些东西便是你心中实质上的价值,亦即你真正想要追求的。如果我问你:"到底金钱对你有什么真正的意义? 它能带给你什么?"如果你的回答是:"快活、安全感、享受、发展。"那么可以看出,金钱只不过是你得到更深一层价值的工具而已。

你的价值观自然会影响你对工作的认知,对金钱的看法,对家庭、子女的观念,对自我生活方式的想法,什么是成功的认定等。仔细地想一想,你要的人生是什么样的？许多人之所以在生活中走偏了路，就是因为没有弄清楚实质价值和工具价值的差异，常常耗费心力于那些并非真正想要的工具价值上。唯有实质价值才能使你的心灵得到满足，让你的人生更丰盛、收获更多。

故事阅读

4月6日世界乒乓球日，我们不能不说他！

4月6日是世界乒乓球日。在这个特殊的日子里，我们不能不提他！

他就是容国团！

1937年8月10日，容国团出生于香港底层工人家庭。父亲希望国家强大、民族团结，于是为他取名为"国团"。舅父是业余乒乓球员，买不起玩具的他，就拿舅父的乒乓球玩，从此，他一发不可收拾地爱上了这项运动。

13岁时，父亲失业，家境窘迫的他只好辍学。为了生存，年幼的他去渔行当童工，每天起早摸黑，在泥污腥臭中拣鱼运虾。过度劳累再加上严重营养不良，让他染上严重的肺结核。命运似乎从不善待他，而他却从未放弃希望。每天工作让他精疲力尽，可下班后他仍要打会喜爱的乒乓球，乒乓球让他的身体慢慢强壮，也锤练了他坚强不屈的个性。

有天赋却更刻苦的他，在父亲的帮助下，得到了去香港工联会俱乐部练球的机会。他将所有的业余时间都用在练球和钻研球技上。

1954 年,16 岁的容国团兴奋地参加了一场庆祝国庆的乒乓球表演赛,认英国为祖国的渔行老板暴跳如雷,向他发出警告:"你马上给我写悔过书!"他毫不示弱地回答:"爱国无罪,不能写悔过书。"接着他果断辞去了工作,这下渔行老板急了,反过来加薪挽留他。他一口回绝:"不去,我人穷志不穷!"

后来香港举行全港乒乓球锦标赛,他代表工联会参加,一举获得男子团体、男子双打和男子单打三项冠军,名声大振。而真正让他扬名的,是初出茅庐的他居然将雄霸乒坛、百战百胜的日本世界冠军荻村斩落马下,而轰动整个世界乒坛!

他成名后,收到许多邀请,港英政府聘请他赴英国打球,日本也高薪聘请他去打球,可他全部婉拒了,他虽在被英国统治的香港长大,可从小就受父亲爱国情怀的影响,是个十足的爱国青年,他想为自己的祖国效劳。

1956 年,他决定回到当时还很落后的祖国大陆。当时的新中国体育也还处在封闭的环境中,那时我们还背负"东亚病夫"的耻辱称号,受尽西方人的嘲笑和蔑视。国人迫切地呼唤世界冠军的出现,希望向世界证明中华民族的力量。

他回国后,周密研究了世界乒坛的现状,提出自己要在三年内夺得世界冠军的目标。这话一出,就引起一片轰动,没人相信他能做到,队友们毫不客气地议论:"这小子真能吹,也不怕把房顶吹破了。"

他确实没冠军相,面黄肌瘦,瘦骨嶙峋,尤其下肢力量差,两腿细长,还是罗圈腿,走起路来都让人担心。面对质疑,他只是付之一笑,然后每天早起长跑、举重、跳绳……经过艰苦的训练,他的各种技术练到样样精通,被誉为"八臂哪吒"。

1959年4月，第25届世界乒乓球锦标赛在德国举行。中国队参赛名单中，他赫然在列。

比赛前半程，中国队表现惊人，首次闯入四强，贺龙元帅发贺电鼓励，周恩来总理每天都要亲自过问比赛情况，所有中国人都揪着心，期待奇迹发生。结果比赛后半程时，中国队员纷纷被淘汰，只剩他孤身奋战。

1959年4月6日，他作为黑马闯进最后的决赛。对手是曾九次获得世界冠军的匈牙利老将西多。比赛中，西多根本没将这个弱小的中国人放在眼里。然而荣国团在赛场上淋漓尽致地发挥身材瘦小的优势，在落后一局的劣势下，连扳三局，最终战胜强敌，代表中国人第一次登上了世界冠军的领奖台。

他让中华民族摘下了东亚病夫的帽子，也为中国打开了通往世界冠军之路的大门。当时正值国庆十周年，周总理将他的夺冠和十周年国庆，列为1959年的两件大喜事，并将国产的乒乓球命名为"红双喜"。毛主席多次接见他，外宾来访时，他也一定是国宴的座上宾。

因为他，中国大地掀起前所未有的乒乓热，乒乓球就此开始被奉为"国球"，渐渐成了中华民族情感的寄托，成了中国运动的象征。

两年后，在中国北京举行的第26届世乒赛上，他又为祖国夺得首个世界团体比赛冠军。

两年前，他自己获得世界冠军时无比冷静，可这次胜利后，他却欣喜若狂，扔掉手中球拍，像个孩子似地欢跳，原来，在他的心里，集体荣誉比个人荣誉更重要……

思考感悟：容国团的价值观是什么？对你有什么启示？

课后实践

　　与身边的同学开展一场辩论赛,辩题为:选择职业时应该以兴趣爱好为重还是以收入报酬为重。在辩论中继续梳理自己的价值观,可以将价值观与自己的梦想和规划结合起来思考。

　　　　　　　　(本节编者:上海市崇明区教育学院　魏超波)

赢在未来——规划: 高中生涯教育手册

第三节　我的性格密码

课前导引

➤ 一个人的性格可以改变吗? 有好坏之分吗?

➤ 你了解自己的气质类型吗?

➤ 如何了解自己的人格特点?

每个人都有自己的性格,而每一种性格都有其擅长的职业,有的人擅长这一行,有的人擅长那一行。无论是哪一种性格,你都应该接受它,因为只要找对职业,每一种性格都能成功。认清楚自己的性格,是非常重要的一步。

有一本书上曾谈到性格的定义:"性格是一个人能力的原材料。"无论是在工作和生活中,性格在很大程度上影响着每个人的成长,性格好比是水泥柱子中的钢筋铁骨,而知识和学问则是浇筑的混凝土。既然它是原材料,那就是说性格是完全可以打磨和重新改变的。中学生正处在性格的形成期,如果我们开始注重培养自己某些积极向上的性格特质,会更有助于未来的发展。

悦读一刻

小芸的故事

小芸从小就不喜欢热闹。别的小朋友嘻嘻哈哈在一块儿玩的时候,她就静静地坐在旁边看,或者自己躲在一边安静看书、玩自己的游戏。

刚上初中的时候,小芸特别羡慕她班上的小丽同学,因为小丽和谁都自来熟。而反观自己,小芸觉得自己太被动了,她不敢像小丽那样,主动去交新朋友。因为小学的好朋友不在同一个学校,所以有一段时间,小芸觉得很孤单,直到上初中两个月后,小芸和同桌渐渐熟了,也慢慢成了好朋友,她的心情才觉得好多了。

和同学们在一起的时候,小芸大多数时间是"听众"。通常情况下,她不会主动发表自己的看法,非要她发表意见的时候,也是思考一会儿后再说。慢慢的,小芸觉得自己的想象力不如别人,美术鉴赏课上,别人可以捕捉到画外的意义,而她看到的只是画面上的实际情况而已;她觉得明明是一件很合理的事情,到了别人那里却觉得是不按常理"出牌";和同学组织一次活动,她花了很长时间做了一份很详细的计划,还不如人家最后一分钟的决定。

有一天,她走进了心理辅导室,在心理老师的辅导下,小芸认识到每个人的性格都是不同的。之所以会对别人性格做出好与坏的判断,是自己用自身的标准去衡量。每个人的性格、智力、爱好、兴趣、水平各不相同。有的适合经商,有的适合文学创作,有的适合从政,有的适合科研,有的适合做工,等等。

别人在这个方面可能有特长，自己可能在另一个方面有一定的天赋。在与心理老师的探讨中，小芸进一步了解了自己的性格与适合的职业类型，如审计员、电脑编程员、会计、工程师等。走出心理辅导室，小芸感觉轻松了，对自己以后专业与职业的选择也有了方向。

体验学习

性格倾向测试

以下是生活中的一些问题，请根据自己的真实情况，在符合自己的选项上打钩（1＝非常不同意，2＝不同意，3＝不确定，4＝同意，5＝非常同意）。你的回答没有正确与错误之分，只要根据自己的真实情况来回答即可，请尽快回答，不必在每道题目上作太多思考。

题号	题　　目	非常不同意	不同意	不确定	同意	非常同意
1	我不是一个爱发愁的人。	1	2	3	4	5
2	我喜欢有许多人和我在一起。	1	2	3	4	5
3	我不愿意浪费时间做白日梦。	1	2	3	4	5
4	我尽量对遇到的每一个人有礼貌。	1	2	3	4	5
5	我把自己的东西收拾、保持得干净整洁。	1	2	3	4	5

（续表）

题号	题　目	非常不同意	不同意	不确定	同意	非常同意
6	我常常感到不如别人。	1	2	3	4	5
7	我很容易发笑。	1	2	3	4	5
8	一旦找到了做某件事的正确方法，我会坚持采用。	1	2	3	4	5
9	我经常与家人和同事发生争执。	1	2	3	4	5
10	我能很好地安排时间，使各种事情按时完成。	1	2	3	4	5
11	当我处于极度紧张状态时，有时觉得自己都要崩溃了。	1	2	3	4	5
12	我不认为自己是个"无忧无虑"的人。	1	2	3	4	5
13	我对艺术和自然的表现形式着迷。	1	2	3	4	5
14	有些人认为我自私和以自我为中心。	1	2	3	4	5
15	我不是一个很有条理的人。	1	2	3	4	5
16	我很少感到孤独和忧郁。	1	2	3	4	5
17	我很喜欢和人们谈话。	1	2	3	4	5
18	我认为让学生听到有争议的演讲，会使他们思想混乱。	1	2	3	4	5
19	我愿与人合作，而不是与人竞争。	1	2	3	4	5
20	我会尽心尽力去完成分配给我的所有任务。	1	2	3	4	5

赢在未来——规划：高中生涯教育手册

（续表）

题号	题　　目	非常不同意	不同意	不确定	同意	非常同意
21	我常常会感到紧张和极度不安。	1	2	3	4	5
22	我喜欢凑热闹。	1	2	3	4	5
23	诗歌对我很少有影响或毫无影响。	1	2	3	4	5
24	我常常对别人的意图冷嘲热讽，并表示怀疑。	1	2	3	4	5
25	我的一系列目标很明确，并能逐步地实现它。	1	2	3	4	5
26	有时我感到自己毫无用处。	1	2	3	4	5
27	我通常宁愿独自一个人做事。	1	2	3	4	5
28	我经常品尝新研制或刚从国外进口的食品。	1	2	3	4	5
29	我认为如果容忍别人欺负、利用的话，那么大多数人都会这样做。	1	2	3	4	5
30	通常我要花很多时间，才能安下心来工作。	1	2	3	4	5
31	我很少感到恐惧或焦虑。	1	2	3	4	5
32	我常常感到自己精力与活力十足。	1	2	3	4	5
33	我很少注意到不同环境中的心情或感觉变化。	1	2	3	4	5
34	大多数认识我的人都喜欢我。	1	2	3	4	5
35	我工作勤奋，以便实现自己的目标。	1	2	3	4	5
36	我常常为人们对待我的方式而生气。	1	2	3	4	5

（续表）

题号	题　目	非常不同意	不同意	不确定	同意	非常同意
37	我是一个快乐的、精力充沛的人。	1	2	3	4	5
38	我听音乐的时候,有时会完全沉醉于其中。	1	2	3	4	5
39	有些人认为我冷漠,只为自己打算。	1	2	3	4	5
40	当我答应做一件事时,人们总相信我能坚持到底。	1	2	3	4	5
41	当事情变得不顺利时,我常会感到泄气,并想放弃。	1	2	3	4	5
42	我不是一个乐观主义者。	1	2	3	4	5
43	我读一首诗或观赏一件艺术品时,有时会感到内心强烈的冲动。	1	2	3	4	5
44	我的态度是讲求实际和不感情用事。	1	2	3	4	5
45	有时我不像我应该做到的那样可靠和值得信赖。	1	2	3	4	5
46	我很少悲伤或忧郁。	1	2	3	4	5
47	我的生活是快节奏的。	1	2	3	4	5
48	我没什么兴趣思索宇宙的本质或人类的现状。	1	2	3	4	5
49	通常我会尽力考虑周全。	1	2	3	4	5
50	我工作富有成效,总能及时、正确地完成任务。	1	2	3	4	5
51	我常常感到无助,想要别人来解决我的问题。	1	2	3	4	5

（续表）

题号	题　　目	非常不同意	不同意	不确定	同意	非常同意
52	我是一个很活跃的人。	1	2	3	4	5
53	我对动脑筋的事有很强的好奇心。	1	2	3	4	5
54	如果我不喜欢某些人，我就让他们知道。	1	2	3	4	5
55	我好像从来不能把事情做得井井有条。	1	2	3	4	5
56	有时我感到非常羞愧，简直想躲起来。	1	2	3	4	5
57	我宁愿走自己的路，而不愿引导他人与我同行。	1	2	3	4	5
58	我经常对理论或抽象的概念感兴趣。	1	2	3	4	5
59	我在需要时，会操纵、控制别人，以获得我想要得到的。	1	2	3	4	5
60	我力求把所有事情都做得十全十美。	1	2	3	4	5

计分标准（5 级评分）

神经质的题项有：1　6　11　16　21　26　31　36　41　46　51　56。

其中 1　6　21　31 题为反向记分（就是 6 减去所选数字为该题分数。比如，如果你原来填的是 1，现在记成 5，2 变成 4，3 还是 3，4 变成 2，最后，如果原来填的是 5，现在变成 1）。

外倾性的题项有：2　7　12　18　22　27　32　37　42　47　52　57。

其中18 22 47题为反向记分。

开放性的题项有：3 8 13 17 23 28 33 38 43 48 53 58。

其中3 13 28 43 53 58题为反向记分。

宜人性的题项有：4 9 14 19 24 29 34 39 44 49 54 59。

其中4 9 14 19 24 44 49 54题为反向记分。

责任心的题项为：5 10 15 20 25 30 35 40 45 50 55 60。

其中20 30 60题为反向记分。

你的最终得分

神经质	外倾性	开放性	宜人性	责任心

看到自己的最终得分是不是很好奇,这分数的高低代表什么意思呢？请看下面的解释。

知识锦囊

大五人格理论

上面我们所完成的问卷,就来源于著名的大五人格理论。这个理论的开发者通过统计辞典中描述人格差异的词汇,从中一再精选,从而找到了五个共同的、不断被验证的因素,对它们解释如下。

(1) 开放性(openness)：具有想象、审美、情感丰富、求异、创造、智能等特质。分数越高,开放性越高。

在开放性上得分高的人通常具有较高的接纳性,比较容易接受新事物。不太受条条框框束缚,聪慧,能体会自己的情感,容易接受新思想。在开放性上得分低的人则更喜欢简单、直接、熟悉的事物,而不喜欢那些复杂、模糊、新奇或微妙的事物。他们表现得很传统、保守,拒绝改变。

(2) 责任心(conscientiousness)：显示胜任、公正、条理、尽职、成就、自律、谨慎、克制等特点。分数越高,责任心越强,越能有效地自律、控制自己。

得分高的人做事有计划,有条理,并能持之以恒;得分低的人马虎大意,容易见异思迁,不可靠。

(3) 外倾性(extraversion)：表现出热情、社交、果断、活跃、冒险、乐观等特质。分数越高越外向。

它一端是极端外向,另一端是极端内向。外向者爱交际,表现得精力充沛、乐观、友好和自信;内向者的这些表现则不突出,但这并不等于说他们就是以自我为中心的和缺乏精力的,他们偏向于含蓄、自主与稳健。

(4) 宜人性(agreeableness)：具有信任、利他、直率、依从、谦虚、移情等特质。分数越高,越随和。

得高分的人乐于助人、可靠、富有同情心;而得分低的人多怀抱敌意,为人多疑。前者注重合作而不是竞争;后者喜欢为了自己的利益和信念而争斗。

(5) 神经质或情绪稳定性(neuroticism)：具有焦虑、敌对、压抑、自我意识、冲动、脆弱等特质。分数越高,情绪越不稳定。

得高分者比得低分者更容易因为日常生活的压力而感到心烦意乱。得低分者多表现为自我调适良好,不易于出现极端反应。

以上五种人格特质的首字母组成恰好就是 ocean,故大五人格理论又被称为人格的海洋。

研究发现,外倾性、神经质、宜人性等均与心理健康有关;外倾性和开放性是职业心理与工业心理的两个重要相关因素;责任心与人事选拔有密切关系。研究者调查了大五人格与青少年心理发展的关系,发现高开放性和高责任心的青少年具有优秀的学习成绩,而低责任心和低宜人性的青少年有较多的违法行为。高外倾性、低宜人性、低责任心的青少年,常发生与外界冲突的行为问题;高神经质、低责任心的青少年则经常表现出由内心冲突引起的问题。由于大五人格因素与多种心理学变量之间密切相关,如今,大五人格已经成为"人格心理学里通用的货币"。

故事阅读

我有我的标准

"华为没有院士,只有院土。要想成为院士,就不要来华为。"

任正非在一次董事会上说:"将来董事会的官方语言是英语,我自己 58 岁还在学外语,你们这些常务副总裁就自己看着办吧。"

任正非批复《华为基本法》提纲时说:"要在动力基础上健全约束机制,否则企业内部会形成布朗运动。"

有一次任正非对财务总监说："你最近进步很大，从很差进步到了比较差。"

在新员工座谈会上，新员工问："任正非总裁，您对我们新员工最想说的是什么？"任正非回答："自我批判、脱胎换骨、重新做人，做个踏踏实实的人。"

任正非的行为和语言准确地勾画了一个完美主义者的生动形象：这是一个追求完美，原则性强、不易妥协、黑白分明、喜欢制定标准的人，具有极强的责任心、开放性和极高的情绪稳定性。华为公司在任正非的领导下，成功地探索出 IT 企业的价值观体系、战略管理体系、研发管理体系、市场营销体系、干部管理体系、人力资源管理体系、财务管控体系、供应链体系，制定了《华为基本法》，使之成为改革开放以来第一部企业宪章，克服了中国企业头痛医头、脚痛医脚式的管理弊病。引领了中国企业对企业文化建设的实践，并为众多中国企业所仿效。

当华为度过了死亡风险极高的创业期，进入快速发展轨道的时候，任正非已经敏感地意识到了华为的不足。1997 年圣诞节，他走访了美国 IBM 等一批著名高科技公司，所见所闻让他大为震撼：他第一次那么近距离，那么清晰地看到了华为与这些国际巨头的差距。任正非回到华为后不久，一场持续五年的变革大幕开启，华为进入了全面学习西方经验、反思自身，提升内部管理的阶段。这个削足适履的痛苦过程为华为国际化做了充分准备。

完美主义者另一个主要特征是感情不愿意外露，不喜欢抛头露面。任正非在外部人面前给人的印象是神秘，不接受记者采访，不在电视台露面，不出席各种峰会。正如《中国企业家》杂志社社长刘东华所言："任正非几乎是中国最有静气和最有定力的一个企业家。"

迄今为止任正非的完美主义思想依然是华为公司快速发展的驱动力。事情都有两面性,往往成也萧何,败也萧何。相信任正非具有超凡的醒觉力,继续带领华为再创奇迹!

人格特质无优劣之分,任何一种都有可能成为企业领导者,当今的企业领导者人格特质也各式各样。部分企业家具有非常鲜明的个性特征,成为他们良好的个人品牌并为企业形象加分。

课后实践

结合以上的学习,请写出对自己的性格特征,哪些满意,哪些不满意。满意的部分给你的学习生活带来了什么好处,不满意的部分又给你的学习生活带来了什么影响? 然后与同学老师一起探讨。

（本节编者：上海市工程技术管理学校　周洪慧）

第四节 我的合作能力

课前导引

➤ 你知道什么是团队合作吗？

➤ 合作能力对未来的生涯发展有什么作用？

➤ 如何培养自己的合作能力？

没有一个人是万能的，《西游记》中即使神通广大的孙悟空，也无法独自完成取经大任。团结合作是一切事业成功的基础，个人和集体只有依靠团结的力量，才能把个人的愿望和团队的目标结合起来，超越个体的局限，发挥集体的合作作用，产生"1＋1＞2"的效果。

悦读一刻

臭皮匠精神

三个皮匠结伴而行，途中遇雨，便走进一间破庙。恰巧小庙也有三个和尚,他们看见这三个皮匠,气不打一处来,质问道:"凭什么说'三个臭皮匠胜过诸葛亮?'凭什么说'三个和尚没水喝?'要修改辞典,把谬传千古的偏见颠倒过来!"

尽管皮匠们谦让有加,和尚们却非要"讨回公道"不可,官司一直打到玉皇大帝那里。

玉皇大帝一言不发,把它们分别锁进两间神奇的房子里——房子阔绰舒适,生活用品一应俱全;内有一口装满食物的大锅,每人只发一只长柄的勺子。

三天后,玉皇大帝把三个和尚放出来。只见他们饿得要命,皮包骨头,有气无力。玉皇大帝奇怪地问:"大锅里有饭有菜,你们为啥不吃东西?"和尚们哭丧着脸说:"我们每个人手里拿的勺子,柄太长送不到嘴里,大家都吃不着啊!"

玉皇大帝嗟叹着,又把三个皮匠放出来。只见他们精神焕发,红光满面,乐呵呵地说:"感谢玉皇大帝,让我们尝到了世上最珍美的东西!"和尚们不解地问:"你们是怎样吃到食物的?"皮匠们异口同声地回答说:"我们是互相喂着吃的!"

玉皇大帝感慨万千地说:"可见狭隘自私,必然导致愚蠢无能;只有团结互助,才能产生聪明才智啊! 和尚们羞愧满面,窘得一句话也说不出来。"

俗话说:"一个和尚挑水喝,两个和尚抬水喝,三个和尚没水喝。一只蚂蚁来搬米,搬来搬去搬不起,两只蚂蚁来搬米,身体晃来又晃去,三只蚂蚁来搬米,轻轻抬着进洞里。"上面这两种说法有截然不同的结果。"三个和尚"是一个团体,可是他们没水喝是因为互相推诿、不讲合作;"三只蚂蚁来搬米"之所以能"轻轻抬着进洞里",正是团结合作的结果。

合作能力是指工作、事业中所需要的协调和合作能力。当今社会，各种知识、技术不断推陈出新，竞争日趋紧张激烈，社会需求越来越多样化。在很多情况下，单靠个人能力已很难完全处理各种错综复杂的问题并采取切实高效的行动。所有这些都需要人们组成团体，并要求组织成员之间进一步相互依赖、相互关联、共同合作。放眼未来，合作与共赢仍为一条通向繁荣与富强的主线，无论个人想成就一番事业，还是整个中华民族要屹立于世界民族之林，都要讲求合作，谋得共赢。对于高中阶段的学生，我们应该抓住契机，通过丰富多彩的活动培养团队合作意识，提升自身的合作能力。

体验学习

蒙眼画画游戏

蒙着眼睛做游戏，一个团队还能合作愉快吗？能完成任务吗？试试看吧！

目标：使学员互助合作形成共识，完成挑战任务。

教具：粉笔、眼罩（若干，依分组而定）。

分组：每组6~8人，分组后其余的同学可以做观察员、记录员。

任务：通过小组合作在黑板上完成一副人脸图（人脸轮廓、眉毛、眼睛、鼻子、嘴巴、耳朵）。

规则：接到任务后，小组有一分钟的时间准备。活动开始后，老师用眼罩将团队中的一人的眼睛蒙上，被蒙上眼睛的同学在蒙上前可以先观察一下四周的环境。然后,根据团队其他同学的提示,走向黑板完成自己的任务,每人一次机会。画眉毛、眼睛时可以一个同学完成,增加一些难度也可让两个同学完成。小组与小组可以分开进行也可以同时进行,教师根据实际情况开展这个游戏,并计时。

讨论:

(1) 在你完成任务过程中发生了什么? 感受是什么?

(2) 你是怎么走到黑板前的? 如何完成任务的? 还满意吗?

(3) 蒙上眼之后与之前有什么差异? 其他做提示的同学当时的想法是什么?

(4) 这个游戏和未来的职业有关系吗?

(5) 哪一组画得既快又好? 评出最佳团队,谈谈感受。

(6) 如果再玩一次你会怎么做?

(7) 整个活动中,你观察到了什么?

注意:活动因需要蒙眼,活动前请清理黑板周围的障碍物,以免跌倒受伤,注意大家的安全。

知识锦囊

团队协作的五大问题及解决方法

当今社会竞争异常激烈,一个人单打独斗的时代过去了。因此团队合作就显得十分重要，团队协作优于各自孤军奋战，这是被无数事实证明的真理。不论是在学习中，还是在职场工作中，涉及多人的协同合作、项目推进和目标达成等，都需要各方的共同努力，大家团结起来，互相合作时，就可以弥补各自的不足，产生"1＋1＋1＞3"的合作效应，这种合力远大于三人力量的机械相加，这就是团队协作的巨大力量。

很多人因为没有接受过团队协作能力的训练，因此在团队协作中表现不足。今天我们就来讲一下，团队协作存在哪些问题，又应该如何处理呢？

一、缺乏信任（相互戒备）

信任是一个团队存在的基础。如果团队成员缺乏信任，那么任何事情都没有办法进行协作，因此在团队成立之初，我们就需要先去建立信任。通过什么方式能够建立信任呢？最好的方法就是相互了解：可以通过组织聚餐、玩游戏、袒露心声、承认自己的弱点和错误、分享自己的一个小秘密或者囧事等方式，加深彼此的了解。注意，在建立信任中，需要有一个轻松的氛围，让大家能够展示真实的自己，提供大家交流的场景，才能让大家真正投入进去。

二、惧怕冲突（一团和气）

在中国文化的熏陶和教育下，很多人害怕冲突，所以在团队合作中应该避免发生冲突，尽力讨好其他团队成员或者管理者。但其实对于团队来说，冲突是有好处的，至少是大家公开坦诚自己的想法和立场的机会。通过冲突，大家更能看到一个人的真实立场，甚至看到他的思考逻辑，他为什么会从这个角度进行思考，这就是一种交心的过程。因此，只要这种冲突没有过界，就没有必要去制止。千万不要将一次冲突演变成对某人的批斗会,甚至相互指责。此外,在冲突中不要掺和强烈的个人情感因素,需要保持客观的"就事论事"心态。

三、投入不足(模棱两可)

在信任和沟通这两个意识形态同步和互相认可后,提升相关团队成员的主动投入才成为可能,也是第三步的重点。我们可以借鉴企业项目管理里面的一个方法,叫作参与式管理,也就是在项目的早期和推进的过程中,需要所有的团队成员一致参与其中,大家一起共同制定规划和行动计划,从而提升每个人的参与感和主人翁意识。在这个过程里,每个人都需要给出一定的承诺,以保障长期的参与和投入。

四、逃避责任(低标准)

心理学有个效应,叫做"责任分散",意思就是当人多了之后,形成的效果反而不如所有人的总和。因此,为了减少逃避责任的情况,需要公布工作目的和标准,定期进行回顾,并追究到个人:对影响工作计划的个人行为进行追责,对杰出贡献者进行嘉奖,从而保证在追求团队目的的基础上,个人的责任不至于不明确。

五、无视结果(无所谓)

团队和个人最大的区别在于考核。因为个人、团队、部门、公司的关注点和考核点会有所不同,为了避免大家的无所谓心态,除了关注个人责任之外,更需要让大家重视集体成绩。因此,想要提高团队成员重视集体成绩的意识,就必须要对集体成就进行额外的奖励。

通过上述的调整，一个团队就能具备有强大的团队协作能力：

（1）成员之间相互信任，彼此互相配合，每个员工都融入团队中。

（2）人在团体中，会避免变得人云亦云，保持独立思考能力，针对不同意见进行直接的辩论。

（3）积极投入决策和行动计划中。

（4）对影响工作计划的行为负责，有担当。

（5）把重点放在集体成绩上。

查尔斯·李曾经说过："最好的领导是通过构建他们的团队来达成梦想，即便是迈克尔·乔丹也需要队友来一起打比赛。"因此，要想取得巨大的成就，应当想办法把每个人都融进团队，并且让团队成员之间、成员与领导之间默契地配合，这样的团队才能所向披靡。

故事阅读

大森林里的团队合作

所谓团队合作能力，是指建立在团队基础之上，发挥团队精神、互补互助以达到团队最大工作效率的能力。对于团队的成员来说，不仅要有个人能力，更需要有在不同的位置上各尽所能、与其他成员协调合作的能力。

一个团队必备的五个基本要素：沟通、信任、慎重、换位、快乐。接下来，我们用五个小故事,让大家看一看这五个要素的重点。

一、沟通

狮子和老虎之间爆发了一场激烈的战争,到了最后,两败俱伤。

狮子快要断气的时候对老虎说:"如果不是你非要抢我的地盘,我们也不会弄成现在这样。"老虎吃惊地说:"我从未想过要抢你的地盘,我一直以为是你要侵略我!"

启示:相互沟通是维系团队成员之间关系的一个关键要素。有什么话不要憋在肚子里,多跟团队成员交流,也让团队成员多了解自己,这样可以避免许多无谓的误会和矛盾。

二、信任

两只鸟在一起生活,雄鸟采集了满满一巢果仁让雌鸟保存,由于天气干燥,果仁脱水变小,一巢果仁看上去只剩下原来的一半。

雄鸟以为是雌鸟偷吃了,就把它啄死了,过了几天,下了几场雨后,空气湿润了,果仁又涨成满满的一巢。这时雄鸟十分后悔地说:"是我错怪了雌鸟!"

启示:团队成员之间要相互信任,很多幸福团结的团队就毁于怀疑和猜忌。所以,对团队成员要保持信任,不要让猜疑毁了团队。

三、慎重

两只乌鸦在树上对骂起来,它们越骂越凶,越吵越激动,最后一只乌鸦随手捡起一样东西向另一只乌鸦打去。

那东西击中另一只乌鸦后碎裂开来,这时丢东西的乌鸦才发现,自己打出去的东西原来是自己一只尚未孵化好的蛋。

启示:遇到事情要冷静对待,尤其是遇到问题和矛盾时,要保持理智,不可冲动,冲动不仅不能解决问题,反而会使问题变得更糟,最后受损失的还是整个团队。

四、换位

小羊请小狗吃饭,它准备了一桌鲜嫩的青草,结果小狗勉强吃了两口就再也吃不下去了。

过了几天,小狗请小羊吃饭,小狗想:我不能像小羊那样小气,我一定要用最丰盛的宴席来招待它。于是小狗准备了一桌上好的排骨,结果小羊一口也吃不下去。

启示:有时候,己所不欲,勿施于人。凡事不要把自己的想法强加给其他人,遇到问题的时候多进行一下换位思考,站在对方的角度上想想,这样,你会更好地理解团队的其他成员。

五、快乐

小猪开始学做蛋糕,但它做出的蛋糕总是不好吃。它问公鸡师傅,公鸡想想,问它做蛋糕的原料是什么。小猪说,为了怕浪费,它做蛋糕用的全是一些快要坏了的鸡蛋,公鸡对小猪说:"记住,只有用好的原料才能做出好的蛋糕。"

启示:是的,只有用好的原料才能做出好的蛋糕,同样的,只有用快乐的心情才能构建起幸福的团队。所以,进门之前,请把在外面的烦恼通通抛掉,带一张笑脸进来。如果所有的团队都能这样做，那么这个团队一定是最幸福的。

合作创造奇迹

某知名公司招聘新员工时非常看重面试成绩。面试的考题其实不难，但能通过的人总是寥寥无几。

这一天，公司又进行了一次与众不同的面试。主考官在每个人的桌子上放了一叠厚厚的文件和一个夹子，向面试者说："请在 5 分钟之内用桌子上的夹子将文件夹好。"

这简直太容易了。大家都这么想。主考官话音刚落，面试者们便迫不及待地用手拿起夹子，试图尽快将这些文件夹好。让他们没有想到的事情发生了，夹子又大又硬，一只手根本按不开，如果用两只手按，则又没办法拿住文件。

一分钟过去了，两分钟过去了，刚才的窃喜早已荡然无存，面试者开始焦躁不安，有的人甚至提前放弃努力。5 分钟后，主考官宣布面试结果，只有 4 位面试者通过了面试。原来，面试过程中，他们 4 人迅速分成两组，每组中都有一人将文件在桌子上排列整齐，然后用两只手紧紧握住文件一端的两角，而另一人则用两只手将夹子按开，然后夹好文件。不到一分钟，4 本厚厚的文件就整齐地夹好了。

对于团队而言，伙伴之间的友好相处和相互合作至关重要。不仅要有个人能力，更需要有在不同的位置上各尽所能、与其他成员协调合作的能力。只

赢在未来——规划：高中生涯教育手册

有团结合作才能有力量,只有团结合作才能战无不胜,只有团结合作才能成功向前。

课后实践

在日常学习生活中,怎样与别人合作才能达到最佳效果,有哪些好方法?结合今天的学习与体验,请与同学老师一起分享吧!

（本节编者：上海市工程技术管理学校　周洪慧）

第五节 学做时间的主人

课前导引

你是否经常感觉自己没有时间？你是否经常觉得很累，不知道自己一天下来都做了些什么？升入高中以后，很多同学都面临类似的苦恼，我们应该如何有效利用时间，成为时间的主人而不是每天为没有时间所累呢？

悦读一刻

往罐子里放

在一次上时间管理的课上，教授在桌子上放了一个装水的罐子。然后又从桌子下面拿出一些正好可以从罐口放进罐子里的"鹅卵石"。当教授把石块放完后问他的学生道："你们说这罐子是不是满的？"

"是。"所有的学生异口同声地回答说。

"真的吗？"教授笑着问。然后再从桌底下拿出一袋碎石子，把碎石子从罐口倒下去，摇一摇，再加一些，再问学生："你们说，这罐子现在是不是满的？"这回他的学生不敢回答得太快。最后班上有位学生怯生生地细声回答道："也许没满。"

"很好！"教授说完后，又从桌下拿出一袋沙子，慢慢地倒进罐子里。倒完后，教授再次问班上的学生："现在你们再告诉我，这个罐子是满的呢？还是没满？"

"没有满。"全班同学这下学乖了，大家很有信心地回答说。

"好极了！"教授再一次称赞这些"孺子可教也"的学生们。称赞完了后，教授从桌底下拿出一大瓶水，把水倒进看起来已经被鹅卵石、小碎石、沙子填满了的罐子。当这些事都做完之后，教授正色问他班上的同学："我们从上面这些事情得到什么重要的启示？"

班上一阵沉默，然后一位自以为聪明的学生回答说："无论我们的工作多忙，行程排得多满，如果要逼自己一下的话，还是可以多做些事的。"这位学生回答完后心中很得意地想："这门课讲的是时间管理啊！"

教授听到这样的回答后，点了点头，微笑道："答案不错，但并不是我要告诉你们的重要信息。"说到这里，这位教授故意顿住，用眼睛向全班同学扫了一遍说："我想告诉各位最重要的信息是，如果你不先将大的"鹅卵石"放进罐子里去，你也许以后永远没机会把它们再放进去了。"

我们的人生也是如此。生活中、工作中有林林总总的事件，既有鹅卵石这样的大事件，也有沙子、水这样的琐事。如果不按重要性和紧急性的不同组合，确定处理的先后顺序，等到罐子里都装满了沙子和水之后，再想要把鹅卵石放到罐子里去,就已经太难了。

体验学习

一分钟有多长

我们大家一起来挑战一下对时间把握的准确度。所有同学请闭上眼睛,听到老师说"开始计时"之后,在你认为"一分钟到了"时睁开眼睛。老师将秒表投在屏幕上,看一下你自己睁开眼睛时秒表显示多少秒。

我们对时间的估计足够精确吗?一分钟如果差了这么多,那么十分钟呢?一小时呢?一天呢?

制作时间管理表

周末回家,小萌同学有以下 10 件事情分别需要处理,请你先帮她按照"四象限法"对这些事情进行分类,再制定一份合理的时间管理表。

小贴士:可以先把周末时间按照周六、周日、上午、下午分解成时间段,把需要外出的任务安排在一个合适的时间段。注意区分第二、三象限的任务,并结合任务量安排合理的完成时间。

要做的事情:

(1)从前一天晚上开始牙疼,你想去看医生。

赢在未来——规划：高中生涯教育手册

（2）星期日是一个好朋友的生日，邀请你去他家吃中饭（你还没有买生日礼物和生日卡）。

（3）你在区图书馆借的书明天到期。

（4）明天凌晨1点有一场你感兴趣的球赛转播。

（5）你要去看望外公外婆（离你家20分钟路程）。

（6）你有5个小时的作业需要周日返校前完成。

（7）明天晚上有个1小时左右的学习方法讲座，对于改善你的学习状况很有帮助。

（8）星期一物理考试，你需要一个半小时左右的复习时间。

（9）去超市采购返校必须的备品。

（10）你从同学那里借了一张碟片，答应星期六上午还他。

周末时间管理表

时间段	计划内容	所属象限	预期完成时间	备注

（续表）

时间段	计划内容	所属象限	预期完成时间	备注

✎ **知识锦囊**

时间管理"四象限"法

时间管理"四象限"法，是指把工作按照重要性和紧急性两个不同的维度进行划分。重要性是和目标有关的活动，凡是有价值的、有利于组织和个人目标实现的都是重要的事情。而紧急性是指事件是否需要立即处理（比如今天之内必须完成），不得拖延。

尽管大多数同学可能会觉得这两个维度差不多，但心理学发现，它们很多时候并不是一回事。因此，基于事件的重要性和紧急性，时间管理"四象限"法会将我们面对的任务分为四种类型：紧急又重要、重要不紧急、紧急但不重要、不紧急也不重要。我们可以将手头的事件归类到四个矩阵中，按照预先规划的方法进行处理。关于这四类任务，举例如下：

	不紧急	紧急
重要	举例： 期末考试 学习新知识 保持健康 休闲 ……	举例： 临近的考试 明天要交的作业 即将到来的英语比赛 去医院看病 ……
不重要	举例： 玩电脑游戏 刷微博 追剧 闲谈 ……	举例： 接电话 突然到访的朋友 取快递 ……

四个象限的处理建议

第一象限是紧急又重要的事情，必须立刻去做。这类事情多为重要的危机事件，但是如果一直疲于应付这类事件，会让你感受到压力，事情的完成质量一般也不高。另外，这类事情很多是由重要不紧急的事情拖延而来，例如，第二天要上交的寒假作业，如果在假期里合理地安排，就是重要不紧急的任务，而开学前一天还没完成，自然变成了第一象限的任务。所以，我们要尽量避免扩大第一象限的任务。

第二象限是重要不紧急的事情，有计划地去做。这类事情往往和我们的目标、计划相关，看似不紧急，却关系着我们的理想目标和人生规划，如果拖延不做，它们会慢慢变成第一象限的任务。古语中有绳锯木断、水滴石穿的说法。绳子的力量虽小,天长日久就能把木头锯断,小水滴的力量很小,日子长了,就能把石头滴穿。所以对于第二象限的任务,我们应该拿出水滴石穿的精神,坚持不懈按计划完成。

第三象限是不紧急也不重要的事情,尽量不做。比如长时间地玩游戏、看电视,漫无目的地浏览网页、刷微博,消耗大量时间在社交网络上,如微信、QQ等。这些事情消耗大量的时间,沉迷其中会影响到我们做重要的事情,因此应该尽量避免做这一象限的事情。当然,这并不意味着你要完全放弃休闲生活——必要的休闲是重要但不紧急的事情,因此可以每天规划出固定的时间来进行。

第四象限是紧急但不重要的事情,尽量少做,必要时甚至可以请他人来做。这类事件往往是生活中的突发事件,比如,看周末凌晨直播的球赛、周末学习时同学突然约你去超市购买物品。因为这类事情很紧急,所以很多人会错误地认为它很重要,从而耗费了大量时间处理。事实上,这些事完全是可以授权或者分派他人代为完成或者降低标准来完成的,不应该花费大量的精力。

故事阅读

"简书"创作社区的"用时间酿酒"是一名普通的大学三年级学生,现担任该社区的专题主编,拥有6 000个粉丝,文章点赞数高达2万。作为一名自媒体人,他曾发布近百篇有关时间管理及个人成长的文章,阅读量超过1 000万,多次被《人民日报》《中国青年报》等主流媒体转载。

进行时间管理，让时间为你走慢些（有删节）

一、专注特长

常听人说："兴趣是最好的老师。"很多人的爱好广泛，喜欢给自己贴各种标签。但是，标签那么多，都没有含金量，又有什么用？对于我们普通人来说，人生一定需要一条主旋律，与其皆有涉猎，不如精于一门。不要让兴趣成为你成长的绊脚石，更不要落入兴趣的深渊。

2016年是我的人生中极为重要的一年，也是我快速成长的一年。这一切，都源于我开始了解时间管理，开始明确自己的规划。

选择意味着放弃，选择A就会失去B，但因为精力的集中，收获也来得更早。把刷剧的时间用来阅读，把打游戏的时间用来写作，选择不同让我有了不一样的大学生活。参加线下活动，认识了一帮志同道合的朋友；参加读书会，每周一次的思维碰撞让人兴奋；举办线上微课分享，帮助更多的小伙伴认识了解时间管理。这一切，都是刷剧和打游戏不能给予我的。

作家格拉德威尔在《异类》一书中指出："人们眼中的天才之所以卓越非凡，并非天资超人一等，而是付出了持续不断的努力。1万小时的锤炼是任何人从平凡变成世界级大师的必要条件。"我们不需要锤炼自己成为专家，但是你把时间用在哪里，哪里就会有收获。

二、时间管理之方法论

对时间管理的认识是在一次次的解决自己实际问题中不断深入的。很多时间管理达人分享相关经验时只是强调内容,只关注共性问题,却忽略了每个人的特性,这就是为什么参加了很多次时间管理课程的朋友听课的时候觉得醍醐灌顶,落实到实践却有点不知所措。

以我的个人经验来讲,希望每一位学习时间管理的朋友先问问自己,为什么要进行时间管理? 我想要解决的问题是什么? 然后进行重点突破,有针对性地改善。

时间管理的方法和表格有很多,最著名的有番茄工作法、计划清单等,每一种都有它的优缺点,今天为大家推荐几款最实用的时间管理方法,准确地说是工具。

1. 15分钟工作法

每15分钟为一个小隔断,1小时分为4个隔断,每个隔断开始的时候,选择是否继续工作,无论选择哪种,都要在做够15分钟后,再做选择。

15分钟工作法相比番茄工作法而言,时间段拆分得更短,不容易让人有压力。

到了15分钟,你也不需要强制休息而是可以根据当前的状况选择继续还是做出其他选择,切换的成本小,效率更高。

2. 三只青蛙

如果你每天早晨第一件事就是吃掉一只活青蛙,那么你会欣喜地发现,今天没有什么比这更糟糕的事情了(先解决最具挑战性的任务)。

从计划清单里确定三项属于今天的"青蛙",无论如何完成它! 仅此而已!

赢在未来——规划：高中生涯教育手册

吞青蛙表格			
年度青蛙	完成情况	月度青蛙	完成情况

青蛙列表	周一	周二	周三	周四	周五	周六	周日
1							
2							
3							
回顾总结							

优点：明确一天中最重要的三件事,每天优先吃掉三只"青蛙"。

缺点：一开始就完成具有挑战性的任务容易产生抵触心理。

3. 九宫格日记

三只青蛙	健康状况	人际沟通
阅读写作	日期： 天气：	财务管理
小确幸	错题本	今日脑洞

九宫格日记由日本佐藤传发明,传入中国。

优点:节省时间,视觉效果更突出,DIY 性能强,适用人群广泛。

缺点:字数有限,不能够完整地记录某件事带来的深度感悟,只能简单地将事情概括出来。

可能你会问,每天得画一个表格,会不会太累呀。其实是不需要每天都画,制定出一个之后如果短期内计划没有改变就可以打印出来,方便对照使用。

三、好书推荐

工欲善其事,必先利其器,阅读时间管理类书籍可以帮助你更加系统地了解时间的真相。

(1) 纪元《哪有没时间这回事》:该书逻辑性很强,创新性地以一天 24 小时为时间轴做了详细的时间管理建议。

(2) 佐藤传《晨间日记的奇迹》:九宫格日记的创始人,如果你对日记感兴趣可以买来阅读。

(3) 李笑来《把时间当作朋友》:管理时间的精髓和焦点不在"时间",而在管理自己。

四、最后,他说……

每一位喜欢时间管理、践行时间管理的朋友都不敢说自己可以严格遵守并百分之百地完成计划。学习这些时间管理的方法只是为了帮助我们提高效率,减少不必要的浪费。别给自己太大的压力,再完美的计划,完成率能在七成就已经很不错了。

你把时间用在哪里，哪里就会有收获。我们对待时间管理的态度也就是我们对待人生的态度。我不奢求自己每一次都可以完美地执行计划，但至少因为统筹规划，让自己少一点迷茫。

越自律，越自由。学习时间管理并不是为了时时刻刻工作，而是为了将省下的整块时间留给生活，从而更好地平衡工作和生活的关系。让时间走慢些，去做自己想做的事。

课后实践

请罗列出你未来一星期所需要完成的任务并利用四象限法对这些任务的重要性进行排序，制定可执行、可检验的时间管理表，并将它落实在你接下来的行动中。

一周任务管理表

计划内容	事件分类(打√)				排序	计划完成时间
	重要紧急	重要不紧急	不重要紧急	不紧急不重要		

（本节编者：上海市崇明中学　王琳琳）

第二章

外部探索

第一节　理想大学探秘

课前导引

我们可以从哪些方面来了解一所大学呢？

大学的生活究竟如何？

毕业后去向何处？

处在高中阶段的学生会对自己未来的大学生活有着很多的憧憬和想象。每个学生都希望选择一所适合自己、能够为自己提供广阔发展平台的大学。而选择一所适合自己的大学需要利用正确的渠道全面、科学地了解大学信息，接下来，我们就来了解一下大学是什么样子的。

悦读一刻

校训的含义

校训，是一所学校办学理念、治校精神的反映，是体现大学文化精神的核心内容。寥寥数语的背后,是信仰和信念的坚守传承,是一代又一代师者和学子的砥砺奋进。《光明日报》曾推出"校训的故事"专栏,寻访一批知名大学"校训"背后的故事,从历史和现实两个维度,展示校训的文化传统和正能量,弘扬其所蕴含的精神与感召力。

复旦大学的校训是"博学而笃志,切问而近思"。这句校训出自《论语·子夏》,前一句讲做人,要求学生要有广博的知识,做人和做学问都要立志,而且要志向专一,不能朝秦暮楚;后一句讲做学问,所谓"切问",就是经常问,而且要问得中肯;所谓"近思",就是把问题放在脑子里经常思考。

70年前,时任复旦大学校长的李登辉告诫当时处于时代大变局中的复旦学生,你们"应当为社会服务,为人类牺牲""服务、牺牲、团结,这是复旦的精神,更是你们的责任"。这就是校训更深一层的意思,不仅仅是做学问,还应服务社会、服务国家,还要有"兼济天下"的社会关怀和家国情怀。

每个学校都有自己的"校训故事",不同学校的校训,在不同文字的背后却有共同的内涵——都是做人做学问的道理。一所学校的精神并不在于他培养出了多少大师、精英,而在于普通的毕业生怎样去看待和践行校训教导他的道理。你知道哪些学校的校训?它们分别有什么样的含义或寓意?

体验学习

探索理想大学

掌握一所大学的基本情况,主要从大学的分类及特点、大学的层次、大学的办学实力、大学的专业设置等方面进行了解。

（1）大学的分类及特点：大学可以分成医学类、财经类、师范类、语言类、理工类、农林类、政法类，以及包括多个门类的综合类，不同分类的大学，其学科建设与分布的特点不一样，人才培养的方向与特色也是各有侧重，因此，掌握这个基本知识，就等于找到了一个突破口。

（2）大学的层次：包括大学的历史沿革、师资力量、所处的城市和地理环境；大学的学科建设及师资力量、办学特色等。过去常把大学分为重点大学与普通大学，而现在则有双一流大学、985 工程大学、211 工程大学、教育部直属大学、国家各部委主办的大学、省属普通大学、高职高专等的区别。

（3）大学的办学实力：可以从这所大学所拥有的双一流学科、国家重点学科、国家重点实验室、国家特色专业、博士后流动站、博士点和硕士点、研究生院等情况，教授与副教授数量、综合实力在高校中的排名、教育部的学科（专业）评估、毕业生就业率、每年高考招生的录取分数等方面进行评估。

（4）大学的专业设置：中国大学共有 13 个学科，92 个大学专业类，506 种大学专业。13 个学科分别是：哲学、经济学、法学、教育学、文学、历史学、理学、工学、农学、医学、管理学、艺术学、军事学。从这所大学的专业设置可以看出这所学校的专业能力。

探索大学的途径

一、线上途径

认识一所大学及其开设专业情况的重要途径之一便是大学的官方网站。

打开这些网站,我们可以看到各个高校的官网栏目设置主要有"学校概况""院系设置""师资队伍""招生就业""合作交流""学术科研""校园文化""学校新闻"等。

(1)"学校概况"——通过历史变革认识学校的传统优势及特色。

(2)"院系设置"——全面深入了解所感兴趣学科或专业课程。

(3)"师资队伍"——师资力量决定教学水平和学生培养质量。

(4)"招生就业"——了解院校招生录取规则以及毕业生走向。

(5)"教学科研"——确定学校专业培养目标和培养方案。

(6)"合作交流"——同学,世界那么大,你想不想去看看?

(7)"校园文化"——从校园文化看学校对学生素质发展提供的平台。

(8)"学校新闻"——以小见大,多方面了解学校的综合讯息。

除了大学的官网,大学的相关微博、微信公众号、电子公告板(BBS)等,也都能够获取该所大学的相关信息,而且还能看看往届的学姐和学长对这所学校的评价以及社会对学校的认可度。

二、大学开放日

大多数大学每年都会举办"大学开放日"活动,为学生、家长和社会人士认识大学提供了窗口。我们可以借此机会去心仪的大学实地参观。

在大学实地走一走,我们可以整体感受学校的校风。校风是一所学校的精神风貌的总括,具体体现在学生的学风、教师的教风和管理人员的作风上。观察学风,不妨晚上到教室、图书馆去看一看有多少人在上自习,到实验室看看有多少学生在做实验。观察教风,不妨到教室去听几节课,看看教师的教学态度、水平和效果。观察作风，不妨到学校机关试着办点事，看看管理人员是否具备服务学生和教师的意识和能力。此外，还可以观察学校的课外活动，有没有学术报告和各类讲座，学生社团活动如何，文化体育活动如何，课外创业创新活动如何，等等。

有些信息是可能没有办法直接观察到，这就需要访谈和咨询。比如说，学校有哪些学术名师和教学名师，有哪些优势学科专业；有哪些杰出的毕业生；人才培养的特色是什么；本科毕业后继续深造、就业和创业的人数如何，质量如何；等等。对于这些问题，我们可以试着和相关专业的学生、教师聊聊，或者到教务处、学生处、招生就业处去咨询一下。

大学探秘表

基本信息	大学层次	
	地理位置	
	校园环境	
	历史发展	
学术实力	综合排名	
	专业排名	
	办学实力	
	学术交流	
	师资队伍	

（续表）

院系设置	专业设置	
	学科设置	
招生就业	招生简章	
	就业方向	
	就业率	
校园文化	校训	
	人文环境	
	讲座	
	社团	

知识锦囊

大学校长关于大学的诠释

"大学者,研究高深学问者也""大学是研究学理的机关""所谓大学者为共同研究学术之机关""大学为纯粹研究学问之机关"。——北京大学校长蔡元培

"就其所在地言之，大学俨然为一方教化之重镇，而就其声教所暨者言之，则充其极可以为国家文化之中心，可以为国际思潮交流与朝宗之汇点""所谓大学者，非谓大楼之谓也，有大师之谓也"。——清华大学校长梅贻琦

"真正的大学，即作为科学团体的大学，仅仅体现于哲学院中""唤起科学的观念，并循此观念进入其选定的知识领域，使其能够本能地用科学的目光看待一切知识；不是孤立地，而是在相互的联系中探索具体的现象，不使之须臾脱离与知识整体和全体的关联；学会在思维中运用科学的基本法则，并进而养成独立研究、发现和阐述问题的能力"；总之，"并非通常意义上的学习，而是认知"。——柏林大学校长施莱尔马赫

"现代大学好似一本百科全书""大学所要解决的是思辨的问题"；大学特权的合理性"在于它们不断地在我们眼前呈现体现对人类最高能力持久的信任的教育机构时所体现出来的永久价值""真正的大学精神，也就是纯粹为了研究对象而研究的精神"，"大学统一的原则是为真理而真理"。——芝加哥大学校长赫钦斯

"一所大学似乎是孕育自然思想并能最终自由表达思想的最糟糕同时又是最理想的场所。"——耶鲁大学校长施密德特

"大学不仅仅是知识的加工厂，还是一个以传统经久不衰的价值观为基础的复杂的机构""大学不仅是知识的守望者，也是价值观、传统和社会文化的守护神""大学不只在于教育和发现，也在于向现存秩序发出挑战并促其改革"。——密西根大学校长杜德斯达

大学"是一个传授普遍知识的地方""理智训练以及大学教育的真正而且充分的目的不是学问或学识，而是建立在知识基础之上的思想或理智，抑或可

称之为哲学体系""大学教育是通过一种伟大而平凡的手段去实现一个伟大而平凡的目的"。——英国都柏林天主教大学校长纽曼

大学人才培养与毕业就业

大学人才培养主要由专业能力、通用技能、个人品质和职业规划能力四个要素组成。专业能力包含了专业知识和专业技能等；通用技能包含了沟通能力、团队合作与管理能力、创新与创业能力、学会如何学习的能力和开发创新解决方案的能力等；个人品质包含了正确应对压力、进取心和责任感等；职业规划能力包含了职业相关能力展示（如简历撰写、获得就业信息的能力）、职业选择和发展的相关知识等。

上海高校会公布每年的毕业生就业质量报告。一般学生本科毕业后的去向主要有以下几种：国内考研、出国深造、签约就业、灵活就业、暂不就业和去向待定这几种。2018年国家统计局上海调查总队对上海2 211名高校应届毕业生开展了上海高校应届毕业生就业情况调查。调查结果显示：截至6月底，近九成受访毕业生已有去向，八成求职毕业生已找到工作，理工类就业形势继续向好。对于择业意向，毕业生最看重薪酬和福利待遇，留沪热情较高，逾四成愿意参与"西部计划""三支一扶"等促进就业计划。近年来，毕业生签约薪酬稳步增长，近八成满意签约结果。计算机、机械、电气、土木、医学等专业就业都是非常不错的，市场需求非常大。而在求职难的人群中，以汉语言文学、工业设计、法学、软件工程、行政管理、物流管理、电子商务、市场营销、数学与应用数学居多。

故事阅读

去读世界一流的大学

18 岁时，林语堂离开福建鼓浪屿，前往上海圣约翰大学就读。在去往上海这个大都会之前，他一直在福建乡下。林语堂出生在福建漳州旁的一个小村落龙溪，那里偏远而落后。在破落的龙溪乡下，作为教会牧师的父亲，自小以中英文双语教导他，并谆告"长大定要念世界一流大学"。就是这句话，改变了林语堂一生的际遇。

自幼起，林语堂即离乡寄读鼓浪屿的学校。他的童年得益于生活在比较开放的鼓浪屿，在那里，他第一次看到世界的面目。他的同学里有英、法、葡、西等各国领事的小孩，他在他们身上看到了西方的印记。他一直记得父亲的话，大海的另一边是另一个世界，"要读世界一流大学"。林语堂后来实践了父亲的梦想，先留学于美国哈佛，再留学德国。他是世界上第一位登上《纽约时报》畅销书排行榜的华人作家，其作《生活的艺术》(*The Importance of Living*)连续登上《纽约时报》排行榜榜首 52 周，文字行云流水，语带幽默。他的英文写作能力为他赢得了很多同时代作家没有的赞誉。他将中国的文化延伸到了海外，用西方人熟悉的英文，表达了中国古老的魅力。

林语堂应该是近现代中国最为世界瞩目的文学家，他"两脚踏中西文化，一心评宇宙文章"。无疑，他是东西方文化的宠儿，在精研学问之后，他跳出了传统中国文人出世与入世的矛盾挣扎。他从一名斗士变为了逸士,但他依然以开阔的胸怀和超然的诗意影响了千千万万的同胞。他用英文写作,让西方对中国的理解大大加深。他立意高远,用心沟通,在东西方文化之间架起了一座桥梁。这样的人生,是多么的开阔;这样的仁爱,是多么的博大。顺乎本性,师法自然。让我们向他学习,做一个人生的智者。

从历史积淀中感受人文底蕴

一所大家心目中的优秀大学,不仅要有先进的硬件设施和教学设备,还要具备悠久的历史和深厚的文化,正所谓"所谓大学者,非谓有大楼之谓也,有大师之谓也","软实力"才是大学被认可的关键。只是一所大学独特文化底蕴的形成,不能一蹴而就,往往需要经历长时间的积淀,在此期间,学校办学过程中重要的历史事件、关键人物、培养的社会英才等都是一所大学历史积淀和文化传承的重要体现。

2019 年,南开大学迎来了 100 周年校庆,回顾一个世纪的发展历程,可谓筚路蓝缕。1919 年,爱国运动高涨,张伯苓校长秉承教育救国的观念,建立南开大学,以培养救亡图存的爱国人才。南开校名的由来也不像有些历史悠久的高校那样取自古籍经典,而是缘于学校在天津城南的一块开洼地带建校,困难重重,为此张伯苓校长曾经说过:南开南开,越难越开。在这种精神的鼓励下,南开一直走到了今天。南开大学建立之初是一所私立大学,张校长为建立南开四处奔走筹款,过程不可谓不艰辛;1937 年抗日战争期间,南开校园毁于战火,后同北京大学、清华大学组成西南联合大学辗转到长沙再到昆明办学,一路颠沛流离，但始终秉承"允公允能"的校训，坚持育人、研究不辍，在中国教育史上留下了一段佳话；1946年回到天津复校改为国立，之后沉心办学，逐渐发展成为211工程高校、985工程高校、国家"世界双一流建设"A类高校。南开是一所为国家和民族建立的学校，当国家不须忍受以前的磨难之后，学校依然时刻牢记家国情怀，倡导学生用自己所学去给国家和民族创造更好的未来。在南开的整个发展历程中，给予大家的不只是专业上的培养，更是一种精神力量的熏陶，让学生能够将自己的所学真正融入社会发展之中，做到"知中国服务中国"。大学在长期办学中形成的大学精神和办学理念，也是大学持续发展的动力，大学的人文底蕴给予学生的是潜移默化的影响，不失为考生考量高校的一项重要依据。

课后实践

相信大家在心中也有自己喜欢的几所大学，请你利用大学探秘表，通过查阅大学官网和实地走访，收集大学的基本信息、学术实力、院系设置，探究大学对人才的要求与学校毕业生走向等。

（本节编者：上海市工程技术管理学校　施春健）

第二节　探索大学专业

课前导引

你理想的专业是什么？

通向你神往的专业的路径在哪里？

大学专业与职业之间是什么关系？

本节课，我们一起来探索大学专业，它就像是连接着你和职业的桥梁，选对了桥能帮助我们到达彼岸。

悦读一刻

大学学科分类

目前，我国大学开设的学科主要可分为四大类，即人文科学、社会科学、理论科学和工程科学，进一步细分为 12 个学科门类，分别为哲学、经济学、法学、教育学、文学、历史学、理学、工学、农学、医学、管理学、艺术学，具体如下。

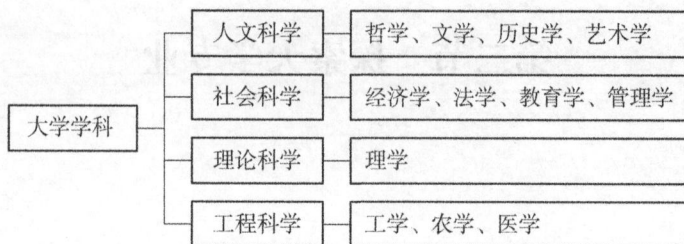

大学学科	人文科学	哲学、文学、历史学、艺术学
	社会科学	经济学、法学、教育学、管理学
	理论科学	理学
	工程科学	工学、农学、医学

人文科学与社会科学，就是我们传统意义上说的"文科"。与社会科学相比，人文科学根基深厚，"眼观长远"，更具有历史纵深感。人文科学效力于培养通才，学生需要进行大量课外阅读，积累大量的生活经验。人文科学属于典型的宽口专业，适应面很广泛，不完全强调专业与专业之间的界限。而社会科学大多是近代以来逐步从人文科学中分化出来的，是以社会现象为研究对象的科学，它的任务是研究与阐述各种社会现象及其发展规律，解决具体的社会问题，属于应用型学科。

理论科学和工程科学，组成了所谓的"理科"。理论科学是自然科学体系中侧重理论研究的基础性学科，包括数学、物理、化学、生物等学科及其衍生学科。工程科学则是自然科学体系中侧重研究技术应用和解决现实问题的科学。

在四大学科类型中，人文科学与理论科学属于基础学科，社会科学与工程科学属于应用学科。基础学科是应用学科的基础。基础学科专业强调理论研究能力与抽象思维能力的培养，强调学科素养与可持续发展。应用学科强调动手操作能力与具象思维能力的培养，与相关职业的对口度高，知识需要持续更新。

体验学习

一、专业选择

在充分的自我探索的基础上,请结合你对专业的认知和理解,参考《普通高等学校本科专业目录(2012 年)》,选出你最感兴趣和最不感兴趣的三个专业,并说明理由。

最感兴趣的专业

	名称	理　由
专业一		
专业二		
专业三		

最不感兴趣的专业

	名称	理　由
专业一		
专业二		
专业三		

赢在未来——规划：高中生涯教育手册

二、专业探索表

选择1个你最希望了解的专业进行记录，完成一张专业探索表，并向其他同学介绍你了解到的情况。

小贴士：了解大学专业的途径

（1）高校招生计划。通常情况下，每个学校都会下发由当地教育考试院编印的各高校招生计划。计划中会介绍大部分高校、大部分专业以及往年分数线等信息。

（2）大学网站。大学的官网网站里有各学院的详细介绍和招生信息，有一定的参考价值。

（3）访问学长。高校在读的学长对自己所学的专业会比较了解，对学校的其他专业也有一定的发言权。

（4）招生热线。招生热线是了解该学校和专业的一个直接途径。

（5）招生咨询现场。现场咨询的优点是能同时同地与多个高校或某大学多个学院面对面了解情况。缺点是人多、时间紧、获得的多是学校的官方信息。

专业名称	
专业培养目标 （专业内涵、就业前景、 就业岗位）	

（续表）

专业名称			
专业培养计划 （专业课程设置、培养计划 思路及特点）			
专业设置情况 （哪些学校开设该专业、 院校之间怎样比较）			
专业相关情况 （与该专业相关的专业有 哪些、区别与联系在哪里）			
本科生采访意见 （在校大学生对该专业的 认识、自身的专业成长、综合 素质成长、对专业的困惑等）			
我目前拥有的资源			
需要准备的专业能力			
我学习此专业的动机			
我的兴趣值		专业难度值	

备注

知识锦囊

大学专业选择的常见误区

误区一：按名称认识专业

以往填报志愿时，考生和家长因为不了解专业内涵、混淆专业名称而报错志愿的情况屡有发生。事实上，不少专业的名称并不能反映专业的实质和将来相关的职业。比如"计算机科学与技术"和"信息与计算科学"这两个专业的名称很相似，但是一个属于工学计算机类，一个属于理学数学类。不论是主修课程还是将来的就业领域都有较大区别。

误区二：优先录取分数高的专业

考生和家长往往认为某个专业的录取分数高，那么这个专业一定是好专业。但事实上录取分数高有可能是该专业在当下比较热门而报考人数多导致的，还有个别专业录取分数高可能是前一年该专业由于录取分数低而使当年报考人数较多造成的。录取分数往往是动态的，并不一定反映该专业的优势性，并且就算这个专业是该校的王牌专业，但也并不一定就是适合孩子的专业。

误区三：名称相同的专业都是一样的

虽然专业名称相同，但是由于每所高校在办学特色、研究方向等方面的差异，相同名称的专业也会有所不同。比如，西安电子科技大学和北京邮电大学都设置了电子科学与技术专业。该专业在西安电子科技大学是学习电子科学和技术领域的基本理论、设计方法、制造工艺和测试技术等，专业方向为光电子技术、电子材料与元器件等。而北京邮电大学则是以微电子、信息与通信系统的设计和集成以及计算机应用的融合为专业特色。

误区四：未来就业与所学专业机械对应

每个专业都有自己的培养目标，也有大体的就业方向。但专业与未来就业并不是刻板地一一对应。有些行业对专业的要求并不严格，有的行业由于分工不同，很多专业都可以在其中找到对口的岗位。一般来说，对专业技能要求较高的行业会对从业者所学专业要求比较严格，比如机械制造等。总体而言，随着社会的发展，对专业的狭隘要求呈降低趋势，即使不能考取目标职业的相关专业，也可以通过辅修、考研等其他方式学习相关专业，从而掌握相关技能。

误区五：热门专业，就业率高

事实上，表面看起来热门的专业，就业率不一定高。一项调查显示，近几年本科大学生就业率排名前十位的专业为：能源动力类、化学类、机械类、化工与制药类、土建类、电气信息类、工程力学类、材料科学类、管理科学与工程类、工商管理类。这十类就业率高的专业,有的为报考时的冷门专业,甚至一些专业生源90%以上为调剂生。而报考时的热门专业就业时却遭遇尴尬,比如法学、医学、国际经济与贸易、计算机科学与技术、生物技术、环境工程、生物工程等。

故事阅读

弃北大读技校　自定别样人生

11月4日,第六届全国数控技能大赛决赛开幕式在北京工业技师学院举行。在会场,一个看起来很沉稳的男孩代表参赛选手进行宣誓,他的一举一动时刻吸引着媒体记者们的眼球。他就是周浩。

周浩有足够让人惊讶的经历。3年前,他从北京大学退学,转学到北京工业技师学院,从众人艳羡的高材生到普通的技校学生,从北大生命科学研究院人才储备军到如今还未就业的技术工人。这样的身份转变,就足以让人不敢相信。周浩这样做了,并且谈起当年的决定,"毫不后悔,很庆幸"。

遵父命上北大　没兴趣痛不欲生

2008年8月,顶着如火的骄阳,周浩踏上了去往北京的火车。

在当年的高考中,周浩考出了660的高分,他是青海省理科前5名。本来他想报考北京航空航天大学,但这个想法遭到了家人老师的一致反对,父母觉得这样高的分数不报考清华北大简直就是浪费,高中班主任也一直希望他能报考更好的学校。"我从小就喜欢拆分机械,家里的电器都被我重装过。在航空航天大学,有很多实用性的课程,这比较对我的胃口。"但是,周浩最终还是妥协了,"当时还小啊,再有主见也还是听家长的"。没想到,当年的妥协竟困扰了他两年多。

到了北大,周浩以为可以有一个新的开始,会习惯这里的生活。事实证明,他错了。

大一上学期,周浩努力地适应一切,浓厚的学习氛围、似乎永远也上不完的自习、激烈的竞争环境……从小就喜欢操作和动手的周浩开始感受到了不适应。到了第二学期,理论课更多了,繁重的理论学习让周浩觉得压力很大。"生命科学是比较微观的一门学科,侧重于理论和分析,操作性不是很强。而我又喜欢捣鼓东西,喜欢操作。所以我们互相不来电。"

不感兴趣的专业让周浩痛不欲生,每天接受的都是纯粹的理论更让他头脑发胀,对于未来也变得非常迷茫:"不喜欢学术,搞不了科研,但是生命科学系的很多学生未来几乎都会读研究生,这样的路并不是我想走的。"于是,周浩学习开始不那么积极了,不再像刚入大学那会儿跟着室友一起去上自习,"越来越迷茫,不知道自己的出路在哪儿"。就连作业,周浩也不再认真完成,每次都是敷衍了事。

一开始,周浩觉得问题的关键在于自己适应环境的能力太差。于是,他试了各种办法让自己习惯这种学习氛围。

同学告诉他可以尝试去听工科院系的课程,从中找到自己的兴趣。他便去旁听北大工科院和清华工科院的课，却发现这些课基本上也是纯理论，而实践操作课只有工科院本院的学生才能去上。然后，他开始谋划转院。但是在北大，转院并不是一件容易的事。想转的院和所在的院系公共课要达到一定的学分才能转院。周浩想转的工科院和他所在的生科院基本上没有什么交集，周浩知道转院这条路终究是走不通了。接二连三地遭受打击之后，周浩开始陷入了绝望。

休学一年体验人间冷暖　选择转校艰难说服父母

第一年的尝试失败了，于是，他决定大二先休学一年。到了深圳，周浩觉得自己应该认真规划一下自己的未来。

休学期间，他当过电话接线员、做过流水线工人，没有一技之长又不擅长交际的周浩感受到了社会的残酷。"对于人间冷暖有了初步的体会，大家不会因为你是大学生就尊重你，就会多给你一次尝试的机会。"周浩以为初入社会的挫败感让自己能喜欢上北大的生活，静下心来学习，能再次接受自己不喜欢的专业。

然而，重新回到校园的时候，周浩有了比以前更大的不适应感，他越来越觉得自己实在不适合学习这门专业。"现在看来，我休学一年所做的思考基本上都是失败的"，周浩苦笑道。

在旁听、转院、逃避都没有解决问题的情况下，周浩开始打起了转校的"算盘"。从大一开始，他就已经在网上对中国的一些技师学院进行了解，并且还"翻墙"去看德国数控技术方面的网站，对比了中国与德国这方面的差距，初步对中国的数控市场进行了判断。"我觉得中国是比较缺知识技能复合型人才的,就像德国很多技术工人都是高学历,而中国的技术工人基本上都学历不高。"

了解了自己高学历的优势,周浩开始选择适合他的学校。"在网上搜到了北京工业技师学院,它的水平在行业内是领先的。既然想学点技术,尤其是数控技术,那这里就是最好的地方。"

从北京大学退学,要去一个听都没有听过的技术学校,这样的想法一定是疯了! 当时,周浩身边的亲戚朋友同学都这样认为。父亲知道周浩的想法以后非常反对,打了很多电话劝他,让他再坚持坚持。父亲劝不动周浩,意识到儿子是认真的以后,父亲开始妥协。"他开始退让,同意让我转到父亲所在的深圳大学,就是不让去技校。"

周浩却坚定了去技校,"北京大学这样在国内算是比较自由的学府都没有给予自己希望,那么去别的学校万一又出现同样的问题呢? 难道到时候又转校吗?"周浩觉得要找一个可以真正学到技术的学校。

周浩从小和母亲关系很好,几乎无话不谈。于是,周浩决定先说通母亲支持自己。在知道周浩在北大的经历以后,母亲震惊了,她没想到儿子在人人向往的北大竟然过得这么痛苦和压抑。她决定帮助儿子摆脱烦恼。终于,在母亲的劝说下,父亲同意了周浩的决定。

在得到父母的支持以后,周浩觉得自己离梦想近了一大步。"我一直比较在乎别人的看法,但是如果一辈子都要做自己不喜欢的事,你的一生就毁了。"周浩说:"如果我过得很精彩,总有一天,可以证明给当初质疑自己的人看。"

转校成功　拾回学习热情　不后悔选择淡定面对未来人生

2011年冬天，周浩收起铺盖从海淀区到了朝阳区，从北大到了北京工业技师学院，开始了人生新的起点。

对于北京工业技师学院来说，这无疑是一个天大的喜讯。"你想想，为了增加生源，我们学校给农村户口的孩子减免学费，却还是没有起到多大的效果。这样一个北大学生的到来，当然是很惊天动地了。"学校党委副书记仪忠谈起自己的得意门生很自豪："考虑到周浩之前有一定的操作基础，学校没有让他从基础课学起。为了让周浩接受更大的挑战，他直接进入了技师班，小班授课，并且给他配了最好的班主任。"这种小班式、面对面地和老师交流，让他找到了很强的归属感。

除了学院的培养，找到兴趣点后的周浩也重新拾回了对学习的热情，这让他在这里得以大显身手。"大学的生活很散漫，而技师的生活就是'朝八晚五'，一切都靠自律。"实验室有十几台从瑞士进口的数控机器，老师面对面地亲自指导，直接上手的机器操作，这一切都令周浩兴奋不已。由于之前没有接触过数控技术，而别的同学都已经学了两年，为了赶上大家的进度，他学得格外认真，"每天都把老师教过的技术重复练习，有不懂的就及时问"。很快，周浩便成为班里项目完成速度最快、质量最好的学生。

周浩的努力没有白费。凭借北大的理论基础和北京工业技师学院的技术学习，周浩慢慢朝着自己努力的知识技能复合型人才的道路发展，他成为学院最优秀的学生之一。尽管有很多企业向周浩伸出橄榄枝，但对于未来，周浩有自己的设想，"现在还不想就业，我还是想继续深造，对数控技术了解得越深我就越觉得自己学得太少,还是要再多充充电"。

"我所学的技术在人们的生活中起着很大的作用,我不会后悔自己的选择。而且三百六十行,行行出状元,每个人只要在适合自己、自己感兴趣的岗位上工作,都会很强大的!"周浩说。

　　　　　　——摘自《中国青年报》2014 年 11 月 17 日 11 版,作者:彭燕、吴雪阳

课后实践

专业作为学业与职业之间的桥梁,越早探索,能越早清楚未来的方向。利用本节课了解到的探索专业的方法,与其他同学分工合作,继续探究感兴趣的大学专业,整合为属于你们自己的班级专业选择册。

（本节编者：上海市崇明中学　王琳琳）

第三节　崇明本土职业探秘

课前导引

同学们，将来大学毕业、找到工作之后，你觉得你可以怎么样为建设崇明贡献出一份力量呢？

悦读一刻

我的家乡崇明岛

崇明岛地处长江口，是中国第三大岛，被誉为"长江门户、东海瀛洲"，是中国最大的河口冲积岛，中国最大的沙岛。崇明岛成陆已有1 300多年历史，现有面积为1 200.68平方公里，海拔3.5～4.5米。全岛地势平坦，土地肥沃，林木茂盛，物产富饶，是有名的鱼米之乡。且该岛因为各种地理因素，面积每年增长约500公顷(5平方公里)。

崇明岛东同江苏省启东隔水相邻,东南濒东海,西南与浦东新区、宝山区和江苏省太仓市隔江相望,北同江苏省海门市一水之隔。形如一春蚕,东西长,南北狭。在它的旁边还有横沙、长兴两岛。崇明岛的形成与长江口的演变相联在一起。由于长江口有着向东南伸展,且口门沙岛不断北靠的趋势,因此,从前的崇明岛与我们看见的位置和形状相差甚远。现状为崇明岛东、北方滩地仍在继续淤涨,其中东滩每年以100余米的速度向东海推进。

"生态""环保"是崇明岛规划和建设的主题词。

在建设发展崇明岛的过程中确立的总体目标是:坚持以科学发展观为统领,按照构建社会主义和谐社会的要求,围绕建设现代化生态岛区的总目标,大力实施科教兴区主战略,加快三岛联动发展,努力使崇明岛成为适应上海现代化国际大都市建设长远需要的人与自然和谐相处、经济社会协调发展的最佳区域之一。

崇明岛前景目标定位:崇明是上海可持续发展的重要战略空间。坚持三岛功能、产业、人口、基础设施联动,分别建设综合生态岛、海洋装备岛、生态休闲岛,依托科技创新,推行循环经济,发展生态产业,努力把崇明建成环境和谐优美、资源节约利用、经济社会协调发展的现代化生态岛区。

崇明岛功能定位主要体现以下六个方面:森林花园岛、生态人居岛、休闲度假岛、绿色食品岛、海洋装备岛、科技研创岛。

赢在未来——规划：高中生涯教育手册

体验学习

寻找你的理想职业

结合你的霍兰德职业兴趣代码，在宝岛寻找你的理想职业。

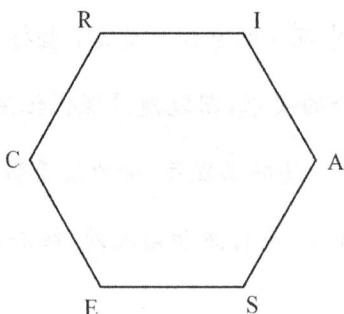

R：现实型
I：研究型
A：艺术型
S：社会型
E：企业型
C：传统型

我的霍兰德代码是：

＿＿＿＿＿＿、＿＿＿＿＿＿、＿＿＿＿＿＿、

根据霍兰德代码，在崇明岛上我适合的职业有：

＿＿＿＿＿＿、＿＿＿＿＿＿、＿＿＿＿＿＿、＿＿＿＿＿＿、

＿＿＿＿＿＿、＿＿＿＿＿＿、＿＿＿＿＿＿、＿＿＿＿＿＿、

根据以下职业寻访任务单，寻找一个适合自己的崇明本土职业：

崇明本土职业寻访活动任务单

姓名		性别		年龄	
就读大学		所学专业			
现工作单位		所任职务			
联系电话		E-mail			
职业理想	在从事这份职业之前,有没有其他的职业理想？为什么最后没能实现？				
职业现状	(1) 当初选择这个职业的缘由。 (2) 从事这份职业需要储备的能力。 (3) 现在职业状态的描述。 (4) 职业中让你最满意的地方。 (5) 职业中让你最不满意的地方。 (6) 这份职业的发展前景。				
职业准备建议	(1) 对高中阶段的学生有什么建议？ (2) 对将来的大学生活学习有什么建议？				

知识锦囊

职业的分类与探索路径

一、职业分类

2015 年修订的《中华人民共和国职业分类大典》中，将我国的所有职业分为 8 个大类。

第一大类	党的机关、国家机关、群众团体和社会组织、企事业单位负责人	第五大类	农、林、牧、渔业生产及辅助人员
第二大类	专业技术人员	第六大类	生产制造及有关人员
第三大类	办事人员和有关人员	第七大类	军人
第四大类	社会生产服务和生活服务人员	第八大类	不便分类的其他从业人员

第一大类：党的机关、国家机关、群众团体和社会组织、企事业单位负责人。在中国共产党机关，国家机关，民主党派和工商联，人民团体和群众团体、社会组织及其工作机构，基层群众自治组织，企业、事业单位中担任领导职务并具有决策、管理权的人员。如：中国共产党机关负责人、国家机关负责人、民主党派和工商联负责人、企事业单位负责人等。

第二大类：专业技术人员。从事科学研究和专业技术工作的人员。如：

科学研究人员、工程技术人员、农业技术人员、卫生专业技术人员、经济和金融专业人员、教学人员等。

第三大类：办事人员和有关人员。在公共管理和社会组织机构中，从事行政业务、行政事务、行政执法和仲裁、安全保卫、消防和应急救援等工作的人员。如：办事人员、安全保卫和消防人员等。

第四大类：社会生产服务和生活服务人员。从事商品批发零售、交通运输、仓储、邮政和快递、住宿和餐饮、信息传输、软件和信息技术以及金融、房地产、租赁和商务、技术辅助、生态保护、文化、体育和娱乐等社会生产服务与生活服务工作的人员。如：批发与零售服务人员、住宿和餐饮服务人员、房地产服务人员、文化体育和娱乐服务人员等。

第五大类：农、林、牧、渔业生产及辅助人员。从事农、林、牧、渔业生产活动及辅助生产的人员。如：农业生产人员、林业生产人员、畜牧业生产人员及相关辅助人员等。

第六大类：生产制造及有关人员。从事产品生产及设备制造、矿产开采、工程施工和运输设备操作的人员及有关人员。如：食品和饮料生产加工人员、采矿人员、专用设备制造人员、建筑施工人员、医药制造人员等。

第七大类：军人。

第八大类：不便分类的其他从业人员。

二、职业探索途径

1. 问卷调查法

问卷调查法是指根据我们对职业的了解，事先为某一职业的调查对象设计一套问卷，由被调查者填写后，再进行汇总，从中寻找有代表性的回答，总结职业的特点。这一方法的关键就是问卷设计。它具有费用低、速度快、调查范围广等特点，但是也有缺陷，一方面收集到的信息有限，无法了解更为详细的内容；另一方面，问卷调查看不到被调查者背后的情感、动机或态度等情况，收集的信息偏向理性。

2. 访谈法

访谈是就某一岗位的访谈对象，按事先拟定好的访谈提纲进行交流和讨论。访谈对象包括：该职位的任职者（可以选择初入职者、工作 1～3 年、3～5 年的从业者）；对该职位较为熟悉的直接主管人员；与该职位联系比较密切的工作人员，甚至其客户对象。为了保证访谈效果，一般要事先设计访谈提纲。访谈法比较适合了解那些我们自己不能亲身体验或观察的工作，尤其适合脑力劳动职位，如开发人员、设计人员、高层管理人员等。值得提醒的是，访谈法容易受被访者的主观感受影响，所以建议客观看待访谈结果。

3. 观察法

就是在不影响相关职业人员工作的情况下，通过观察，将有关工作的内容、方法、程序、设备、工作环境等信息记录下来，最后将其归纳整理。

4. 参与体验法

这个方法是指同学们可以通过实习、社会实践、课外拓展活动等方式，直接参与工作本身，从自身的工作体验中了解和分析职业特征，总结这一岗位的能力要求。但是这个方法比较适合于短期内可以了解和掌握的工作，对于一些专业性很强的职位，更多只能获得该职业的初步印象。当然，职业体验带给我们的是最直接的信息和感受。

5. 信息收集法

职业信息的官方网络平台,如中国劳动力市场 www. lm. gov. cn、中华人民共和国人力资源和社会保障部 www. mohrss. gov. cn 等。

通过互联网获得职业信息,如51job、智联招聘、中华英才网、大街网、应届生等网站中有大量的招聘信息和各类分析报告。

书报、杂志、影视中的信息,如《职来职往》《非你莫属》《天生我才》等节目,电影电视中的职业信息、名人传记等。

实地考察(参观)等,如人才市场等。

故事阅读

身边的宝岛建设者

宋荣耀,新河镇木棉花开手工社负责人。自幼对手工制作情有独钟的她,对社会弱势群体也有着一份特殊的感情。5年前,看到身边许多单亲妈妈、重症妇女和失业妇女因生活变故导致生活困难,她牵头成立寓意自立自强的木棉花开手工社,在新河镇、城桥镇及竖新镇的3个工作室,定期举办心理辅导和沙龙讲座,帮助她们树立生活的信心。为解决困难群体的生活来源问题,她利用自己多年积累的土布制作工艺,向困难妇女免费传授就业技能,引导她们利用自主时间制作土布手工艺品,并将产品回购统一销售,帮助她们实现居家就业。

沈竑，上海春润水产养殖专业合作社理事长，上海滩涂生物资源开发研究所所长，崇明世界级生态岛建设专家咨询委员会委员。自担任春润水产养殖专业合作社理事长以来，他转变传统农业思维，积极发展生态环保农业。经过多年努力，合作社成功探索出"稻虾鳖""稻蛙""稻鳝"等创新农业模式，有效降低农业污染，为崇明生态岛建设树立了生态农业典范。

徐斌，崇明区江帆小学校长。2015年，上海市教委向全市教育系统提出了"优质、均衡、减负"的行动口号，并组建了一批以"集团化""一体化"为办学模式的新校。徐校长带着把市区优质教育资源辐射郊区的使命，毅然踏上支教崇明的征程，扎根崇明，以全天候、全身心、全方位的状态走进江帆小学，带领着他的团队奋力前行。他为了挚爱的教育事业，孜孜不倦，不懈地追求着；他为了心爱的教育事业，扎根海岛甘于奉献；他为了建设一流师资，事必躬亲身先垂范；他为了孩子个性成长，带领团队协作攻坚克难。他亲自设计新校的环境布置；为了将先进的教学理念传导给教师，他走进课堂亲自上课，和老师们一起讨论，一起仔细推敲教学进度与难点；他用实际行动践行着对崇明教育事业的承诺。

倪俊，港沿镇社区卫生服务中心医务科科长，全科副主任医师。作为一名全科医生，他是辖区居民的健康"守门人"。他治小病，防大病，管慢病，视病人如亲人，他扎根社区19年如一日，用无私、热情、务实和进取演绎了一个个平凡又动人的家庭医生故事，用真心、精心、细心为患者开出了一张张全天候"爱的处方"。他半夜上门为患者导尿；他无数次自掏车费为就医困难的患者去三级医院配药；他勇于探索，对辖区内糖尿病、慢阻肺等疾病的规范化管理做了有益的实践;他业务精良,用奉献之心赢得了患者的尊敬和信任。近半年来,他签约了1300余个居民,让更多居民享受到了家庭医生政策的红利。他多次被区卫计委记功,多次获区卫计委各类知识竞赛的奖项。2017年,倪俊还获得了"上海市十佳家庭医生"的荣誉称号。

周燕,崇明区农业技术推广中心技术站站长,先后获得了"全国农牧渔业丰收奖二等奖""农业部最美农技员""上海市三八红旗手""上海市'三下乡'先进个人""上海市农业技术推广奖一等奖""崇明区优秀共产党员""'最美崇明人'提名奖"等多项荣誉,还被选为2017年上海市第十一次党代表大会的代表。她28年如一日扎根于崇明农业,为崇明绿色农业的发展奉献着自己的力量。一年365天,有200多天她忙着下乡下田,经常顶着烈日、冒着严寒,晴天满身汗、雨天满身泥,奔波于田间地头。她致力于推广先进实用的农业技术,每次方案的制订、田块的选择、播栽的要求、肥料的施用,她都亲力亲为。自2011年以来,她筛选出6个适合崇明地区种植的粮油作物新品种,累计示范推广面积达100多万亩次,为提高全区粮食产量水平做出了突出贡献。

思考:以上都是新时代扎根崇明,为建设美丽崇明做出贡献的建设者代表,这些建设宝岛的"最美崇明人"的事迹,对你有什么启发吗?在我们的家乡,结合现实的环境资源,哪些职业将来会有较大的发展空间?

课后实践

崇明本土职业寻访交流表

寻访信息分享	1. 职业名称 2. 职业所属类型（霍兰德职业兴趣类型） 3. 寻访内容
寻访过程分享	1. 选择寻访这份职业的原因 2. 寻访的前期准备 3. 寻访过程
寻访心得分享	1. 寻访体验 2. 寻访前后对这份职业认识上的改变

崇明本土职业访谈案例分享：

小 H 是一个个性沉稳但积极乐观的女生，一直对医学相关工作充满好奇和向往。这次职业访谈她采访了上海交通大学医学院附属新华医院（崇明分院)的一名急诊科医师。

小 H 的访谈感受：第一次见到高医生时，她正在看一本比字典还要厚的医学书，神情认真，背挺得直直的，面对陌生的我，她欣然接受了采访的请求。由此，我见到了一名热爱这份职业的医生。

在这次访谈中，我了解了医学如今的攻读情况及规培流程，惊叹于医生的辛苦，感叹成为一名合格的医生普遍需要 10 年的时间。而每一位选择踏入医学校门的学子，通常都怀揣着热爱和救世的善良之心，义无反顾地全身心投入进去。家长会不断提醒："做医生非常累。"患者会不断提出小问题，比如"为什么盐水要挂三天？"社会会不断抨击："医生态度差，乱开药。"当朋友的小孩已经会打酱油的时候，医学专业的学生可能依旧在实习，拿着无法养家的工资。尽管他们也会犹豫，但是热爱就是热爱，别人问起来，他们还是会不假思索坚定地回答："医生这个职业好！"他们常常很单纯，没有什么特别伟大的想法，却在做着伟大的事：改善病人的身体，救治一条性命。

我相信高医生并不是医生群体中的个例。医患关系的紧张是相互的，巨大人口压力下的中国注定出现医学快餐现象，导致医院无法确保每位患者快速挂号、长时间诊断。全是医生的错吗？不是的。全是患者的错吗？更不是。当今社会，更需要的是医生与患者的相互理解，互不推卸责任。某种程度上来说，只有医患关系得以缓解，医生这个职业才能培养出更多人才，形成良性循环。

（本节编者：上海市崇明中学　陆婷婷）

第四节 寻找好榜样

课前导引

　　榜样，是指引我们前进的一类人物，甚至是一种理想人格。以某个人为榜样，就是领会并运用某个人的立场观点方法，把榜样人物同主观自我高度融合，在具体问题面前，运用榜样人物的立场观点方法来认识问题、形成观念设想，使自己成为榜样人物的替身，从而指导自身的言行。

　　你会成为他人学习的榜样吗？

　　你觉得榜样对一个人的生涯发展有何影响？

悦读一刻

于谦与文天祥

　　你知道于谦是谁吗？也许你会脱口而出：他不就是德云社说相声的嘛！

跟郭德纲搭档的那个！没错，但是我们今天要说的不是这个于谦，而是一位生活在明代的于谦。

于谦，字廷益，号节庵，浙江杭州府钱塘县（今浙江省杭州市上城区）人，因为官至少保，世称于少保。于谦是明朝的著名大臣，也是伟大的民族英雄。自从考中进士、进入官场以来，于谦曾经担任过御史、巡按江西，以兵部右侍郎巡抚河南、山西等地，为当地民众平反冤案、治理政事。因为于谦淳朴忠厚过人，性格刚强，才思畅通敏捷，考虑问题周到仔细，再加上为官清廉，因此深受百姓爱戴，当时的人将他比作北宋的名臣包拯，称呼他为于青天、于龙图。

而于谦最大的成就体现在土木堡之变后的北京保卫战。正统十四年（公元1449年）七月，蒙古瓦剌部族长也先大举进犯，太监王振怂恿明英宗亲征，结果皇帝在土木堡兵败被俘，京师大为震惊，大家人心惶惶，都不知道该怎么办。于是有大臣建议迁都南京，暂时躲避一下风头，只有于谦强烈反对，力主抗战，在得到吏其他官员的支持后，决定守卫北京。

当时京师最有战斗力的部队和最精锐的骑兵都已在土木堡失陷，剩下疲惫的士卒不到十万，人心惶惶，朝廷上下都没有坚定的信心。于是，于谦调动了全国各地的军队，依次经营筹画部署，安定了人心。随后，于谦升任兵部尚书，全权负责筹划京师防御。于谦尽力整饬兵备，部署要害，并在也先攻击京城时亲自督战，率师二十二万，列阵北京九门外，抵御瓦剌大军，最终击退敌人的来袭，保卫了京城和国家的安全，拯救了大明王朝。可惜之后于谦被奸臣诬陷，含冤遇害。《明史》称赞其"忠心义烈，与日月争光"。

于谦的成就来自他的性格，这样的性格是源于什么呢？原来是来自他的偶像：南宋的名臣文天祥。文天祥有一句流传天下的名诗："人生自古谁无死,留取丹心照汗青。"对于文天祥的气节,于谦十分的敬佩仰慕,他将文天祥像挂于座位之侧,就像供奉自己于家的祖先一样,几十年如一日。而正是榜样的所作所为,让他在国家危难之时力排众议,拯救了千千万万人的性命。

体验学习

榜样搜寻记

每位同学手边有两张任务单。

任务单一,每位同学在任务单上写下自己最想掌握的技能,然后在身边寻找此技能的榜样(最好在班级内部寻找,如果班级内部没有可以写上身边熟悉的他人)。

技　能	榜　样
钢琴	
吉他	
长笛	
绘画	
毛笔字	
篮球	
足球	
……	
……	

任务单二,写出你最钦佩的三个人物(可以是现实生活中的,也可以是虚拟的,比如电影、电视剧、动漫中的人物等),在名字后面写出该人物的"榜样"之处:你最想拥有的地方。

榜样人物	"榜样"之处

从身边寻找榜样,从榜样身上寻找能量,激励自己,提升自己。榜样的力量是无穷的。其影响可延续到人生终点,其范围可涉及一个人的心理、意志、情感、道德品质、性格能力、生活方式等诸方面。

知识锦囊

观察学习:孩子是怎么学会打人的

学习是人格发展的主要因素,并且这种学习发生在与他人的相互作用之中,比如,在你的成长过程中,父母、老师等重要人物,会强化你的某些行为,而忽视或者惩罚其他行为。但著名心理学家班杜拉经过长期研究,得到了一个重要发现:除直接的鼓励和惩罚之外,行为的塑造还有一种重要的方式:人

还可以通过观察他人的行为及其强化结果而习得某些新的反应，或使他已经具有的某种行为反应特征得到矫正——尽管在这一过程中，观察者并没有对示范反应做出实际的外显操作。

班杜拉指出，人类具有应用符号去理解内部和外部各种事件的非凡能力，人有通过语言与非语言形象获得信息以及自我调节的能力，所以人能够不必经过亲身体验，而只通过观察他人习得复杂的行为。**这就是著名的观察学习，**又称为"替代性学习"。其中观察的对象就是榜样，榜样的行为直接影响观察者的行为。

班杜拉通过以下两个实验，对这一结论进行了验证。

在第一个实验中，在管理人员和教师的支持和帮助下，班杜拉等人曾经在斯坦福大学的附属幼儿园，邀请了几位特殊的被试参加这项研究：36 名男孩和 36 名女孩组成的样本，他们的年龄在 3～6 岁之间，平均年龄只有 4 岁零 4 个月。

他们被分成三组，其中 24 名儿童被安排在控制组，他们将不接触任何榜样；而其余的 48 名被试又被分成两组，研究者让儿童分别观察两名成人：一组接触攻击性榜样，也就是表现出攻击行为的人；另一组接触非攻击性榜样，也就是不表现出攻击行为的人。随后在没有榜样出现的新情境中对儿童进行测试，来了解儿童在多大程度上模仿他们观察到的成人攻击行为。

具体来说，实验者把儿童带入一间活动室。在路上，实验者假装意外地遇到成人榜样，并邀请他过来"参加一个游戏"。儿童坐在房间的一角，面前的桌子上有很多有趣的东西。有土豆印章和一些贴纸，这些贴纸颜色非常鲜艳，还印有动物和花卉，儿童可以把它们贴在一块贴板上。随后，成人榜样被带到房间另一角落的一张桌子前，桌子上有一套儿童拼图玩具，一根木槌和一个 1.5

米高的充气波比娃娃。实验者解释说这些玩具是给成人榜样玩的,然后便离开房间。

无论在攻击情境还是在非攻击情境中,榜样一开始都先装配拼图玩具。1分钟后,攻击性榜样便开始用暴力击打波比娃娃。对于在攻击条件下的所有被试,榜样攻击行为的顺序是完全一致的:"把波比娃娃放在地上,然后坐在它身上,并且反复击打它的鼻子。随后把波比娃娃竖起来,捡起木槌击打它的头部,然后猛地把它抛向空中,并在房间里踢来踢去。这一攻击行为按以上顺序重复3次,中间伴有攻击性语言,比如'打他的鼻子……,打倒他……把他扔起来……踢他……'和两句没有攻击性的话:'他还没受够''他真是个顽强的家伙'。这样的情况持续将近10分钟,然后实验者回到房间里,向榜样告别后,把孩子带到另一间活动室。

而在无攻击行为的情境中,榜样只是认真地玩10分钟拼图玩具,完全不理波比娃娃。

实验结果表明攻击性情境中的儿童随后实验中表现出更多的攻击性行为,而无攻击性情境中的儿童随后实验中基本无攻击性行为,因此实验结果向我们表明:**攻击性行为会受到观察榜样的影响。**

在第二个研究中,被试同样是4至6岁的儿童,男女各半,他们分成三组,同时在电影中看到一个成年男子演示四种不同的攻击性行为,但在影片快结束时,一组儿童看到的是这个成人榜样受到另一个成人的奖励(那个人说:"你是一个强壮的冠军");而另一组儿童看到的是这个成人榜样受到惩罚(另一个成人说:"喂,住手!我以后再看到你这样欺负弱者就给你一巴掌!")。而最后一组儿童看到榜样没有受到任何奖惩。接下来,就让儿童进入一间游戏室,里面放有一个同样的充气人以及这个成人榜样使用过的其他物体。班杜拉在这两组儿童看完电影回到游戏室时，以提供糖果作为奖励，要求儿童尽可能回想榜样的行为，并付诸行动。

结果发现，**电影里榜样的攻击性行为所导致的结果（奖励或惩罚），是儿童是否自发地模仿这种行为的决定因素。**也就是说，**看到榜样受奖励的那一组儿童，比看到榜样受惩罚的另一组儿童，表现出更多的攻击性行为。**实验结果表明，这两组儿童在模仿攻击性行为方面没有任何差异，即都能同样精准地显示出榜样的四种攻击性行为的顺序。这说明，榜样行为所得到的不同结果，只是影响到儿童模仿的表现，而对学习几乎没有什么影响。因为在榜样受到惩罚的条件下，儿童同样地习得了这种行为反应，只不过没有同样地表现出来罢了。

观察学习再次向我们表明，被观察者的行为影响了观察者的行为，在日常生活中，身边每一个人都可能是我们的观察对象，每一个观察对象都是我们学习的榜样，每个人都不自觉得、无意识的受到他人的影响，如果我们选择合适的榜样，就可能会促进我们呈现更好的行为——这就是榜样的力量。

故事阅读

白手起家的辣酱女王

陶华碧出生于贵州省湄潭县一个偏僻的山村，由于家里贫穷，从小到大没读过一天书。20岁时，她嫁给了206地质队的一名队员；但没过几年，丈夫就病逝了，扔下了她和两个孩子。为了生存，她去外地打工和摆地摊。1989年，陶华碧用省吃俭用积攒下来的一点钱，在贵阳市南明区龙洞堡的一条街边，用四处捡来的砖头盖起了一间房子，开了个简陋的餐厅，取名"实惠餐厅"，专卖凉粉和冷面。为了佐餐，她特地制作了麻辣酱，专门用来拌凉粉，结果生意十分兴隆。

有一天早晨，陶华碧起床后感到头很晕，就没有去菜市场买辣椒。谁知，顾客来吃饭时，一听说没有麻辣酱，转身就走。这件事对陶华碧的触动很大。她一下就看准了麻辣酱的潜力，从此潜心研究起来。经过几年的反复试制，她制作的麻辣酱风味更加独特。很多客人吃完凉粉后，还买一点麻辣酱带回去，甚至有人不吃凉粉却专门来买她的麻辣酱。后来，她的凉粉生意越来越差，而麻辣酱却做多少都不够卖。

一天中午，她的麻辣酱卖完后，吃凉粉的客人就一个也没有了。她关上店门，走了10多家卖凉粉的餐馆和食摊，发现他们的生意都非常好。原来就因为这些人做佐料的麻辣酱都是从她那里买来的。第二天，她再也不单独卖麻辣酱。经过一段时间的筹备，陶华碧舍弃了苦心经营多年的餐厅，1996年7月，她租借南明区云关村委会的两间房子，招聘了40名工人，办起了食品加工厂，专门生产麻辣酱，定名为"老干妈麻辣酱"。办厂之初的产量虽然很低，可当地的凉粉店还是消化不了，陶华碧亲自背着麻辣酱，送到各食品商店和各单位食堂进行试销。不过一周的时间，那些试销商便纷纷打来电话，让她加倍送货；她派员工加倍送去，很快就脱销了。1997年6月，"老干妈麻辣酱"经过市场的检验，在贵阳市稳稳地站住了脚。

1997年8月，"贵阳南明老干妈风味食品有限责任公司"正式挂牌，工人扩大到200多人。此时，对陶华碧来说，最大的难题并不是生产方面，而是来自管理上的压力。工厂扩大后，一切都要走上正规，各种规章制度要出台，财务、人事各种报表都要她亲自审阅，特别是工商等政府部门经常下达文件要她贯彻执行；她还要经常参加政府主管部门召开的各种会议，准备讲话稿上台发言。所有这些，对于没文化的陶华碧来说，简直就是"赶鸭子上架"。于是，陶华碧按照自己朴素的感情，制定了择人标准：忠厚老实，吃苦耐劳，能把工作当成自己的事，能把公司当成自己的家。她首先把自己的长子当作了比较的标准。

陶华碧的长子李贵山是个转业军人，当时在206地质队的汽车队工作，虽然只有高中文化，但在陶华碧眼里却是了不起的"秀才"。李贵山得知母亲的想法后，辞职来到了她的公司。李贵山做的第一件事就是处理文件，建立各项规章制度。李贵山读，陶华碧听。当听到有不妥的地方，她立即口述更正，再由李贵山修改。如此反复多次，直到满意，她就在材料的右上角画个圆圈。

李贵山看着这个圆圈哭笑不得，他在纸上写下了"陶华碧"三个大字，让她练习。在李贵山的帮助下，陶华碧终于制定出了公司最原始的规章制度。但是，只有李贵山帮忙，陶华碧还是深感人才不够。时隔不久，她又招聘了具有本科学历的王海峰。本来，她招聘王海峰的目的，是想让他当办公室主任，但她却没有马上任命，而是先让他在公司里做杂活，然后，她又派他到全国各地去打假、考察市场，这一招用她的话说："是磨练。"半年后，她才任命他作办公室主任。王海峰后来成为"老干妈"公司里的第三号人物。

如何管理好公司越来越多的员工，陶华碧有她同样的"绝招"：实行管理亲情化，自始至终对员工进行"感情投资"。最初，她让李贵山制定规章制度时，就把这一招视为最基本的要素。比如：在员工福利待遇的制定上，陶华碧考虑到公司地处偏远，交通不便，员工吃饭难，她决定所有员工一律由公司包吃包住。当"老干妈"公司发展到1300人后，该规矩仍然在执行。她还亲力亲为，每当有员工出差，她总是像送儿女远行一样，亲手为他们煮上几个鸡蛋，一直把他们送到厂门口。果然，这种亲情化的"感情投资"，使"老干妈"公司的凝聚力日益增强。在员工的心目中，陶华碧就像妈妈一样可亲、可爱、可敬；没有人叫她董事长，全都叫她"老干妈"。公司的员工来自五湖四海，生活习惯各异，他们每天吃、住、工作、生活在公司，时间久了，互相间难免发生摩擦，但只要陶华碧一出面，问题就迎刃而解。

课后实践

和你身边的朋友们交换一下表格，看看大家的榜样都是谁，听听他们讲讲各自偶像的故事，获得新的启发。

（本节编者：上海市崇明区民本中学　刘晓丹）

第五节　寻找好伙伴

课前导引

生活中你有好伙伴吗？

遇到困难你会寻求好伙伴的帮助吗？

小伙伴对你的生涯发展有帮助吗？

悦读一刻

桃园结义

刘焉出榜招募义兵。榜文行到涿县（今河北省涿州市），引出涿县中一个英雄。那人不甚好读书；性宽和，寡言语，喜怒不形于色；素有大志，专好结交天下豪杰；生得身长七尺五寸，两耳垂肩，双手过膝，目能自顾其耳，面如冠玉，唇若涂脂；中山靖王刘胜之后，汉景帝阁下玄孙，姓刘名备，字玄德。

及刘焉发榜招军时，玄德年已二十八岁矣。当日见了榜文，慨然长叹。随后一人厉声言曰："大丈夫不与国家出力，何故长叹？"玄德回视其人，身长八尺，豹头环眼，燕颔虎须，声若巨雷，势如奔马。玄德见他形貌异常，问其姓名。其人曰："某姓张名飞，字翼德。世居涿郡，颇有庄田，卖酒屠猪，专好结交天下豪杰。恰才见公看榜而叹，故此相问。"玄德曰："我本汉室宗亲，姓刘，名备。今闻黄巾倡乱，有志欲破贼安民，恨力不能，故长叹耳。"飞曰："吾颇有资财，当招募乡勇，与公同举大事，如何。"玄德甚喜，遂与同入村店中饮酒。

正饮间，见一大汉，推着一辆车子，到店门首歇了，入店坐下，便唤酒保："快斟酒来吃，我待赶入城去投军！"玄德看其人：身长九尺，髯长二尺；面如重枣，唇若涂脂；丹凤眼，卧蚕眉，相貌堂堂，威风凛凛。玄德就邀他同坐，叩其姓名。其人曰："吾姓关名羽，字长生，后改云长，河东解良人也。因本处势豪倚势凌人，被吾杀了，逃难江湖，五六年矣。今闻此处招军破贼，特来应募。"玄德遂以己志告之，云长大喜。同到张飞庄上，共议大事。飞曰："吾庄后有一桃园，花开正盛；明日当于园中祭告天地，我三人结为兄弟，协力同心，然后可图大事。"玄德、云长齐声应曰："如此甚好。"

次日，于桃园中，备下乌牛白马祭礼等项，三人焚香再拜而说誓曰："念刘备、关羽、张飞，虽然异姓，既结为兄弟，则同心协力，救困扶危；上报国家，下安黎庶。不求同年同月同日生，只愿同年同月同日死。皇天后土，实鉴此心，背义忘恩，天人共戮！"誓毕，拜刘备为兄，关羽次之，张飞为弟。

——摘选自《三国演义》

因为三人志趣相投，合作共赢，最后成功建立了蜀汉政权。寻找志趣相投的伙伴，相互帮助，合作共赢有助于事业成功。在这个竞争十分残酷激烈的市场经济时代和互联网时代,合作共赢更是时代的选择,很多事情的成功在于合作,合作也可凸显共赢,携手共进,合作共赢是 1+1,但它不等于 2,而是要大于 2,合作可以使双方共克时艰,共赢商机,提振信心,共同发展。

体验学习

任务一：我的支持有多少

青少年社会支持量表

请根据你自身与各个项目相符合的程度选择相应的选项。答案无所谓好坏对错,请根据您的真实情况填写,1＝从不,2＝偶尔,3＝有时,4＝常常,5＝总是。

(1) 大多数同学都很关心我。

(2) 面对两难的选择时,我会主动向他人寻求帮助。

(3) 当有烦恼时,我会主动向家人亲友倾诉。

(4) 我经常能得到同学、朋友的照顾和支持。

(5) 当遇到困难时,我经常会向家人和亲人寻求帮助。

(6) 我周围有许多关系密切,可以给予我支持和帮助的人。

(7) 在我遇到问题时,同学朋友会出现在我的身边。

(8) 在困难的时候,我可以依靠家人或亲友。

（9）我经常从同学、朋友那里获得情感上的帮助和支持。

（10）我经常能得到家人、亲友的照顾和支持。

（11）需要时，我可以从家人、亲友那里得到经济支持。

（12）当遇到麻烦时，我通常会主动寻求别人的帮助。

（13）当我生病时，总能得到家人亲友的照顾。

（14）当有烦恼时，我会主动向同学朋友倾诉。

（15）当遇到困难时，我经常会向同学朋友寻求帮助。

分量表	含义	计算方式	得分
主观支持	主观感觉到自己拥有的社会支持方面的资源	第1、4、6、7、9题得分相加	
客观支持	认为自己实际得到的社会支持状况	第8、10、11、13、15、16题得分相加	
支持利用度	主动利用社会支持的情况	第2、3、5、12、14、17题得分相加	
总分			

任务二：盘查我的支持系统

你觉得你的社会支持足够吗？当个体的社会支持系统匮乏的时候，我们就需要主动营造良好的社会支持系统，第一步就是需要盘查我们的社会支持的来源。

接下来打开一张白纸，在白纸上画出几个相互嵌套的正方形，最里面的正方形写上"我"，而外层的几个正方形，分别写上你认为对你而言重要的他人，越接近内层的人对你而言越重要，反之相反。

写完之后，从外侧开始一层一层地折叠正方形，每折叠一层意味着这些人将从你的生命中彻底消失，此时你的感受如何？最后打开纸张，回到初始的位置，他们又回来了，你的感受如何？如果有一次调整的机会，你会调整他们的位置吗？为什么？观察每层正方形的人数，以及这些人与你的关系，他们的年龄和社会角色。层数越多，人数越多，人员的社会属性越多元化，说明你的社会支持系统更加有利和完善，反之，社会支持系统较缺乏。请你思考一下，面对相对缺乏的社会支持系统，如果我们遇到某些方面的困难，能寻求哪些人的帮助呢？

知识锦囊

伙伴关系与社会支持

马克思说过："人的本质并不是单个人所固有的抽象物，在其现实性上，它是一切社会关系的总和。"

人是社会性动物，社会中的人总是处于一定的社会关系之中。因此，良好的伙伴关系不仅是每个人心理健康不可缺少的条件，也是培养健全人格的重要途径；不仅是人们心理健康水平、社会适应能力的重要指标，也是今后事业发展与人生幸福的基石。它可以从三个方面影响我们的生活：

良好的伙伴关系能有效地促进活动的顺利完成。在和谐的人际关系中，人们心情舒畅，智力活动得以正常进行。广泛而和谐的伙伴关系有利于人开阔视野，拓展心胸，扩大选择范围，增进信息来源。反之，我们会将自己困在一个狭小的空间中，固壁自封，心胸狭隘。

良好的伙伴关系有利于保持人的心理健康。和谐的伙伴关系能满足人的精神需求，使人产生积极的自我肯定情绪，这种情绪状态有利于人保持愉快的心境。在和谐肯定的伙伴关系中，每个人都能感觉自己对他人的价值和他人对自己的意义，这对于人的心理健康是很重要的。缺乏伙伴关系会使人变得愈来愈沉默孤僻，常常陷入焦虑、痛苦、自卑中，严重影响到身心健康和日常生活。

良好的伙伴关系可以提高社会的合作性水平及和谐度，有利于社会的发展和进步。反之，人与人之间充满尔虞我诈，降低社会的幸福感，阻碍社会进步。可见，缺失良好的伙伴关系会对个人的发展产生多么不好的影响。

最重要的是，良好的伙伴关系会提供一定的社会支持，增强我们的社会支持系统，而强大的社会支持系统有助于人们更好地解决困难，适应社会。

社会支持系统也称为社会关系网，是20世纪70年代提出来的心理学专业词汇，即个人在自己的社会关系网络中所能获得的、来自他人的物质和精神上的帮助和支援。社会支持从性质上可以分为两类：

一是客观的、可见的或实际的支持，包括物质上的直接援助和社会网络、团体关系的存在和参与，前者如人、财、物或服务的支持，后者是指稳定的社会网络，如婚姻、家庭、同事、朋友、亲属等，或不稳定的社会关系，如非正式团体、暂时的社会交际等。

二是主观的、体验到的或情感上的支持，指的是个体在社会中受到尊重、被支持、被理解因而产生的情感体验和满意程度，与个体的主观感受密切相关。

尽管大多数的人会觉得客观支持要好于主观支持，但是多数学者和心理学的研究却发现，主观感受的支持比客观支持更有意义，因为感受到的支持并不是客观现实，但被感知到的现实却是心理的现实，而正是心理的现实才能作为实际的变量，影响人的行为和发展。

除了两类社会支持之外，我们还需要了解个体对社会支持的利用度，体现在个体对社会支持的主动性上。因为个体对社会支持的应用存在着差异，有些人虽然可以获得支持（不论是主观还是客观的），但却有意无意地拒绝别人的帮助，这对于他的支持系统来说是一个糟糕的结果。

故事阅读

难得的创业"兄弟"

1998 年 11 月，马化腾与他的同学张志东"合资"注册了深圳腾讯计算机系统有限公司，之后又吸纳了三位股东：曾李青、许晨晔、陈一丹。这 5 个创始人的 QQ 号，据说是从 10001 到 10005。

为避免彼此争夺权力、更好地发挥大家合作的力量，马化腾在创立腾讯之初就和四个伙伴约定清楚：各展所长、各管一摊。马化腾是 CEO（首席执行官),张志东是CTO(首席技术官),曾李青是COO(首席运营官),许晨晔是CIO(首席信息官),陈一丹是CAO(首席行政官)。

之所以将腾讯的创业5兄弟称之为"难得",是因为直到2005年的时候,这五人的创始团队基本还是保持这样的合作阵形,不离不弃。直到腾讯做到如今的帝国局面,其中4个还在公司一线,只有COO曾李青挂着终身顾问的虚职而退休。

都说一山不容二虎,尤其是在企业迅速壮大的过程中,要保持创始人团队的稳定合作尤其不容易。在这背后,工程师出身的马化腾从一开始对于合作框架的理性设计功不可没:从股份构成上来看,5个人一共凑了50万元,其中马化腾出了23.75万元,占了47.5%的股份;张志东出了10万元,占20%;曾李青出了6.25万元,占12.5%的股份;其他两人各出5万元,各占10%的股份。

虽然马化腾可以占有更多的股份,他却理智地把所占的股份保持在一个合理的位置(47.5%),其理由是:"要他们的总和比我多一点点,不要形成一种垄断、独裁的局面。"而同时,他自己又一定要出主要的资金,占大股。"如果没有一个主心骨,股份大家平分,到时候也肯定会出问题,同样完蛋。"

保持稳定的另一个关键因素,就在于搭档之间的"合理组合"。

据《中国互联网史》作者林军回忆说:"马化腾非常聪明,但非常固执,注重用户体验,愿意从普通的用户的角度去看产品。张志东是脑袋非常活跃,对技术很沉迷的一个人。马化腾技术上也非常好,但是他的长处是能够把很多事情简单化,而张志东更多是把一个事情做得完美化。"

许晨晔和马化腾、张志东同为深圳大学计算机系的同学,他是一个非常随和而有自己的观点，但不轻易表达的人，是有名的"好好先生"。而陈一丹是马化腾在深圳中学时的同学，后来也就读于深圳大学，他十分严谨，同时又是一个非常张扬的人，他能在不同的状态下激发起大家的热情。而如果说，其他几位合作者都只是"搭档级人物"的话，只有曾李青是腾讯5个创始人中最好玩、最开放、最具激情和感召力的一个，与温和的马化腾、爱好技术的张志东相比，是另一个类型。其大开大合的性格，也比马化腾更具备攻击性，更像拿主意的人。五个人在性格上形成了一定的互补，更能展现每个人的能力和魅力。

后来，马化腾在接受多家媒体的联合采访时承认，他最开始也考虑过和张志东、曾李青三个人均分股份的方法，但最后还是采取了5人创业团队，根据分工占据不同的股份结构的策略。即便是后来有人想加钱、占更大的股份，马化腾说不行，"根据我对你能力的判断，你不适合拿更多的股份"。因为在马化腾看来，未来的潜力要和应有的股份匹配，不匹配就要出问题。如果拿大股的不干事，干事的股份又少，矛盾就会发生。当然，经过几次稀释，最后他们上市所持有的股份比例只有当初的1/3，但即便是这样，他们每个人的身价都还是达到了数十亿元人民币，是一个皆大欢喜的结局。

可以说，在中国的民营企业中，能够像马化腾这样，既包容又拉拢，选择性格不同、各有特长的人组成一个创业团队，并在成功开拓局面后还能依旧保持着长期默契合作，是很少见的。而马化腾的成功之处，就在于其从一开始就很好地设计了创业团队的责、权、利。能力越大，责任越大，权力越大，收益也就越大。

课后实践

　　每位同学结合自身实际,制作一张表格写上自己的兴趣和爱好,以及未来的职业规划。然后在学校内部寻找一位有同样兴趣爱好和职业规划的学生,建立联系。想一想,你能为别人提供哪些支持?

(本节编者：上海市崇明区民本中学　刘晓丹)

第三章

生涯决策

第一节　寻找好职业

课前导引

既然选科要考虑到未来的职业规划，那么我们就不得不面对"什么是好职业"的问题了。

对你来说，什么是好职业？收入、地位、发展……你更看重哪一个？

你有心仪的职业吗？你又知道它到底是做什么的吗？

对于上面两个问题的回答，你的信息是从哪里学来的？这些信息一定可靠吗？

悦读一刻

世界上最好的工作

澳大利亚昆士兰旅游局，曾经推出过一份所谓"世界上最好的工作"，其工作内容是：在风景如画的岛屿大堡礁（Great Barrier Reef）上散步、喂鱼、写博客，告诉外面的人自己在岛屿上的"探索之旅"，并且这样工作6个月就可以得到15万澳元（约70万元人民币）的超高薪酬。

一位心理老师在课上和同学们分享了上述招聘启事之后，询问高一的同学们："你觉得这份工作是世界上最好的工作吗？为什么？""如果不是，你心目中最好的工作又是什么呢？"猜猜看，同学们会怎么说呢？

很多同学都说："这当然是世界上最好的工作了！在享受中，就把钱给赚了，能不开心吗？"

但也有同学说："对我个人来说，这并不是世界上最好的职业。因为想到要写东西，我就觉得头很大，真的很不擅长，这个工作有我不喜欢的内容，所以它不是世界上最好的工作。"

还有同学说："如果只是短暂的做6个月，我觉得可以接受，但是如果长年累月做这一项工作，我就觉得它不是世界上最好的工作了，一是因为相同的风景看多了也会无聊，二是我会在意它有没有更大的发展。"

听了其他同学的发言，你对于"好工作"有了一些什么新的看法？

体验学习

职业大超市

大家读完高中以后准备干吗？读完大学，每个人都可能会做出不同的选择，一部分同学还会去读研、读博、出国深造，等等。那些选择接受更高教育的同学继续回答：你完成学业以后准备干吗？

你会发现，无论我们的教育历程有多长，最终都将面临工作的选择。既然逃不开，不如直面之。今天就让我们提前来体验一把"找工作"的感觉，让我们步入"职业大超市"。

一、自由选购

假设在座的每一位同学现在都已经成年，可以自食其力。眼前有许多个不同的职业可供选择，它们现在就陈列在货架上。一会儿，大家就可以离开座位、自行选购。

选购前，有两个规则要告诉大家：第一，每个人只能拿一张卡片；第二，每种职业都只有一张卡片，先到先得，所以要抓紧机会。现在就让我们行动吧！

二、选择不选择

在刚刚的自由选购之后，也许你还处在待业状态，没有找到合适的职业，能跟大家分享一下，为什么没有选择我们所提供的职业卡片吗？

如果让你无论如何一定要挑选其中的某一张卡片，你会选择哪一张？从事这个职业，你的感受是怎样的？

三、职业选择我们

对于已经拿到职业卡片的同学来说，也不要太得意，因为你们也还要"被挑选"一次：除了我们挑选职业，职业也会挑选我们——让我们揭开职业卡片背面的职业密码。

接下来,请大家把手中的卡片翻过来,卡片的背面印有"职业密码"(包括该职业的兴趣类型、从事该职业应具备的要求,以及职业所提供的重要回报),请大家结合自己的实际情况进行核对,只有当你符合职业密码上的每一个要求时,你才能最终获得这个职位!

职业卡片举例:

飞机驾驶员	职业密码: R 型/I 型;视觉空间、身体运动、逻辑数学;丰厚收入、社会地位 1. 体格强健,视力良好,优先考虑男性; 2. 遇事冷静,富有判断力; 3. 能接受大量出差,长期工作 4. 年收入 50 万、受人尊敬

四、思考与分享

(1) 面对眼前的职业,你此刻的感受是什么样的?

眼前的这张卡片牵动着我们的喜怒哀乐。而如果手中的这张卡片真的固定成为我们日复一日的终身职业,你愿意吗?

(2) 重新回顾一下大家挑选的过程,想想看:为什么我们会与心爱的职业失之交臂?

也许是因为要选的职业很多,犹豫中错过了最想要的职业;也许是因为竞争太过激烈了,排在后面就没抢到;也许跟风抢购,没有仔细地想过自己最适合的职业是什么;没有来得及提前去了解一下职业密码……

（3）探索：一般而言，我们在挑选职业时，总是会从兴趣、能力、价值观这三个方面进行评估和取舍。请你再研究一下自己手中的这张职业卡片，我们在"职业大超市"挑花眼的原因到底是什么：不知道自己的兴趣？不敢确认自己的能力？还是无法厘清，到底什么才是我在挑选职业时最看重的东西？

抑或，从来没有从兴趣、能力、价值观的个人视角来思考过职业选择的问题？

你会发现，许多时候职业的"好"与"不好"一定是因人而异的，而在我们能够清晰地知晓自己的兴趣、能力、价值观时，"什么是好职业"的问题，回答起来也不那么困难了。

（4）分组行动，归纳"职业大超市"中各职业希望从业者具备的条件、拥有的能力，以及该职业所倡导的价值观，并在全班做分享。

_____（填写职业名称）的职业属性对照表

该职业期待从业者具备的条件	
该职业期待从业者拥有的能力	
该职业所倡导的价值观	

如果每遇到一个吸引我们的职业，都尝试着做这样一张"职业属性对照表"，那么在真实的"职业大超市"，我们是不是更有可能选到适合自己的"好职业"？

五、现实的世界

在这样的游戏中，大家遗憾的地方肯定很多，但我要说：你们仍然是幸运的，因为这只是职场的模拟，而在真实的生活中，一些比我们年长的朋友，在经历着真真切切的择业不顺：

根据麦可思的《2019年中国大学生就业报告》，对15.2万名2018届大学生毕业半年后培养质量进行的跟踪评价发现，在当年就业的并接受调查的2018届大学毕业生中，仅有67%对自己的就业现状表示满意，对现有工作不满意的原因主要集中"收入低"（65%）和"发展空间不够"（53%）。2018届大学毕业生的工作与专业相关度仅为66%，有1/3的学生找的工作与专业没有什么关系，其中旅游大类、轻纺食品大类的毕业生，工作与专业相关度只有51%（数据来自麦可思研究院的高等教育数据研究院，该机构每年6月都会发布《中国大学生就业报告（就业蓝皮书）》）。

追根溯源，我们也许会在一些调查报告中发现问题：2007年的某调查显示有八成的学生称对自己所学专业不了解，其中两成学生更表示，很不喜欢现在所学的专业。2011年5月的另一项调查显示，当前中国大学新生对就读专业的满意度总体水平不高，只有近一半的学生对就读专业感到满意。非常有意思的是，一些按志愿录取比例较低的（热门）专业，就读学生的满意度并不高甚至还比较低。

"我的专业算是新兴专业吧，但说实话真的不了解，至少跟我原来想象的完全不同，当初真的很盲目。"一名同学表示，自己当初选择了一个比较热门的新兴专业，现在他每天不得不面对这些不喜欢的课程，对于将来的就业，也开始感到迷茫。

请大家结合自己在"职业大超市"的感受，思考一下，为什么会出现这样不尽如人意的状况？

知识锦囊

职业锚——发现你的真正价值

职业锚描绘的是，当一个人面临职业选择时，他无论如何都不肯放弃的内心最深层次的东西。这种定义说明一个人只能有一种职业锚——它是个人才能、动机和价值观中的最高优先级的组合。

根据埃德加·施恩（Edgar Schein）等人对部分人群的长期跟踪调查，这些人的职业锚几乎没有变化，一个人职业可以变化，但职业锚却很稳定，自始至终都在追求同样职业锚的职业，这是一个很有意思的现象。这意味着，职业锚其实反映了一个人内心最深层的需求，而这个最深层的需求是由一个人的成长经历、家庭教育和知识结构等因素共同作用形成的，一旦人进入工作年龄，个性特质就大致定型了，内心最深层的需求也就基本稳定了，而发现并努力实现内心最深层的需求正是生命的价值所在。因此了解自己的职业锚，既可以帮助你做好职业规划，也可以帮助你发现和实现你的真正价值。

如果职业锚不清晰，一个可能的原因是：一个人不具备足够的生活经验来发现对他而言最重要的东西。在这种情况下，首先确定职业锚是比较重要的，然后在不同的工作情景中测试自己的反应。例如，如果一个人不知道自己是否对管理工作感兴趣，是否具有相关的能力，而且没有机会去进行尝试，这时，他可以自愿地发起一个小项目，做项目的负责人，或者用其他的方式获得替代性经验。当然，也可以去找具有相同工作经历的人，通过访谈，来得到某一职位的具体工作内容和工作细节。

根据心理学的理论建构，职业锚具体又可以分为八种不同的类型。

A. 技术/职能型

追求在技术/职能领域的成长和技能的不断提高，以及应用这种技术/职能的机会。他们对自己的认可来自他们的专业水平，他们喜欢面对来自专业领域的挑战。他们一般不喜欢从事一般的管理工作，因为这将意味着他们放弃在技术/职能领域的成就。

B. 管理型

追求并致力于工作晋升，倾心于全面管理，独自负责一个部分，可以跨部门整合其他人的努力成果。他们想去承担整个部分的责任，并将组织的成功与否看成自己的工作。如果这类人刚开始做的是技术工作，那么具体的技术/功能工作可能仅仅被他看作是通向更高、更全面管理层的必经之路。

C. 自由/独立型

希望随心所欲安排自己的工作方式、工作习惯和生活方式。追求能施展个人能力的工作环境，最大限度地摆脱组织的限制和制约。有时他们宁愿放弃提升或加薪的机会，也不愿意放弃自由与独立。

D. 安全/稳定型

追求工作中的安全与稳定感。职业的稳定和安全，是这一类员工的追求、驱动力和价值观。他们的安全取向主要为两类：一种是追求职业安全，主要是不要经常更换公司或工作岗位，例如，大公司的组织安全性高，做其成员稳定系数也比较高；另一种注重情感的安全稳定，包括家庭的稳定和使自己融入一个稳定的工作团队当中。

E. 创业型

希望使用自己能力，去创建属于自己的公司或完全属于自己的产品（或服务），并愿意为此承担风险，克服面临的障碍。他们想向世界证明公司是他们靠自己的努力创建的。他们可能现在正在别人的公司工作，但同时他们也在不断学习并评估将来的机会。一旦他们感觉时机到了，他们便会自己走出去创建自己的事业。

F. 服务型

希望用自己的知识、技巧帮助别人。例如，改善人们的安全，通过新的产品来消除疾病等。这种类型的人富于同情心，他们把他人的痛苦视为自己的痛苦，不愿干表面上哗众取宠的事，把默默地帮助不幸的人视作无比快乐的事。他们往往觉得只有对他人和社会有所贡献，自己的人生方有意义。这意味着即使变换公司，他们也会首先考虑工作应该能够让他们觉得对社会和他人有价值。

G. 挑战型

喜欢解决看上去无法解决的问题，战胜强硬的对手，克服无法克服的困难和障碍等。对他们而言,参加工作或职业的原因是工作允许他们去战胜各种不可能。新奇、变化和困难是他们的终极目标。如果事情非常容易并且千篇一律没有变化,他们对工作反倒提不起太大兴趣,甚至开始变得对工作厌烦。

H. 生活型

喜欢允许他们平衡个人的需要、家庭的需要和职业的需要的工作环境。他们希望将生活的各个主要方面整合为一个整体。正因为如此,他们需要一个能够提供足够的弹性让他们实现这一目标的职业环境,甚至他们为了家庭和个人的一些因素,而情愿牺牲他们职业的一些方面,如:提升带来的职业转换。他们对成功的定义,往往是广义上的成功,而不仅仅是工作上的成功。而且他们往往很注重自己的精神生活和独立世界。

——改编自埃德加·施恩《职业锚——发现你的真正价值》

故事阅读

海洋之心：一个重庆妹子的航海梦

央视纪录频道一档名叫《极限玩家·海洋之心》的节目吸引了国内帆船运动人士的注意,他们关注的焦点并不是一位生长在海边的传统航海家,而是一个喝着两江水长大的重庆妹子——文阳洁。她曾师从于"中国帆船之父"、香港钢铁大王庞辉,在亚洲顶级大帆船"自立号"上工作了两年多。

文阳洁出生在大渡口,2005 年考上了北京师范大学心理学院。学习之

赢在未来——规划：高中生涯教育手册

余,爱好户外运动的她,还进入北师大绿营户外俱乐部,曾到西藏和川西等地登山。这样的一个重庆妹子,怎么会成为了水手呢?

第一次震撼：见到大海,就决定跟大海过了

2008 年北京奥运会时,为了图个安静,文阳洁一个人跑到了三亚去玩。尽管从小就喜欢游泳,但那是她第一次看到大海。面对亚龙湾清澈的海水,震撼之余,已经在新东方兼职的她就这么突然地改变了自己的就业计划:"我要做一份跟大海有关的工作。"

回到北京后的文阳洁就开始找寻有关大海的职业,一开始她的想法是做一名潜水员,还有朋友介绍她去青岛海洋馆做一名"美人鱼"。

2009 年 12 月,文阳洁进入《游艇业》杂志担任记者。尽管从来都没有接触过游艇和帆船,但强烈的好奇心和出色的文笔很快让她获得了"世界第一帆船制造商"博纳多集团的青睐,邀请她前往法国马赛,和来自全球游艇媒体的记者编辑一起,参与一年一度的游艇专业评测活动。

此时是 2010 年,一个连基本的航海绳结都不会打的女孩。"一下子就站在了这个行业的最顶端。"文阳洁说。

第二次震撼：马赛之行,让她彻底沦陷在深蓝中

"我至今还记得在马赛醒来的那个早晨。"文阳洁回忆起那一刻仍有点激动,"向窗外望去,密密麻麻的帆船,整个城市如同一幅油画,就好像是《基督山伯爵》里的场景一下子出现在了你面前"。

而之后,文阳洁和来自欧美游艇杂志的记者编辑一起,在海上"像测试汽

车一样,在大海上测试游艇的各种性能"。

评测之余,和一帮国际媒体人聊天时,大家纷纷提到了自己是何时第一次认识船的。"一个意大利人说他是 5 岁,一个法国人说 7 岁,最晚的一个是美国人,16 岁,而我,是昨天。"文阳洁说,这一次法国之行,再次让她震撼,除了强烈地想把帆船这项运动推广到中国之外,更想亲手登上帆船,驾驶帆船。

回国后,文阳洁抓住一切出差机会去采访船东,并参与了一名新船东的首次沿中国海岸线航行——从辽宁丹东到海南三亚。尽管在外人看来,这是一次难度不大的航行,但由于船员的航海技术并不专业,一路航行险象环生,不仅有五六米的大浪"像马蹄一样踹在你身上",还有频频被渔网挂住,无法动弹的险况。

第三次震撼:"见到庞先生和他的船,就像看到了神"

三个月后,文阳洁随船来到了深圳参加中国杯帆船赛,见到了庞辉,这名对帆船运动痴狂的香港钢铁大王拥有着亚洲顶尖的帆船队。20 世纪 70 年代,庞辉是第一批玩帆船的中国人。40 年来,他一直致力于推广帆船运动,被尊为中国帆船之父。"当时看到庞先生,就像看到了神一样。"文阳洁立即向庞辉要求,想到他的船上去学习航海。

60 多岁的庞辉是个经验丰富的船长,一直在致力于培养中国大帆船运动的优秀船员,而他认为文阳洁肯定有玩帆船的潜质,并邀请她登上"自立号"参观。

"此前沿中国海岸线的航行中,船员们收起一个球帆(帆船前部负责推进的主帆)要半个多小时,自立号上的船员收 3 倍大的一个球帆只需要 8 秒。"文阳洁再一次被震撼，决心一定要学会这些东西。

看到文阳洁对于大海与帆船的态度，庞辉给了她一次机会——来香港自己的船队学习两个月，而这两个月的时间，也让文阳洁争取成了一年，"回北京辞掉工作，立马赶往香港"。虽然船上的第一份工作是在舱底做饭，但文阳洁欣然接受，从此闯入了这片属于男人的天地。

第四次选择：一场大病，让她暂别帆船

此后的时间里，文阳洁每天的生活都没离开过大海与帆船。几乎每个月都会参加大大小小比赛，还会参与送船的工作，把一艘船送到几百海里外的另一个国家然后直接参加比赛。这是很多船员都在干的一件事，也是学习和锻炼的最好办法，也最有挑战性。几个月下来，文阳洁的海上经历也变得不亚于那些男水手。

就在文阳洁逐步接近自己梦想的时候，2013年的一场大病，让她不得不回到重庆休养。之后文阳洁决定重新开启自己的帆船梦想之旅，而《极限玩家·海洋之心》的故事也从这里讲起。在和昔日自立号的队友一起参加了苏梅岛国际帆船邀请赛之后，文阳洁发现自己已经回不到自己钟爱的帆船上，她决定暂别帆船，出国学习商科。2014年2月，文阳洁考上了美国德克萨斯基督教大学MBA，并拿到了全额奖学金。

"我的目标当然还是用帆船来参加环球比赛，我想参加'威卢克斯单人环球帆船赛'，一个人一艘帆船，环球航行。"20多岁时，文阳洁曾这样坚定地说道。截至目前，世界上只有不到200人完成单人环球航海的壮举。如今，三十而立的文阳洁却梦想做一个家庭主妇，但是环球航行的梦想却没有变，"我要

带上那个他一起去！"

——摘自 2015 年 9 月 30 日《重庆晨报》

课后实践

　　职业规划，是在探索中不断细化的过程。十七八岁的我们，拥有无数的可能性，但是我们不能盲目享受这种可能性，而要通过各种途径去了解、去体验、去反思。如果我们不能直接去体验，至少可以获得一些信息，一个真正聪明的人往往是懂得借鉴他人经验、站在他人肩膀。亲爱的同学，不管是你本来就有感兴趣的职业，还是职业测验中发现了自己适合的职业，都不妨以采访的形式对从业者进行访谈。你们觉得呢？

　　生涯人物采访，是我们了解一个职业、获悉该职业核心素养的重要途径。你对什么职业感兴趣？开动脑筋、找到一位职业的从业者，然后对他/她进行深度的采访吧，你一定会获益颇多。

　　小贴士：如果能够跟随上班一天，你的收获会更大哦。

（本节编者：复旦大学第二附属学校　罗吾民）

第二节　彩绘生命的蓝图——人生规划书

课前导引

亲爱的同学，你的梦想是什么？

你有没有想过十年后的你是怎么样的？

为了你的梦想你曾经做过哪些努力呢？

《礼记·中庸》有云："凡事预则立，不预则废。"古语告诫我们不论做什么事，要有准备，方能获得成功。

"一个没有未来理想的人是把握不好现在的，而一个把握不好现在的人也不可能有美好的未来。"一个人要想获得成功，必须是在充分、正确地认识自身资源的基础上，确立切实可行的目标，并朝着目标不懈努力、不断调整才能真正成功。

你是这样的吗？周围的同学呢？你对未来的人生有哪些期待、哪些憧憬呢？为了这些期待和憧憬你又做过哪些努力与尝试呢？让我们一起去看看吧。

悦读一刻

关于"以终为始"

《**高效能人士的七个习惯**》（*The 7 habits of Highly Effective People*），是史蒂芬·柯维（Stephen R. Covey）最著名的一本书。自从 1989 年问世以来，曾占据美国畅销书排行榜长达 7 年之久，在全球 70 个国家，以 28 种语言发行，全球总销量超过了 1 亿册。这本书在美国社会中极具影响力，号称是"美国公司员工人手一册的书，美国政府机关公务员人手一册的书，美国官兵人手一册的书"。可以毫不夸张地说，它几乎成了所有希望获得成功、成为高效能人士的阅读者手中的一本"圣经"。在这本书中，作者提出"全面成功才是真正成功"的新思想，书中详细介绍了达到"全面成功"的七大准则，而其中的本质就是人类"从依赖到独立，又从独立到互赖"的心灵成长历程。这本书告诉我们，走向全面成功需要具备怎样的信念（或基础），而"**以终为始**"（Begin with the end in mind）就是作者在这本奇书中提到的第二个习惯。

以终为始的精髓就是要时刻记住并固守真正重要的愿景（希望自己成为什么样的人），在做任何事之前，先要认清方向，然后勇往直前坚持到底，才能使生活充满意义。其原则基础是，所有的东西都要经过二次创造形成：首先是在脑海里酝酿、头脑中构思，这是智力上的第一次创造；然后再付诸实践进行实质创造，这是体力上的第二次创造。换句话说，就是想清楚了目标，然后努力实现之。比如建房子，在拿起工具、大张旗鼓之前，必须先有详尽的设计图纸；而绘出设计图纸之前，又必须要在脑海中先构思出每一个细节。有了构思，有了图纸，然后才有施工计划，这样按部就班才能完成建筑；而在这个过程中，如果设计出现了缺失或差池，等到施工的时候再来弥补，可能就会事倍功半，甚至完全不可挽回了。

当然，人生比建房子要复杂得多，但具体的原则不会变。有些人的自我意识比较薄弱，不愿或不会为自己主动设计生活蓝图，那么常常出现的结果就是，别人控制了他的人生，塞给他一张其他人安排好的图纸，从而让自己的生活轨迹屈从于家庭、朋友或社会环境的压力。

因此，为了避免出现最后"走错路"的情况，任何个人、家庭、团队和组织在做任何计划时，都应该先拟出愿景和目标，并据此塑造未来，全心专注于自己最重视的原则、价值观、关系及目标。以终为始的习惯可适用于各个不同的生活层面，也可以在企业和管理中得到印证，但最基本的目的还是帮助个人找到自己人生的最终期许，然后时时刻刻把人生使命谨记在心，才能获得心目中真正渴望的成功。

体验学习

想象训练：十年后的我

请你找个最舒服的姿势坐好，闭上眼睛，接下来我们要做一次思想遨游。

尽管现在的你在教室里上心理课,但你的思绪却将随老师的声音在想象的世界中翱翔。让我们借助神奇的想象力,去看看十年以后的你会是什么样子。

请想象,十年后的你会从什么样的地方起床? 从事怎样的工作? 过怎样的生活? 取得了哪些成果? 请描绘一个具体的生活场景,或是工作场景。你对这样的生活状态或者工作环境、工作性质满意吗? 越具体越好,越细致越好!

想好了吗? 请你回到教室,和小伙伴们,以小组为单位交流"十年后的我"。

交流时刻:

请你和伙伴共同描绘一下你的工作场景、工作环境、生活状态是怎样的? 对这样的状态你满意吗? 享受吗? 如果不满意你觉得可以怎样改变?

听了伙伴们的憧憬,你的感受怎样? 十年后的你们一个个都有着相当的学历、满意的工作、幸福的生活,可谓繁花似锦,这是我们大家的期望。十年的时间足以决定人的一生,如果这十年你利用好了,你们的前景可能比你们刚才交流的更为绚烂多姿。因为社会也在飞速地发展,第十届中国花博会在崇明的召开、全国文明城区的创建、世界级生态岛的建设……那么美好的愿望是不是都会实现呢?

人生只有梦想和目标还不够,我们还要找到通向理想彼岸的路。

心动行动:彩绘生命的蓝图

两年半后我的目标	我现在的资源(优势、劣势)
六年半后我的目标	
十年后我的目标	达到目标需努力的方向

赢在未来——规划：高中生涯教育手册

　　同学们，这里有一条生命线，现在请你在这条生命线的旁边分别写下你的目标、达成目标需要努力的方向。

　　请认真设计你的生命线。

　　设计完以后请你静静地观察、体会，并说说你为何这么设计？

　　人生就像是一张图纸，上面的风景要靠我们自己去描绘。我们说有梦想有目标的人才会拥有现在，而仅仅这样是远远不够的，美丽的蓝图还需要我们不断地为此着色，而我们的努力、我们的执着、我们的不断创新正是最斑斓的颜料。蓝图的另一半，希望你们能放在最显眼的地方，不断地鞭策自己，激励自己。

知识锦囊

目标制定与生涯发展理论

一、关于目标

　　制定目标有一个"黄金准则"——SMART 原则。SMART 原则，是将 5 个英文单词的第一个字母的汇总，具体指不管是团队还是个人在制定目标的过程中都应该遵循的 5 条原则：

　　(1) 目标必须是具体的(Specific)；

　　(2) 目标必须是可以衡量的(Measurable)；

（3）目标必须是可以达到的（Attainable）；

（4）目标要与其他目标具有一定的相关性（Relevant）；

（5）目标必须具有明确的截止期限（Time-bound）。

比如，当我们说"我想要成绩进步"的时候，这个目标就不符合 SMART 原则，因为不够具体，也缺乏足够的影响力。如果以 SMART 原则为指导，我们就要问以下几个问题：希望哪门课的成绩有进步？进步多少？能不能做到？跟你的终极目标有没有关系？有没有具体的截止期限？在问过这几个问题之后，我们就可以指定一个更清晰的目标，比如：

"我想要在期末之前，把我的语文成绩提高 10 分，达到 110 分。"

二、舒伯的生涯发展理论

舒伯根据自己"生涯发展型态研究"（Career Pattern Study）的结果，参照布勒（Bueller）的分类，将生涯发展阶段划分为成长、探索、建立、维持与衰退五个阶段，其中有三个阶段与金斯伯格（Ginzberg）的分类相近，只是年龄与内容稍有不同，舒伯增加了就业以及退休阶段的生涯发展，具体分述如下。

成长阶段：由出生至 14 岁，该阶段孩童开始发展自我概念，以各种不同的方式来表达自己的需要，且经过对现实世界不断的尝试，修饰他自己的角色。

这个阶段发展的任务是发展自我形象，发展对工作世界的正确态度，并了解工作的意义。这个阶段共包括三个时期：一是幻想期（4 至 10 岁），它以"需要"为主要考虑因素，在这个时期幻想中的角色扮演很重要；二是兴趣期（11 至 12 岁），它以"喜好"为主要考虑因素，喜好是个体抱负与活动的主要决定因素；三是能力期(13 至 14 岁)：它以"能力"为主要考虑因素，能力逐渐具有重要作用。

探索阶段：由 15 至 24 岁，该阶段的青少年，通过学校的活动、社团休闲活动、打零工等机会，对自我能力及角色、职业作了一番探索，因此选择职业时有较大弹性。

这个阶段发展的任务是使职业偏好逐渐具体化、特定化并实现职业偏好。这阶段共包括三个时期：一是试探期(15 至 17 岁)，考虑需要、兴趣、能力及机会，做暂时的决定，并在幻想、讨论、课业及工作中加以尝试；二是过渡期(18 至 21 岁)，进入就业市场或专业训练，更重视现实，并力图实现自我观念，将一般性的选择转为特定的选择；三是试验并稍作承诺期(22 至 24 岁)，生涯初步确定并试验其成为长期职业生活的可能性，若不适合则可能再经历上述各时期以确定方向。

建立阶段：由 25 至 44 岁，由于经过上一阶段的尝试，合适者会谋求变迁或作其他探索，因此该阶段较能确定在整个事业生涯中属于自己的"位子"，并在 31 岁至 40 岁，开始考虑如何保住这个"位子"，并固定下来。

这个阶段发展的任务是统整、稳固并求上进。这个阶段细分为两个时期：一是试验-承诺稳定期(25 至 30 岁)，个体寻求安定，也可能因生活或工作上若干变动而尚未感到满意；二是建立期(31 至 44 岁)，个体致力于工作上的稳固，大部分人处于最具创意时期，由于资深往往业绩优良。

维持阶段：由 45 至 65 岁，个体仍希望继续维持属于他的工作"位子"，同时会面对新的人员的挑战。

这一阶段发展的任务是维持既有成就与地位。

衰退阶段：65 岁以上，由于生理及心理机能日渐衰退，个体不得不从积极参与到隐退。这一阶段往往注重发展新的角色，寻求不同方式以替代和满足需求。

怎么样，现在你对于目标和生涯发展期是不是有点了解啦？

故事阅读

引力波中的崇明小伙——胡一鸣

美国当地时间 2016 年 2 月 11 日，加州理工学院、麻省理工学院以及"激光干涉引力波天文台"(LIGO)的研究人员在华盛顿宣布探测到引力波。

记者获悉，在参与建造、维护仪器、分析数据的 1 000 多位科学家中，有一位是土生土长的上海人——胡一鸣，2007 年毕业于上海市崇明中学，是清华大学博士后，目前正在德国马克斯-普朗克引力物理研究所进行研究工作，也是 LIGO 科学合作组织成员之一。

2 月 16 日，新闻记者采访了正在德国工作的胡一鸣，及其在崇明中学就读时的班主任和相关带教老师。在老师们眼中，胡一鸣对天文有着近乎狂热的爱好，几乎可以说是"自学成才"，连老师也经常被他相当于大学水准的专业天文问题"问倒"。而在他高考填志愿时，他只填了一个志愿，就是南京大学天文系，并表示如果考不上宁愿复读再考该系。"这是我至今教的学生中最懂得坚持、最有毅力和决心的学生。"他的班主任说。

　　赵海兵老师是胡一鸣高二、高三时的班主任，也是数学教师。在赵海兵印象中，胡一鸣所在的那届理科实验班学生都特别优秀，如今不少也和胡一鸣一样在国内外高校就读博士后，"胡一鸣在学习成绩上的绝对实力不是顶尖的，但他从进入高中起就特别喜欢天文，之后在天文方面的个人发展、专长上也更为突出，因此我对他的印象也非常深刻"。

　　而最让老师"惊吓"的是高考前填志愿时。"同学们填好的志愿表交上来，我就发现不对劲了，其他同学都认真地将志愿填得满满的，只有他填了一个学校一个专业，就是南京大学天文系。而且那年南京大学天文系在上海只招一人。"赵海兵说。"我马上找他谈心，提醒他志愿填得太少，万一没考上岂不是落榜了。当时他的父母知道后也很反对，认为太不保险，也劝他在南大天文系后面再多填几个其他专业"，赵海兵说，"可是胡一鸣跟我说，除了天文专业，他不想念任何其他专业，哪怕复旦交大也不愿意，还说如果没考上，明年复读还考天文专业"。

　　老师告诉记者，高考成绩揭晓后，虽然胡一鸣的考分不错，但却排在该天文专业的第二名，不过南京大学看中他的天文大赛经历，特意又增加了一个名额，胡一鸣也因此"有惊无险"地被录取了。

　　在老师和同学眼里，胡一鸣最大的特质是有一股看准目标后坚持不懈、不达目标誓不罢休的精神，"这是我教过这么多学生中，这种精神表现最强烈的。更难能可贵的是，比他更优秀的同学一般在填报志愿时都会选择当时社会上的热门专业，只有他耐得住寂寞，明明按他的成绩能上复旦交大，却偏偏选择了最冷门的天文专业。完全没考虑将来是否能找到工作或者每月挣多少钱"。

　　老校长董耀棠告诉记者，当时他获悉胡一鸣填报高考志愿只填了南大天文系一个志愿时,也就找他谈心了,"他跟我说,我一定要考南京大学天文系,今年考不取明年再考,明年考不取后年再考,我听了,觉得他的理想非常高远,而且意志很坚定。因此我就没有再劝他,而且我激动之下,还给南京大学校长写了一封信"。他在信中介绍了胡一鸣从小到大对天文的浓厚兴趣爱好和取得的成绩,写完打印出来后,觉得还不够,又在最下面添了一行字:你们如果能录取胡一鸣同学,比十个、二十个仅仅是为了考上大学将来谋一个出路的学生更有价值。

认识自我、找准目标、不懈努力,这是胡一鸣给我们的启示。

课后实践

有这么一个人,他的人生并不完美,甚至在八岁的时候他开始质疑人生的意义,在他十岁的时候,他觉得再也无法生活下去,想过结束生命,所幸没有成功。他天生没有四肢,但勇于面对身体残障,创造了生命的奇迹。后来他用梦想去点燃了生命的火把,下面就让我们一起来看这段视频,看看他是如何诠释着他的人生梦想的,他又能给我们带来怎么样的力量呢?

学生欣赏视频:尼克·胡哲《梦想的开始》视频

视频地址:http://gongyi.qq.com/a/20101216/000082.htm,网上类似的视频有很多,请你利用课余时间去看一看。

看完视频后请你思考以下问题:

(1) 尼克·胡哲的演讲中让你印象最深的是哪句话?

（2）尼克·胡哲的梦想是什么？

（3）这个梦想对他的成长有何作用？是什么让他坚持打了 42 个电话？

（本节编者：上海市崇明区教育学院　姜企华）

第三节　高中生涯决策

课前导引

在面对众多选择时,你能很容易地就做出决策吗?

在众多选择中,你能做出最佳决策吗?

一个人的生涯过程中,要面临许多需要决策的问题:高中 6 选 3、大学学校与专业选择、毕业就业与继续深造选择、朋友/伴侣选择、未来的职业选择……而除了这些重大决策之外,现实生活中我们每天也都在面临决策:中午吃什么,晚上怎么回家,几点开始做作业,睡觉之前要不要玩手机……因此,决策能力是我们日常生活中一种普遍应用的能力。那么,你的决策能力怎样呢?

请回想到今天为止,在你人生中所做出的三个重大决策,按以下几部分进行描述并写在对应位置上:

	当时的目标或情境是什么？	你所拥有的选择有哪些？	你做出了什么决策？依据是什么？	现在你对当时的决策有什么评价？
决策1				
决策2				
决策3				

当完成对三个重大决策的描述后，再综合分析一下你做出的这三个决策有什么共同之处？

悦读一刻

实验物理还是理论物理

杨振宁是世界著名物理学家，现任香港中文大学讲座教授、清华大学教授、中国科学院院士、美国国家科学院院士、台北中央研究院院士、香港科学院名誉院士、俄罗斯科学院院士、英国皇家学会会员，是全世界健在的最富盛名的科学家之一。他生于战火飘摇的 1944 年,毕业于昆明的国立西南联合大学,之后在粒子物理学、统计力学和凝聚态物理等领域做出了里程碑性贡献,比如 20 世纪 50 年代和 R. L. 米尔斯合作提出非阿贝尔规范场理论(又称杨-米尔斯规范场论);1956 年和李政道合作提出弱相互作用中宇称不守恒定律,并借此在 1957 年获诺贝尔物理学奖;此外,他还在粒子物理和统计物理方面做了大量开拓性工作,提出杨-巴克斯特方程,开辟量子可积系统和多体问题研究的新方向等。有不少学者认为,杨振宁在理论物理学领域所做出的科学贡献,足以与牛顿、爱因斯坦、麦克斯韦等全球知名的科学巨擘比肩。换句话说,他们是同一个级别的科学家。

尽管杨振宁在理论物理学界做出了巨大的成就,但是众人不知道的是,这颗耀眼的学术明星、物理天才,差点就在青年时沉寂。

杨振宁从青年时期开始就十分喜爱物理,在被西南联大录取之后,尽管先遵父命报考了化学系,但最后还是改成了物理系,在本科毕业之后又考入该校的研究院理科研究所物理学部(即后来的清华大学物理研究所)读研究生。

但是杨振宁一开始的志向是想成为一个实验物理学家。1943 年杨振宁赴美留学时,就立志要写一篇实验物理论文。然而,在实验室工作的近 20 个月中,杨振宁的物理实验进行得非常不顺利,做实验时常常发生爆炸,以至于当时实验室里流传着这样一句笑话:哪里有爆炸,哪里就有杨振宁。此时,杨振宁不得不痛苦地承认,自己的动手能力比别人差!

面对自己在研究工作上的瓶颈,杨振宁这位曾经的神童、人们眼中的天才,心情十分复杂。一方面,他从心底深处感到自己做实验确实力不从心;另一方面,他又不甘服输,非常希望通过写一篇实验论文来弥补自己实验能力的不足。在苦恼中,他对自己在物理研究上的优势与弱项进行了一番深入的分析。最后,他豁然开朗了。

杨振宁意识到,虽然自己在严格要求动手能力的实验物理方面没有太大优势,但在理论物理研究方面,凭借父亲熏陶、培养而打下的坚实数学基础,如果能对构成物理学理论架构的一系列方程逐步展开研究,还是会找到突破口,最终取得一定成绩的。比较之后,他觉得自己在理论物理研究上的优势更明显。于是杨振宁做出了最终的决定:把主攻方向由实验物理转至理论物理研究。正是这一决定,才最终避免了天才的黯灭,诞生了物理学界的一颗闪耀的明星。

成功与失败,固然看重于天赋和努力,但有的时候,它们之间并没有隔得那么远,其区别仅在于,成功者选择了正确,而失败者选择了错误。因此,我们常常能够看到一些天赋相差无几的人,由于选择了不同的方向,人生却迥然相异。

体验学习

生涯决策平衡单

每个决策都对我们的人生起着至关重要的作用。当时间紧迫,必须做出决策时;当左右为难,难以决策时;当过于感性,无法进行思考时,生涯决策平衡单都可以帮助我们更好地进行决策。

生涯决策平衡单是在生涯发展过程中最常用的理性决策工具之一，它的具体操作方法可以分为以下五个步骤：

（1）列出你正在考虑的若干个选项，以比较哪个是最优解；

（2）根据你要决策的问题，罗列出在该问题中你所看重的所有决策标准（影响因素），填入表格。

（3）按照不同影响因素在你心目中的重要程度，为它们评定各自的权重，最高权重为 10，最低分为 1。

（4）暂时把权重放在一边，为不同选项在这些影响因素上的表现打分，在该因素上越令你满意，得分越高，最高分为 10 分，最低分为 1 分；

（5）计算各选项的加权总分（重要程度权重×满意分，再把所有的分数相加），根据最终得分的高低，做出决策。

生涯决策平衡单使用的注意事项：

（1）选项的数目不应太少或太多，一般至少 2 个，不超过 8 个，否则花费的时间太多，且容易出现混乱。另外，建议在比较的时候，在原有选项的基础上，加一个对比项（又称"最糟糕的选项"），以突出其他选项的价值。

（2）清晰地选择决策标准和影响因素。可参照心理学家舒伯 1970 年研发的职业价值观量表：利他主义、美感、智力刺激、成就感、独立性、声望地位、管理、经济报酬、社会交往、舒适、安全感、人际关系、追求新意，从这 13 项价值观中选出你最看重的几项。也可以按照有利-有害、自我-他人两个维度，分成四个不同的范畴（对我有利、对我有害、对他人有利、对他人有害），考虑相应的因素。一般来说，你列出的影响因素越多、越具体，决策的过程就越久，时间越长，但决策的过程也越全面。综合来说，我们建议影响因素在 5～20 个之间较为合适。

（3）在评定权重时，尽量不要出现多项同分的情况，权重要有所差距，建议在不同的影响因素中，相同权重不超过 2 项。

接下来，我们以填报外地大学、本地大学志愿为例，来具体讲解如何使用生涯决策平衡单进行决策。

选项		1. 外地大学			2. 本地大学			3. 不读大学		
影响因素	权重（1～10）	满意度（1～10）	加权分数	满意度（1～10）	加权分数	满意度（1～10）	加权分数
学习资源	8	9	72	7	56	0	0
生活适应	5	6	30	10	50	10	50
离开家长	6	10	60	5	30	0	0
……							
……							
总分		162			136			50	

6 选 3 是新高考背景下，我们高中生在高中阶段进行的最重要决策之一，不仅会决定未来的学习方向，还会影响未来报考大学时的专业选择。6 选 3，其实就是一个认识自己、选择方向的过程。请根据上面提到的决策平衡单，认真完成 6 选 3 生涯决策，在填写过程中进一步明晰自己的决策标准，为做出最佳决策而努力吧。

6选3科目选择自我演练

影响因素	权重	物理		化学		生物		地理		历史		政治	
		满意度	加权分数	满意度	加权分数	满意度	加权分数	满意度	加权分数	满意度	加权分数	满意度	加权分数
总分													

知识锦囊

决策风格

决策风格是指个体在长期的决策过程中形成的比较稳定的决策倾向。不同的决策风格对决策结果影响重大,其主要表现在:拥有不同决策风格的人在制定决策方式时对决策的步骤有不同的偏好，且不同决策风格的人对行动的迫切性有不同的反应，他们在对待风险的态度与处理问题方面具有差异。决策风格与个人气质类型也相关，不同气质类型的人在对待事件的决策时会有不同反应。

决策风格是如何形成的呢？对这一问题的分析大体可归纳为三类理论：

（1）个性决策论。这类理论的主张是，决策风格取决于决策者的个性（包括气质、性格等心理特征）。

（2）情势决定论。持这类主张的学者认为，决策任务与决策环境适合于不同决策风格的人。

（3）相互作用决定论。坚持这一倾向的理论认为，决策风格既受个性影响，又受决策任务与环境的影响，因此，在研究决策风格的形成原因时，需要同时考虑上述两类因素的相互作用。

关于决策风格的具体类型，有"三分法""五分法""八分法"三种理论。

一、决策风格"三分法"

著名职业生涯学者哈瑞恩（Harren）的研究，大部分人的职业决定方式可以归纳为以下三类：

1. 理性型

这种类型崇尚逻辑分析，往往在系统收集足够的自我和环境信息基础上，权衡各个选项的利弊得失，按部就班地做出最佳的决定。

2. 直觉型

这种类型是以自己在特定的情景中的感受或者情绪反应，直接做出决定。

这种风格的人做决定全凭感觉,比较冲动,很少能系统地收集相关信息,但他们能为自己做出的抉择负责。

3. 依赖型

这种类型的人常常是等待或者依赖他人为自己收集信息做出决定,比较被动和顺从,做选择时十分注重他人的意见和期望。他们以社会赞许、社会评价和社会规范作为做决定的标准。

二、决策风格"五分法"

美国职业生涯专家斯科特(Scott)和布鲁斯(Bruce)认为决策风格是在后天的学习经验中逐渐形成的,将决策风格划分为五种类型:理智型、直觉型、依赖型、回避型和自发型。

1. 理智型

以周全的探求、对选择的逻辑性评估为特征。这类决策者会评估决策的长期效用并以事实为基础做出决策。理智型决策风格强调综合全面地收集信息、理智地思考和冷静地分析判断。但理智型的决策风格也会出现因为害怕承担决策的后果而不能整合自己和重要他人观点的困扰。

2. 直觉型

以依赖直觉和感觉为特征,比较关注内心的感受。直觉型的决策风格以自我判断为导向,在信息有限时能够快速做出决策。当发现错误时能迅速改变决策。由于以个人直觉而不是理性分析为基础,这类决策发生错误的可能性较大,因此,易造成决策不确定性,容易丧失对直觉型决策者的信心。

3. 依赖型

以寻求他人的指导和建议为特征。依赖型的决策者往往不能够自己承担做决策的责任，允许他人参与决策并分享决策成果，会受到他人的正面评价，但也可能因为简单地模仿他人的行为导致负面的反应。依赖型的决策者需要理解生活中重要他人对自己的影响程度。

4. 回避型

以试图回避做出决策为特征。回避型的决策风格是一种拖延、不果断的方式。这样的决策者更容易被学校等支持系统忽略。所以，这类风格的人需要意识到自身的决策风格及其可能造成的危害，努力调整，增强职业生涯规划的意识和动机，才能从根本上得到帮助。

5. 自发型

以渴望即刻、尽快完成决策为特征。自发型的个体往往不能够容忍决策的不确定性，是一种具有强烈即时性，并对快速做决策的过程有兴趣的决策风格。自发型决策者常会基于一时的冲动，在缺乏深思熟虑的情况下做出决策，此类决策者通常会给人果断或过于冲动的感觉。

三、决策风格"八分法"

著名学者丁克赖吉（Dinklage）根据人做决策的不同行为特征，把职业决策分为八种类型：

1. 延迟型

这种类型的人知道问题所在，但是经常迟迟不做决定，或者到最后一刻才做决定。

2. 宿命型

这种类型的人自己不愿做决定,把决定的权利交给别人或者命运,认为做什么选择都是一样的。

3. 顺从型

这种类型的人自己想做决定,但是无法坚持己见,常会屈从于权威。

4. 麻痹型

这种类型的人害怕做决定的结果,也不愿意负责,选择麻痹自己来逃避做决定。

5. 直觉型

这种类型的人根据感觉做决定,大多数情况下只考虑自己想要的,不在乎外在的因素。

6. 冲动型

这种类型的人不愿意思考太多,往往基于第一想法做出决定。

7. 犹豫型

这种类型的人考虑过多,在诸多选择中无法下决定,常常处在痛苦的挣扎状态中。

8. 计划型

这种类型的人做决定时倾听自己内在的声音,也考虑外在的环境要求,以做出适当的决策。

故事阅读

弃文从理的一代大师

他，与钱学森、钱三强并称"三钱"；

他，曾担任过清华大学副校长，让清华大学成为"工程师的摇篮"；

他，创办中国第一个力学专业和力学研究所，被誉为中国近代力学之父；

他的名字，叫做钱伟长。

尽管钱伟长是中国科坛的杰出人物，也是世界顶尖的科学大家，但很少有人知道的是，比起科学，钱伟长更擅长的是文学。

钱伟长生于江苏无锡。他所在的钱家，是江南延续千年的豪门旺族钱氏家族，五代吴越王钱镠的余脉。钱氏后人，除了商贾赚钱，尤其注重读书教育，进士、举人辈出，近代又涌现了十几位影响甚大的大师院士。钱伟长的四叔，就是国学大师钱穆。

有了这样的期望和家庭氛围，钱伟长的国学功底果然赢在了起跑线上。当年他参加清华大学入学考试，国文和历史两科的题目均是国学大师陈寅恪所出，钱伟长这两科均获满分，成为那一届103名学生中唯一的一个，还未入学，便名满水木。

与夺目的文科成绩相比，他的理科成绩却惨不忍睹，数学、物理、化学、英文，一共考了25分，物理仅仅考了5分。

　　然而，就是这么一位中文系翘首以盼的奇才、物理方面的门外汉，却在入学之后毅然决定学习物理。原因在于，震惊中外的"九一八"事变爆发，日军的飞机大炮在中国领土上横冲直撞，中国军队不敢抵抗，因为打不过。这一事实，让钱伟长义愤填膺。他想，如果中国也有飞机大炮，日本就不敢这样欺负中国人。而想要造出飞机大炮，国文和历史不起作用，只有靠物理，靠实业。所以，他决定转学物理专业，为抗日救国学习知识，造自己的飞机大炮。

　　凭借一腔热血和聪明的头脑，他疯狂学习，几乎不眠不休，终于成功掌握了物理知识，最终成为杰出的物理学家。

课后实践

　　除了课堂中介绍的生涯决策平衡单外，还有很多决策的方法，比如SWOT 分析法、CASVE 循环法、目标设定 SMART 原则、5W 问题澄清法。

　　科学理性的决策需要在生活中大量的练习，请你在网络上了解这几种方法的具体操作，并根据自己的兴趣倾向选择自己喜欢的方法进行练习。

（本节编者：上海市崇明区城桥中学　杨海英）

第四章

生涯拓展

第一节　电影中的生涯故事

课前导引

每个个体的生涯都是有限度的，但是好的电影却能借由生动的故事，开阔我们的生涯视野、引发深度的生涯思考，通过体悟他人故事，帮助我们思考个人生涯。

电影推荐

当我们尝试着从生涯发展的角度来观看电影时，"认识自我""认识职业"和"决策行动"是三个富有价值的思考切入点。

《三傻大闹宝莱坞》(*3 Idiots*)

电影简介	内容相关度指南
法罕、拉加与兰彻都是印度精英学校帝国理工大学的大学生,都被期待成为出色的工程师。而富有思考力和执行力的兰彻撬动了学校墨守成规的教育传统,同时也引发了法罕和拉加向内探索、寻找真我的个人成长。最终他们分别走上了不同的道路	认识自我★★★★★ 认识职业★★★☆☆工程师 决策行动★★★☆☆

如果面前有一份同时满足以下两个条件的工作:丰厚的收入、世人的认可与尊敬,你会接受吗? 我想,人们很难拒绝。

但是如果这份工作的内容是拆解零件、设计图纸、计算数据呢? 一些人可能就会犹豫了:也许会说"我不喜欢",也许会说"我不擅长"——就像《三傻大闹宝莱坞》中最后放弃工程师生涯的法罕。这说明,现实的物质回报和社会认可并不是我们在职业生涯中的唯一渴望。"做喜欢的事情",对我们的幸福感提升和职业选择来说,也是非常重要的。

而在我们确认了自己的兴趣、能力与这个工作完全匹配时,我们亦可能不从事这项工作,比如《三傻大闹宝莱坞》中明明可以去美国做高级工程师、却选择在喜马拉雅山山麓开设一间平民子弟学校的兰彻——因为在可选的范围之内,我们也会考虑:到底什么样的工作才是更有意义、更有价值、更值得我们投身的? 换句话来说,就是我们渴望借由职业生涯成为一个什么样的人。

从不同的视角来看《三傻大闹宝莱坞》,可以认为它是一部呈现高等教育面貌、反思教育根本价值的电影,也可以认为它是一部让我们窥见工程师工作内容与思维方式的电影，而从生涯发展的角度来说，它更是一部带领观影者进行自我探索的电影。

过去，当我们的物质生活水平比较低的时候，工作的价值比较单一，学习的成绩直接与未来的工作内容挂钩，所以努力的方向很明确。但是在物质生活水平日益丰富的今天，当选择越来越多时，许多的高中生反而会有"为什么学"的迷茫，其实就是在生涯视野下所进行的自觉的探索，求索的就是"我要成为一个怎样的人"这样一个核心的自我认知命题。

在《三傻大闹宝莱坞》这部电影里，高中生们可以看到的是以兰彻、法罕和拉加为代表的三个群体样本。拉加代表的是还受困于现实选择的那部分人群，他们因为经济压力和家庭责任，没有机会进行更多的兴趣探索、能力锻炼，但这并不意味着他们就可以放弃自我、放低自我、压缩自我，堂堂正正地直面现实，也是自我健康成长的一种方式；法罕比拉加要幸运一些，他的家庭能够给他一个独立的学习空间，可以让他享受清凉的空调，准许他尝试野生动物摄影这样一项爱好，但是他的选择又不是无限，他受制于亲人的期待，亦没有勇气选择自己所爱，不过兰彻的一句话最终确认了"选我所爱"的意义，他说"追求卓越，成功就会在不经意间追上你"；而兰彻，则代表那一部分充分地认识了自我亦积极行动的群体，我们会觉得这样的人生神奇到不可思议，但是又不得不承认基本事实：发现自我、实现价值的生涯，何其畅快！最终，你会选择成为哪种人呢？

《当幸福来敲门》(The Pursuit of Happiness)

电影简介	内容相关度指南
讲述了一位濒临破产、老婆离家的落魄业务员，如何刻苦耐劳尽善单亲责任，奋发向上成为股票交易员，最后成为知名的金融投资家的励志故事。	认识自我★★☆☆☆
	认识职业★★★☆☆股票交易员
	决策行动★★★★★

　　这部电影是根据美国富翁克里斯·加德纳（Chris Gardner）的真实故事改编而成。克里斯·加德纳原本是一位医疗器械推销员，他用尽全部积蓄买下了一些"高科技"治疗仪，到处向医院推销，可是价格高昂，接受的人不多，因此就算他非常努力地工作，仍无法应对生活开支：他的车子被扣查、他被房东追讨房租、还欠着税，妻子最终选择离开家，把六岁的儿子克里斯托夫留给了他。一天，当他偶然得知成为股票交易人能够过上更好的生活之后，他决定为之努力。

　　经过争取，克里斯得到了在一个股票投资公司实习的机会。大家都知道，证券业云集着金融界的精英，从业人员要求有良好的数理分析能力、受过专业的操盘训练、拥有一定的经济学知识，等等，所以与他竞争的也是非常优秀的人。但就算实习工作没有报酬，成功机会只有百分之五，他仍然咬牙坚持着。接下来，他一边竭力推销治疗仪，一边努力学习。因为交不起房租，有一天回家时发现行李已经被扔了出来，从此不得不每天带着儿子转战汽车旅馆、收容所，甚至躲在地铁站里的公共厕所里过夜。最终经过自己的奋斗，他获得了这个职位，并且在多年以后成为千万富翁。

电影当中有这样一个细节：克里斯有一天送儿子去上托儿所，那是一所开在贫民区的小学校，墙上有黑人的涂鸦。涂鸦中有人拼写了"幸福"一词：大家知道，"幸福"从形容词 happy 到名词 happiness，应该是把 y 改成 i 再加 ness，但是那个单词被写成了 happyness，于是他说了一句话，而这句话，也代表了主人公对幸福的理解：There is no y in happiness, there is an I(幸福之中，没有为什么、没有怨天尤人，只有一个大写的"我"字)！

克里斯经历的是人生的绝地反击，而对于还未迈入职业生涯的高中生来说，这部电影于个体生涯规划的意义在于"确认行动的意义"：尽管有认知上的迷茫、情绪上的低落，但是行动始终不能停。在不知道该做什么的时候，就把大目标拆解为小目标，然后从最有可能的最小改变开始做起，点滴积累，在行动中收获继续前进的动力，也会最终扭转生涯发展的方向。

《穿普拉达的女王》(The Devil Wears Prada)

电影简介	内容相关度指南
一个刚离开校门的女大学生安迪进入了一家顶级时尚杂志社当主编助理。她从初入职场的迷惑，到学习解决职场难题，成长为一个出色的职场与时尚达人。但最终，她做了一个让人意外的选择。	认识自我★★★★☆ 认识职业★★★★★时尚杂志编辑 决策行动★★★★☆

时尚行业是一个看上去光鲜亮丽的职业，在生涯课上，"明星经纪""时尚买手""网红直播主"这样一些行业往往会受到高中生的欢迎，但是喜欢时尚，

就一定能够胜任与时尚相关的职业吗?

安迪看上去就是那个同龄人中被选中的幸运儿,因为她直接服务的对象就是头号时尚杂志 *Runway* 主编米兰达本人。人人都觉得这个岗位既专业又有前途,但职场生涯竟然是从"打杂"开始的:从买咖啡,到几小时内帮她的双胞胎女儿搞到尚未出版的最新一集《哈利·波特》,再到在暴风雨之夜设法搞到从迈阿密飞回纽约的机票……在小助理应对这一切足以导致心脏病发作的不可能完成的任务,还要注意自己的仪表,穿着尖细的高跟鞋一边打手机一边在任何地方奔跑。如果你是电影中的助理,会在委屈、愤怒和失望中选择放弃,还是咬咬牙继续坚守着一个并不明朗的未来? 安迪的选择是后者。

在一系列失败和考验之后,安迪渐渐适应了这份工作,几次置死地而后生的胜利,和她不屈不挠的精神被米兰达看在眼里、记在心里。渐渐的,米兰达开始把首席助理份内的事也交给她做……到这里,我们知道的是,安迪已经完成了从职场新人到职场中坚的蜕变,蜕变的关键在于敬业态度的养成。从这个意义上来说,这部电影首先向我们阐述的是追求专业极致的敬业精神和深刻意义,但这还远远不是电影要表达的全部。

在获得了米兰达的信任和赏识之后,安迪也不负所望,学会了寡情狠心,凭借一句"you know,l didn't have a choice"走天下,从头到脚、从里到外践行着"普拉达女王"的风范。她盲目自负,终与朴实的男友、家人、朋友、同事越来越格格不入、渐行渐远。刚开始,她只是想要做好一份工作,慢慢的,她发现自己足够优秀获得一定的职位。但是,她不知这路上有不择手段,有众叛亲离,也有不知所措。更可怕的是,她自己在潜移默化中接受了这一切。米兰达终其一生被自己的时尚女王身份所累,工作中永远是效率第一的女魔头。但当有一天，她看到脆弱时候的米兰达也会素面朝天地掩面而泣、无可奈何时，她仿佛看到了未来的自己——那一刻，她不得不面对自己的内心……最终，她选择了自己的初心，回到了自己的爱人和朋友身边。看似只是一次简单的职涯转向，却是一次深刻的价值观拷问。而经由这次洗礼，她才得以确认什么对自己来说是最重要的。

其实，做自己，才是真正的普拉达女王。普拉达不是只穿在身上就是女王，真正的女王得有骨子里透出的自信以及精神绝对的富足。不管是男性还是女性，每一个平凡的个体都有自己的梦，并拥有独一无二的人生。做独立的自己，才是真的 Queen/King！

《中国合伙人》

电影简介	内容相关度指南
故事以新东方学校为蓝本，讲述了大同学"土鳖"成东青、"海龟"孟晓骏和"愤青"王阳从 20 世纪 80 年代到 21 世纪共同创办英语培训学校，最终实现梦想的故事	认识自我★★★★☆
	认识职业★★★★☆教育培训行业的创业
	决策行动★★★☆☆

创立自己的事业，是很多年轻人的梦想，但创业的过程究竟是怎样的，却不是每一个人都有勇气、有魄力、有机会去近距离体会的，所以如果你的生涯规划是指向个人创业的话，那么不妨来观赏一下这部电影。

从生涯探索的视角来看《中国合伙人》，它首先讲述的是创业者的艰辛。通过抽丝剥茧的细节设置，它还原了一个"中国梦"的实现过程：甘为人下的谦卑态度、百折不挠的进取精神、趋利避害的决策行动，以及为中华之崛起而读书的信念，终于换得扬眉吐气、衣锦还乡的成功。如果只是停留在这个层面，那么创业看上去只是一个人的奋斗。

所以《中国合伙人》还有另一个观赏视角：如何在克服差异中实现充满信任关系的团队合作。电影里有三个主人公：成东青，农村出身，高考三年，到了北京唯一的愿望是看一下天安门；合伙人之一孟晓骏，出生于留学世家；另一个合伙人王阳以追求浪漫自由为己任。完全不同背景的三个人开了一家英语学校叫"新梦想"，但他们在梦想上根本无法达成共识。但这样疙瘩的三人组合又是如何齐心协力、坚定信念，把事业做大做强的呢？电影中有答案。

同时，对于高中生来说，成东青这个人物形象有着非常强的生涯指引意义。电影着重刻画了他朴素的行动力：许多时候，他来不及细想某些目标背后的含义，更没有预设过程和后果，就会横冲直撞地"先做了再说"。别人嘲笑他的口音，他就改口音；别人追打他的偶像，他就挡门；发现别人喜欢听他讲课时自嘲感情经历，那就一直讲；发现可以靠教英语养活自己留在北京，那就一直教下去……或许有莽撞、或许有盲从、或许不够理智，但是坚持前行、脚踏实地是他不变的选择。也许正是有这样一份近乎笨拙的执着，才能够让三位创业者在充满不确定性的商业征战中获得信心与力量。是否有这份执着，或许是每一个创业者在行动前应进行的自我评估。

《跳出我天地》(*Billy Elliot*)

电影简介	内容相关度指南
矿工的儿子比利在上拳击训练课时，偶然接触了芭蕾舞，这美奂绝伦的艺术立刻深深地迷住了他。崇尚男性力量的文化、贫困的家庭现实，让他遭遇了巨大的压力。但对芭蕾艺术执着的爱，使他最终战胜贫困和偏见，实现了梦想	认识自我★★★★★
	认识职业★★★★☆芭蕾舞者
	决策行动★★★★☆

2019年有一则引发人们性别教育反思的新闻：美国某位知名电视节目主持人，在节目上公开嘲讽英国王室乔治小王子，原因是小王子在小学选修课中选择了"芭蕾舞课"。尽管没有明说，但从她的言辞中，电视前的观众们不难感受到她对乔治小王子学习芭蕾舞的偏见，好像在她眼中，一个身份尊贵的男孩选择学习芭蕾舞，本身就是一个头脑发热的想法。身为英国皇室成员，做一个与性别刻板印象不一致的选择，就已经很难逃脱他人的嘲笑和责难；对于一个崇尚男性力量文化的矿工家庭男孩儿来说，要勇敢地拿起芭蕾舞鞋，就是一件更加艰难的事情了。但是《跳出我天地》的主角比利·埃利奥特(Billy Elliot)做到了。

对于许多确认了自己兴趣方向的高中生来说，如何打破偏见、获得支持，是一件既现实又困难的事情。每一年在"6选3"选科决策和高考志愿填写前，学校心理咨询室都会迎来大量因为"父母不支持、不理解我的选择"而困扰不已的年轻人。的确，打破成人固有的成见是一件非常困难的事情。但是比利的故事或许会给我们一些启发。

在拳击课上,偶然看到女孩们在隔壁练习芭蕾,小小的比利被深深吸引了。从此每个周末,比利用上拳击课的钱偷偷去学习舞蹈。在圣诞节的晚上,比利和伙伴在舞蹈教室里玩耍时被父亲发现。面对父亲的怒火,小比利没有退缩,而是在父亲面前施展了自己这几个月以来学到的一切。最终,顽固的父亲被儿子的激情与舞蹈天分所震撼,回家后典当了妻子留下的手表和金饰,送比利到伦敦参加入学考试。比利,用他确认无疑的信念、不可抑制的激情、踏踏实实的行动说服了他的父亲,也打破了力量强大的性别偏见。

性别刻板印象,在生涯规划中是一股隐性而不能小觑的力量。这部电影的主角是男性,但在现实生活中,不管是男性还是女性都有可能遭遇性别偏见,进而影响生涯规划和职业选择。从这个意义上来说,观看这部电影也是一个赋予我们个体能量的过程,打破偏见、实现更多生涯可能性的能量。

课后实践

关于生涯发展的电影故事非常多,换一句话说,当你获得了生涯发展的视野,几乎在每一部电影中你都能获得关于生涯的思考。请你选择观看以下推荐电影当中的一部,并尝试完成表格中的"电影简介"和"内容相关度指南"吧。当然,你也可以在表格中推荐一部自己喜欢的电影。

片名：

电影简介	内容相关度指南
	认识自我☆☆☆☆☆
	认识职业☆☆☆☆☆
	决策行动☆☆☆☆☆

推荐电影或电视剧：

《疯狂原始人》——青春期少女对抗父母权威，发现自我能量的故事

《歌舞青春》——在探索中确认个人发展方向的故事

《入殓师》—— 一个年轻人步入特殊行业、形成职业认同感的故事

《寻梦环游记》——关于家族传承、个人兴趣与职业选择的故事

《辩护人》——应运时代需要，提升律师职业生涯高度的故事

《朱莉与茱莉亚》——从兴趣出发，拓展个人生涯领域的故事

《我们与恶的距离》——了解新闻传媒行业的工作内容与职业伦理

（本节编者：复旦大学第二附属学校　罗吾民）

第二节　拓展阅读

课前导引

　　古人云:"吾生也有涯,而识也无涯。"人生是短暂的,但如果规划得好,人生又是丰富多彩的,其精神世界更是无涯的。那什么时候开始规划人生呢?高中时代最为合适。到了高中阶段,学生们就开始思考今后走什么道路,向哪个方向发展,但同时又处于困惑的状态,有许多人到毕业还不知道自己的优势在哪里,不知道报考什么专业。以下推荐的这几本书,或许在一定程度上可以帮助你理解人生、感悟人生、规划人生。

好书推荐

《量身定制你的未来》

　　作者:朱光雪　　出版社:中国商业出版社

赢在未来——规划：高中生涯教育手册

推荐理由：

我们每一个人，当他走到生命的某一个岔路口，他都要向不同的方向张望一下，因为他知道，他这一步的选择，肯定要影响他的一生。我怎样走才好？哪条路更平坦一些？哪条路更光明一些？他茫然四顾，不住地在心里发问。可是没有人能够真正回答他，能够给出准确答案的只要他自己。这时候问题就出现了，有人回答得好一些；有人回答得不好；有人干脆就回答不了。于是他很后悔，后悔自己平时为什么不好好学习？为什么不为自己准备一点相关的知识。

许多人之所以不能成功，不是他生不逢时，不是他的能力不够，也不是他的机会太少，而是他的人生目标制定得出了问题：或者与其兴趣不相吻合，或者与其环境背景有太大的偏差。如果不是目标的问题，那么多半就是缺少科学的方法。毫无疑问，科学的方法论是制定未来目标所必须遵循的法则。量体裁衣、对症下药的方法论，不但可以使你少走弯路，顺利达到事业的巅峰，甚至可以说是拯救你一生的不二法门。

英国历史学家汤恩比说过："凡是不把未来考虑在内的，必将被未来所覆没。"因此，每个人在人生的三岔路口必须做好规划。

本书的作者是心理学和未来学方面的专家，他写作写本书的目的，就是要运用科学的方法论，联系个案实例，进行深入浅出的分析，帮助人们特别是初涉社会的青年朋友们，认清量身定制未来的重要性，教会你如何根据自身情况，科学地定制自己的未来，从而走好人生的每一步。

全书分上下两个部分,上部分主要是帮助你了解自己,即先学会了解自己的方法。以往人们不能很好地定制未来,其主要的原因就是他首先并不了解自己。这正如畅销书作家马尔修斯所言:"每个人都必须为他的未来做好规则,而规划未来必须从认识自身开始。"

有多少人敢说真的了解自己? 你的性格气质,你的家庭背景与社会的关系,你的教育程度与社会需求,你的智商和情商指数,等等,你真的很了解吗? 本书下部分则是帮助你掌握科学的方法为自己制订未来计划。科学方法论的一个原则,就是量身定制。这和以往那些泛泛谈未来、谈规划的书籍不同,可操作性是编著者的追求。

21世纪是知识经济的时代,知识经济时代同样需要我们用知识指导我们的人生。"跟着感觉走"是对自己的不负责任,我们的生命如此宝贵,容不得去做盲目的实验。科学规划,量身定制,走好生命的每一步,才能使我们的生命大放异彩!

《你的生命有什么可能》

作者:古典　出版社:湖南文艺出版社

推荐理由:

时代让我们看到越来越多可能的生活方式,个人成长和心理的热潮让我们开始在意和关注自己,微博微信则让我们能和关注的人事物近在咫尺。我们仿佛越来越知道自己想要什么样的

生命。但同时，现实越来越逼仄：高压力的学习、高竞争的工作、高不可攀的房价、拥挤的交通、糟糕的空气、不安全的食品……在竭尽全力才能生存的日子里，哪里有时间追求梦想？我们仿佛越来越远离自己想要的生活。

一头奔入梦想，不敢；留下过平庸的生活，又不甘——这样的时代，我们的生命有什么可能？如何才能越过现实和理想的鸿沟，找到和进入自己希望的人生？这就是这本书想谈的话题——你的生命有很多可能。这本书希望能拆掉你思维里的墙，能看到这个世界上的光。

此书共设有八章：

绪章提到了最好的人生状态——在热爱的领域努力地玩，以及如何让自己保持这种状态的三叶草模型。

第二章提到了兴趣的修炼：兴趣是天生的吗？怎样让自己爱上不感兴趣的东西？怎样让自己成为一个有趣的人？

第三章提到了价值观的修炼：我如何知道自己要什么？如何找到自己想要的东西？找到了又如何保护自己坚信的东西？

第四章提到了能力的修炼：隔行如隔山是真的吗？如何让自己的努力不白费？各行各业的顶级高手是如何修炼出来的？

第五章谈如何成功——知道你们烦透了聒噪的成功学，甚至连成功都烦。相信我，这里安静地列举了很多关于成功的事实是如何发生的、努力和成功的关系，以及关于成功的一些社会学观点。热爱和反对成功学的人，都会有收获。

第六章探讨除了成功、幸福，我们的生命还有什么可能。谈到了人生的四个永恒的主题：影响力、爱、自由、智慧。即使在这个不公平的残酷世界，每个人也都能活出各自的生命可能。

第七章提到了解决现实和理想冲突的"现实的理想主义"战略。如果你有一个理想,却深深地被现实所困,你一定要看看这部分。这里谈到有钱的鲁迅、未成名的周杰伦……他们是如何和现实周旋的。

第八章叫做"写给……的你",其实是作者写给成长中的自己,提到作者的种种人生思考与态度。

这本书你可以顺着看,跳着看,前后倒过来看,在书与书之间看,在书和网络之间看。看看有多少种可能?!

《奇特的一生》

作者:(俄)格拉宁　出版社:北京联合出版公司

推荐理由:

没有人愿意一辈子平平庸庸,一事无成。我们每个人心底都有一个不平凡的梦想,你我都害怕一生碌碌无为。我们都渴望成功,即使这成功是世俗意义上的有房有车,那又如何? 害怕平庸是我们的本性。那么,究竟如何才能让自己的一生过得更精彩些呢? 或者至少别让自己的一生太过于平淡? 我想,《奇特的一生》这本书,或许能够给你答案。

柳比歇夫是本书的主角,他出生于 1890 年 4 月 5 日,卒于 1972 年 8 月 31 日,卒于 1997 年 8 月有 31 日,享年 82 岁,是苏联的昆虫学家、哲学家、数学

家。他毕业于圣彼得堡国立大学，一生发布了 70 余部学术著作，从分散分析、生物分类学到昆虫学等，涉及多个研究领域。各种各样的论文和专著，他一共写了五百多印张（五百印张，等于一万二千五百张打字稿）。即使以专业作家而论，这也是个庞大的数字。他的知识面到底有多广呢？答案是：深不可测。

为什么在短短的一生中，柳比歇夫可以获得其他人几辈子也完成不了的成就？答案是：时间统计法。

柳比歇夫在 26 岁时独创了一种"时间统计法"，记录每个事件所花费的时间，通过统计和分析，进行月小结和年终总结，以此来改进工作方法、计划未来事务，从而提高对时间的利用效率。他通过时间统计法对自己进行了研究和试验，试验在写、读、听、工作、思索各方面，他到底能干多少？怎么干？他不让自己负担过重，力不胜任；他总是循着他能力的边缘前进，他对自己能力的掂量精确无疑。

人最宝贵的是生命。但是仔细分析一下生命，可以说，最宝贵的是时间。因为生命是由时间构成的，是一小时一小时、一分钟一分钟累积起来的。没人能预计他在下一分钟里能发生什么，但至少我们可以记得前一分钟我们做过什么。

如果每个人都能知道自己能干些什么，那生活会变得多么美好！因为每个人的能力都比他自己感觉到的大得多，也就不会有那么多的人感叹自己因能力有限而一事无成了。

《每一天梦想练习》

作者：另维　出版社：湖南文艺出版社

推荐理由:

本书的作者另维,本名温暖。90 后,白羊座。就读于华盛顿大学,拥有会计、心理学双学位;她是作家,也是走遍全球的旅行体验师。7 岁入中国作协,8 岁进鲁迅文学院,12 岁起为杂志写小说,16 岁开始在《萌芽》上发表文章,18 岁、19 岁两次在"新概念作文大赛"获奖。腾讯体育前 NBA 主播,腾讯体育驻波特兰前方记者,在国际"四大"会计师事务所做过审计、在顶级广告公司奥美做过公关。但她并不是一蹴而就的大神,曾经也只是平凡的小城女生,她靠有效规划和执行,从学渣一步步逆袭名校,靠打磨履历,提高自己,23 岁年薪百万。

《每一天梦想练习》是另维的一本实用励志故事书。书里写了许多和你我一样平凡的年轻人,原本大家起点都一样,几年过去,有的人活成了大多数人的梦想,有的蹉跎了岁月。另维作为旁观者,见证了这些年轻人是怎样因为对待每一天的不同态度而走上了不同的人生道路。她把其中的秘密总结出来,献给处在迷茫、焦虑中的你。

精彩书摘:

(1) 太多的答案不在外面的那个世界,而在你的内里。沉潜于你的孤独,终有广阔的那天。

(2) 享受孤独却不觉寂寞,时常厌弃生活但对生命始终赤诚。孤独是很好的体验,因为它纯粹。

（3）我们初来这个世上的时候，也是什么都没有，所以如今失去些什么，也绝不至于严重到关乎死生，不需要呕心沥血。

（4）生活在地球这颗孤悬的星球上还是幸运的，它的渺小衬托着宇宙的广大，你总以为自己有一个逃离的机会。

（5）如今我喜欢你的安静。这是要到一定的年纪，才能领会的好。没有形容词、副词，没有注解。

（6）爱也是一种试探，看我们能付出多少不求回报，看我们能坚持多久不问结果。

（7）我爱我的自由，那是对自我的认同，对自身所处牢笼的爱恋，对你终不会将我忘却的确信。

（8）我多么喜欢这生命中无所求的、专心致志的片刻。

（9）我们一生的目标就是为了抵达那里。而正是为了抵达，我们互相离弃。

（10）我们各自埋头画出无数的生命轨迹，以为世间无人能懂。但其实，这些轨迹因为相同的弧度而最终重叠，结成了完整的圆。

《斜杠青年》

作者：Susan Kuang　出版社：湖南文艺出版社

推荐理由：

如果你不喜欢朝九晚五、不满意现在的专业、不想要一眼望尽的人生、不满足单一职业和身份的束缚……共享经济时代，越来越多的年轻人不再满足于单一职业和身份的束缚，开始选择一种能够拥有多重职业、身份的多元生活。自由职业者、兼职者，或是利用业余才艺优势做喜欢的事情的人，他们都拥有一个共同的代号——斜杠青年(Slash)。

斜杠青年不是简单的身兼数职，而是主业之外拓展多元化的专长，充分挖掘你的职场潜能。现在的业余爱好，未来可能就是你谋生的手段。

斜杠青年的存在提醒了我们，生命未必只有一种活法。斜杠青年的根本，也不在于你有几个身份、几个职业、几种技能、几份收入，而是在于你有没有过自己想要的生活，有没有在对社会和家庭负责的同时，也对自己负责。

社会上有一种观念，认为人生就应该在一条道路上奋斗到底，像寿司之神小野二郎那样，用一生把寿司做到极致，只有那样才是成功。是的，专精一门，做到极致，是令人赞叹且值得赞美的，然而世界是多元的，也必须是多元的。我们赞美寿司之神，却不能要求人人去做厨师，更不能要求人人去做寿司。我们不能要求人人都有一样的追求，就像不能用猴子的标准去要求鱼一样。

世界是多元的，所以你可以有一元的人生，也可以有二元的人生，甚至可以有五元的人生。关键在于，我们只能活一生，所以我们有资格要求活出属于自己的一生，唯如此，才是真正对自己负责。

所以，无论你是不是想当斜杠青年，是不是想走不一样的道路，都需要做一件事，就是仔细看看脚下：这是自己想要的吗？还有其他的可能吗？

苏格拉底说，未经审视的生活，是不值得过的。我相信，每一个认真审视

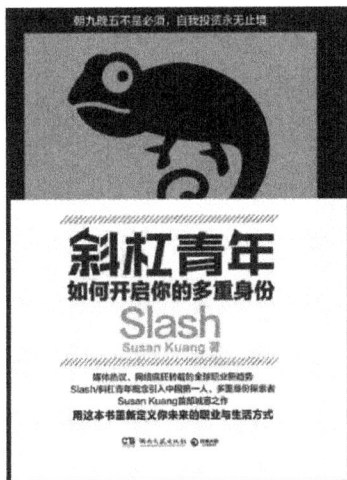

过自己的人，无论有着几元的人生，无论是多大年纪，都是一个活得精彩的斜杠青年。

课后实践

（1）请你将书中对你有启发的章节名称抄录下来，并与同学、老师进行讨论。

（2）运用《奇特的一生》一书中提到的"时间统计法"，改进学习方法、计划未来事务，从而提高对时间的利用效率。

（本节编者：上海市崇明中学　吴冬辰）

姜企华　总主编

赢 在未来

探索：
初中生涯教育手册

魏超波　张寒玉　主编

Exploring

上海交通大学出版社
SHANGHAI JIAO TONG UNIVERSITY PRESS

内容提要

上海市崇明区在多年的心理健康教育和生涯教育实践过程中,注重打造区域生涯教育特色,不断提升区域生涯教育品质,尤其在生涯教育课程方面,开展了小初高一体化的探索。本书基于崇明生涯教育团队多年的实践经验,从中小学生涯教育理论背景和学理机制出发,系统开发了小初高一体化的生涯教育手册,以学生自主发展为目标,引导学生在认识自我、探索社会的基础上做好自身的学涯、生涯规划,激发持续的学习动力,培养坚毅的学习品格,促进学生成长成才。

本书可供相应学段学生自主阅读,也可作为生涯教育教师备课参考。

图书在版编目(CIP)数据

赢在未来. 探索:初中生涯教育手册/姜企华总主编;魏超波,张寒玉主编.
—上海:上海交通大学出版社,2021
ISBN 978-7-313-24510-6

Ⅰ.①赢… Ⅱ.①姜…②魏…③张… Ⅲ.①职业选择-初中-教学参考资料
Ⅳ.①G934.933

中国版本图书馆 CIP 数据核字(2020)第 254298 号

赢在未来——探索:初中生涯教育手册
YING ZAI WEILAI——TANSUO:CHUZHONG SHENGYA JIAOYU SHOUCE

总 主 编:姜企华		主　　编:魏超波　张寒玉	
出版发行:上海交通大学出版社		地　　址:上海市番禺路 951 号	
邮政编码:200030		电　　话:021-64071208	
印　　制:当纳利(上海)信息技术有限公司		经　　销:全国新华书店	
开　　本:787mm×1092mm 1/16		印　　张:10	
字　　数:115 千字			
版　　次:2021 年 4 月第 1 版		印　　次:2021 年 4 月第 1 次印刷	
书　　号:ISBN 978-7-313-24510-6			
定　　价(全三册):88.00 元			

生涯起航　瀛洲拓梦

中小学生涯教育是运用系统方法,指导学生增强对自我和人生发展的认识与理解,促使学生在成长过程中学会选择、主动适应变化和开展生涯规划的发展性教育活动。加强中小学生涯教育,是促进学生全面发展和终身发展的重要举措,也是上海深化教育综合改革、实施新时期德育与心理健康教育的必然要求。

自 2015 年起,崇明区的高中学校就积极参与新高考改革下上海市生涯教育的实践。2018 年上海市教育委员会颁发了《关于加强中小学生涯教育的指导意见》,崇明区作为项目区,更是积极探索和有效推动中小学一体化实践。这套书是崇明区在生涯教育上不断探索实践、在心理健康教育方面不断进取的体现,也是崇明区育心育德的进一步拓展。本书具有如下特点:

1. 在主题上满足学生发展和成长的需求

心理健康教育是开展认识自我、尊重生命、学会学习、人际交往、调适情绪、升学择业、人生规划以及适应社会生活等方面的教育，引导学生增强调控心理、自主自助、应对挫折、适应环境的能力，培养学生健全的人格、积极的心态和良好的个性心理品质。本书包含生涯教育中的"自我认知""社会探索"和"生涯管理"板块，还加入了"电影人生"和"拓展阅读"板块，整个栏目的设计，全面贯穿了生涯教育的主线，同时兼顾心理健康教育的多项内容，起到培养学生自我管理、适应社会和积极人格的作用。

2. 在设计上综合助人和自助多种途径

学生生涯规划能力是一种综合能力，是在学生学习和社会实践过程中慢慢培养的，这有赖于课程育人、活动育人、实践育人、环境育人、文化育人等多种手段的运用。本书每一个主题的设计都由"课前导引""悦读一刻""体验学习""知识锦囊""故事阅读"和"课后实践"组成，整体结构完整、内容丰

富,教师容易学习和实施,在小学、初中和高中分段实施,是比较系统的课程教育资源。同时,生涯知识、人物故事、电影理解、拓展阅读等都可以让学生自己学习和领悟。设计依据学生的年龄特点,运用生动活泼、丰富有趣、富有启发、能拓展、可实施的素材,助人和自助相结合,起到提升学生的生涯意识和生涯成熟度的作用。

3. 在内容上与地域风土人情和文化环境相结合

生涯教育是连接学校与职场、生活世界的桥梁,其实施也应注重与学校之外的真实社会生活的连接,不能只停留于书本上理论知识的获得,最终是要让学生具备独立面对社会、走向社会的能力,使学生具备终身生涯规划的基本素养。本书立足学生身边的资源,包括父母的职业、校友的行业和身边的职业,尤其关注本地区的自然资源和人文环境中蕴藏的丰富的职业岗位、职场人物、传统行业、新兴职业和未来的职业发展,充分挖掘和开拓崇明地区的生涯教育资源,大大提升学生生涯实践体验的情感和实效。

4. 在目标达成上提升了心理教师队伍的专业化水平

崇明地处上海比较偏远的地区，在引进师范毕业生上没有优势，多年来，崇明区教育局致力于心理健康教师队伍的专业化建设。本书集结众多心理教师参与，区教研员和骨干教师充分发挥引领作用。本书的撰写让教师们对生涯教育有了更深的学习和领会，也让心理健康教育活动课有了再设计和创新的基础，这是区域内心理健康教育教师队伍培养和提升的有效手段和真实途径，也提升了教师课堂教学的拓展力。

综上所述，本书目标清晰、结构完整、内容丰富，是知识性、体验性和实践性兼具的生涯教育课程资源和学生读本，策划与撰写教师的细心、贴心、用心非常令人感动，对我是一次很好的学习，是为序。

上海学生心理健康教育发展中心副主任　沈之菲　教授

2021年3月

目录

Contents

赢在未来——探索：初中生涯教育手册

绪章

生涯概述

第一节　生涯是什么

也许你听说过"职业生涯""演艺生涯""学生生涯"等名词，甚至自己也常挂在嘴边。但是，你知道生涯具体是指什么吗？

接下来我们用一个比喻，让你理解生涯概念里的五个要点：**你可以把生涯想象成一次扬帆出海的旅程。**

一、所有的旅程，都有一个方向、一个目标

这是"生涯"与"人生"最大的不同：人生开始于出生，终结于去世，中间可以随波逐流，可以浮浮沉沉，就像一艘小船，在大海的波涛中随浪起伏。

但是那样的人生，并不是生涯。

只有当你决定扬帆出海的时候，才是开启你生涯的那一刻。那时候，你的心中一定有一个方向：也许你想要看一看海豚跃出水面的美景，或者你想看鲸鱼喷水的奇观，或者你想去寻找海底失落的宝藏。

正是因为有了这个目标，你才会有针对性地做各种各样的准备：定期保养、升级你的小船，准备好足够的食物和水，不断地根据地图调整航向……

二、每一个人拥有不一样的生涯目标

每个人出海的原因可能都不一样：有的人出海是为了找海豚，有的人出海是为了找蓝鲸，有的人出海是为了找孤岛，有的人出海是为了找宝藏。

同样的，在漫长的生涯旅程中，每个人都在寻找独属于自己的"成功和幸福"，每个人对这两个词汇都有自己的理解。

比如，同样是追求事业上的成功，有的商人想的是赚更多的钱来满足自己的奢欲，有的商人想的是改变一个国家；有的演员想的是尽快大红大紫、赚流量，有的演员想的是留下可以传承百年的经典佳作。

三、每一段生涯旅程都是独一无二的

就算两个人的目标完全一样（这种概率当然很小），他们的生涯过程也必然会出现不同。

就像在航海中，你遇见的每一朵浪花、每一次风暴，你欣赏的每一场美景、每一次奇遇，都是不可复制的。

生涯也是如此。即便对于同一个职位来说，不同的人也一定有不一样的表现形式。譬如，同样是美国总统，奥巴马和特朗普在任内的表现却完全不同，获得的评价也不同，个人的生涯经验当然也有着巨大的差别。

四、职业不是生涯的全部

尽管在很多人的眼中，"生涯"和"职业"似乎是一对固定搭配，甚至很多人会认为"职业生涯"就是一个词。但是，"生涯＝职业"，这样的公式并不成立。

生涯是由多个角色所组成的，职业只是其中的一个角色，重要但并不唯一。所以，在生涯的目标和过程中，我们不仅仅在追求和体验工作角色，还体验着其他与职业相关联的重要内容。

除了工作之外，生涯中重要的角色还包括：

（1）子女角色，比如和父母闲聊娱乐，接受父母的照料或照料父母；

（2）学生角色，比如读书、进修；

（3）休闲者角色，比如玩游戏、看小说；

（4）公民角色，比如讨论社会新闻、成为志愿者；

（5）夫妻/爱人角色，比如谈恋爱、婚姻生活；

（6）持家者角色，比如洗碗扫地、添置家用；

（7）父母角色，比如带孩子去游乐场、陪孩子旅行。

以上所有的这些角色，都属于生涯的范畴，它们和工作一起，相互影响、相互融合，组成了一个人生涯的全部。

五、并不是只有工作的人才有生涯

对于航行来说，在岸上的每一次休整、放松，都是为了下一次更好地启程，因此也是旅行的一部分。

在生涯中,休息的时间也一样有意义。所以,就算是低年级学生,比如初中生,甚至小学生,也在进行着他们的生涯之旅,在学生、子女等角色的协调与冲突中,探索着自己的未来之路。

小结:

生涯,就是这样一段带着目标、与众不同、丰富多彩的旅程。现在,你知道了吗?

第二节　为什么要学习生涯

在很多人看来，生涯根本不需要刻意去学。毕竟，每个人对于自己的生涯发展，都会进行灵活的应对。更何况，中外历史上有那么多名人，比如李世民、林肯、爱迪生、居里夫人，他们可从来没学过什么生涯，不也度过了成功的一生吗？

这听上去好像有点道理？但是，这里面忽略了一个关键点：概率。

我们可以用打乒乓球做比方：只要你手脚利索，哪怕不进行任何训练，也能像模像样地跟别人打上几个来回，运气特别好的时候，甚至能打赢一些专业选手。但是总体来说，你出错和失败的概率是很高的。

然而，专业的学习和训练却可以快速提升你的技巧、提高你的反应能力，让你在乒乓球运动中，打得更从容、更准确，更容易获得成功。

你希望自己反应更快、技巧更多，从而更可能获得成功，还是自己瞎琢磨、乱挥拍，等待命运女神的眷顾？

学习生涯的意义就在于此：通过专门的学习和训练，提高自己在面对生涯挑战时反应的准确率，并最终提高整体生涯发展的成功率。

具体来说，学习生涯，可以让你在三个不同的层面，获得长足的进步：决策、发展与适应。

一、第一个层面，是点的层面：决策

决策是我们在生涯发展过程中的一个个关键点。

虽然在我们的人生中，早已做过很多大大小小的决定：小到今天中午吃什么、明天穿什么衣服上学，大到我要读哪所中学、未来我要成为什么样的人。

但是，真正会做决定、能做出好决定的人，其实并不多：有的时候，你选择了一份难吃的午餐；有的时候，你选错了班级。

通过学习生涯，我们将重新掌握主动权、自主权，学会如何理性地、系统地、全面地、成熟地做决策，尤其是那些重大的、足以影响整个生涯发展走向的决策，比如读哪所高中。

二、第二个层面，是线的层面：发展

在不用做重大决策的日常，我们该做些什么呢？将一个个重要决策点连起来的一条条线段，就是生涯学习中的第二个重点，也就是我们通常理解的"努力"。

在生涯的学习中，选择固然重要，努力却占据着更高的地位。

在选择之前，发展决定了选择的范围；努力，让你有了更多的选择自由。比如，努力赚钱，是让你想要吃昂贵美食的时候能吃得起，并不是说顿顿都要吃山珍海味，便宜的美食（比如麻辣烫、酱鸭腿）就不能吃。

更重要的是，在选择之后，发展决定了选择能否实现。生涯目标的实现，并不仅仅依赖于选择的方向，也依赖于后续的努力。如果一开始选择对了，但是却不能很好地付诸行动，那么最终的结果还是很糟糕的。

比如有些学生经过拼搏终于进入了国内知名的大学和专业，但是最终却以退学收场，未必是因为当初的选择错了，而是在后续的学习中，没有再努力地去磨合和适应。

然而，尽管人人都知道要努力，可是具体来说应该怎么努力呢？比如，在众多的技能中，哪些技能需要投入更多的时间和精力去磨炼，哪些技能只需要粗略的掌握？在学习过程中，怎样才能让自己坚持不懈，而不是三分钟热度呢？怎样才能提高自己的学习效率呢？

这些，都是生涯学习中我们要去学会的。

三、第三个层面，是面的层面：适应

我们前面在生涯概念中提到了，每一个人的生涯都是独一无二的。随着社会的发展，职业世界的变动也越来越快。

所以，你可能再也无法准确地预料，你可能要面对的问题：你不知道自己学的东西，在下一秒会不会变得没用；你不知道会面对什么挑战，也不知道是否为它做好了准备；当新的东西出现的时候，你也不知道怎样快速地应用它；当周围环境风起云涌的时候，你也不知道怎样灵活地适应它。

学习生涯，可以教会你这些。因为生涯之学，即应变之学。学习生涯可以让你始终保持对自我和社会的关注、对新事物的好奇、对自我的掌控，以及对自身的信心，可以从容地面对任何不可预知的挑战。

换句话说，生涯的学习可以帮助你更了解自己想要的东西，不断调整自己的目标和方向;同时,也可以帮助你不断更新自己的知识和技能,更容易获得自己想要的成功与幸福。

小结:

理性地选择,高效地发展,从容地适应。如果你希望自己能够做到这三件事,那么生涯的学习,就是你不能错过的核心功课。

第三节　我该做什么：初中生涯任务

在生涯发展的不同阶段，会有不同的侧重点。而初中 4 年重点学习的就是"发展"：找到努力的方向，学会努力的技巧。

因此，围绕发展这一核心主题，在初中阶段我们要完成的生涯学习任务，主要有以下三个方面：

一、生涯意识的觉醒与巩固

生涯学习与学科学习最大的不同是，生涯学习没有任何量化的考试，也没有同学之间的比较和老师、家长的强迫。所以，如果你希望在生涯学习中有所收获，那么最重要的就是具备一种主动的意识，或者说信念：

相信我们在书本上、课堂上所进行的各种探索，都会对自己未来的生涯有所帮助。

如果缺乏这种信念，所有的生涯学习就会事倍功半，甚至可能是竹篮打水一场空。

二、进行全面的自我探索和提升

所有的发展都离不开对自己的了解。所谓因材施教，对自我的了解，是生涯发展的重要开端,因为初中生并不是白纸一张,而是已经形成了自己的性格特色。

其中,对生涯发展有重大帮助的自我了解,主要包括能力(我能做什么)和性格(我做事的典型风格)。

另外要重点关注的是,对于具有高度可塑性的初中生来说,自我探索的内容除了强调"现在",更要强调"未来的发展和变化",比如能力的发展、性格的塑造、自我的提升,等等。

三、全面地了解周围环境

俗话说得好:知己知彼,方能百战百胜。在"知己"的自我探索之后,就要进行"知彼"的外部探索了。

与自我探索相同,生涯领域的外部探索包含着丰富的内容,小到班级家庭,大到国家社会。因此,在有限的时间里,初中学段的外部探索,本书主要体现在对崇明岛的探索上。

虽然这是你每天生活的环境,但是你真的了解它吗?你知道它有什么特点、什么地貌、什么文化,主要存在哪些职业吗?这些看起来平淡无奇的东西,其实都无时不刻地影响着你的生涯发展。

小结:
意识先行,提升自我,探索环境,共同组成了初中生涯的"三重奏"。

第四节　本书能带给我什么

你手上拿到的这本书，就是围绕我们上面提到的初中生涯三大发展任务，而建立起来的一整套内容。

如果把生涯比作扬帆起航的旅程，那本书扮演的角色，就是一张航海图、一份藏宝图。它可以分成以下四个部分。

第一部分，生涯概述，也就是你现在读到的这一部分，主要包括六个小节：生涯是什么、为什么要学习生涯、初中生要完成哪些生涯任务、本书能带给我什么、本书该怎么使用，以及除了这本书之外我还可以做什么。

通过介绍与生涯有关的基本概念，第一部分的作用，是帮助你进一步加强生涯意识，更清晰地知道你在干什么、读本书有什么用。

第二部分，自我探索。包括发现我的能力、探索我的性格、发现未知的我、不断刷新、彩绘初中生涯、时间管理等六个小节。

第二部分的目的，是让你充分了解自己的性格和能力，着重关注性格和能力的潜力，并在目标管理和时间管理这两种核心能力上得到提升。

第三部分，外部探索。包括崇明民间文艺、崇明风土人情、崇明美景、崇明美食、畅游职业舞台、体验不一样的职业生涯、小镇职业探秘，这七个小节。

第三部分的目的，是让你从另外一些视角，对自己每天生活的环境——崇明岛，进行广泛而深入的探索，了解这一片土地的自然环境、社会环境，以及它们对你带来的影响。

第四部分,生涯拓展。包括影像人生、拓展阅读两个小节。

这一部分,会介绍一些能够引发思考的优秀影像资料和书籍。除了更增添你对生涯的好奇心和深度理解之外,这一部分还希望你能够意识到,我们在书本之外,还可以通过其他很多方式获得生涯感悟。

小结:

生涯概述、自我探索、外部探索、影像/阅读,是这本书留给你的四份宝藏。

第五节　本书该怎么使用

本书并不是一本生涯教材，而是一本生涯读本。

也就是说，并不只有上课的时候才使用它，而是在任何你感觉到困惑的时候，或者无聊的时候，都可以拿来阅读。

除了第一部分和第四部分之外，本书的每一节大约有 3 000 字左右（读完大概只需要一刻钟），主要分成六个模块：

（1）课前导引，以某些问题或故事，引导你开始思考这一节的主题。

（2）悦读一刻，通常是一些跟主题有关的小故事或者小知识，你可以轻松地阅读，并获得一些小小的体验。

（3）体验学习，这一部分通常是一些需要你参与的活动（大多数只需要你动动笔）。为了实现这本书的最大作用，我们强烈建议你，根据活动的描述和要求，实际体验一下。

（4）知识锦囊，通常与体验学习绑定，介绍一些与体验学习有关的重要知识点。仔细阅读这一部分，你会学会很多技巧。

（5）故事阅读，通常是一些人物的生涯经历。里面也许有些你熟悉的名字，但更多的是你闻所未闻的普通人，他们将带给你新的生涯感悟。

（6）课后实践，除了书上的内容，这部分会推荐你进行一些额外的拓展探索，你可以根据自己的现实情况，灵活地安排这些活动。

当然,对于生涯老师来说,如果你手边没有合适的生涯教材,那么这本书也可以暂时充当一下这个角色。你可以围绕体验学习中的活动,构建一节独特的生涯课程,促进学生进行生涯探索。

小结:

轻松地阅读、投入地体验、认真地学习、自由地感悟,这本书才能带给你最大的收获。

第六节　除了阅读本书，我还能做什么

虽然对本书的内容和作用，我们编写者保持着充分的信心，但是我们也没有自大到觉得"只要看了它，你的人生就会发生脱胎换骨的改变"。

生涯的学习是一个庞大而漫长的工程，不是单纯地依靠一本书，就可以取得突破性的进展。只有通过多个方面的共同配合，才能够使自己的生涯不断前进。

因此，在阅读本书的基础上，我们建议你可以酌情采用以下提到的学习方式，来进一步强化你的生涯探索：

（1）校内活动。除了学习之外，学校里还有很多活动，每种都积极尝试一下，就可以促进你对自己生涯的理解，帮助你找到自己的兴趣和能力。比如，如果你的学校有艺术节、美食节、演讲比赛、运动会等，你就可以尝试探索自己是否有音乐、绘画、舞蹈、烹饪、言语、运动等方面的兴趣和能力。

（2）校外实践。外部探索有很多个不同的渠道，如听老师讲解、看书或小说、看电影或电视剧、听从业人员讲解、实地参观、亲身参与等。这些不同的渠道带给你的收获和感觉是完全不一样的。而走出校门，来到真正的社会，你会得到最真实的体验。因此，希望你借助学校平台、家长资源、互联网工具等，多进行校外实践和探索，了解自己所处的崇明岛。

（3）生涯测试。专业的生涯测试，就像一次详细的体检，会更全面地告诉你,你是什么样的人、具有什么样的特点。再结合其他探索的收获,效果会更好哦!

(4)生涯辅导。最后,如果你有一些特殊的、私人的困扰,而你的学校又有专门的心理咨询师或生涯咨询师,那么你可以选择接受生涯辅导。在面对面的互动中,咨询师将对你面临的特殊状况、困难、疑惑或进步有更深入的了解,从而为你提供个性化的建议,帮助你取得生涯进步。所以,有问题,找咨询师就对了!

小结:

进入书本很重要,走出书本更重要。生涯这段旅程,你做好开始的准备了吗?

第一章

自我提升

第一节 发现我的能力

课前导引

你知道自己的能力所在吗？

你了解自己的优势特长吗？

你能正确认识自己的优势特长及能力短板，并有计划地完善自己的能力吗？

悦读一刻

狮子与羚羊

森林里有个小狮子丹比很善于学习。它仔细观察成年的狮子在捕捉羚羊时的情景，发现狮子的动作很有爆发力，但持续力不足。如果羚羊奋力逃跑很长一段路程后，狮子就无法追上。

于是,丹比决定向羚羊学习,弥补狮子持续力不足的缺点。它改吃素食,用只吃青草的方式增加自己的耐力。然而,它忽略了一个重要的事实:自己正处于快速成长发育的时期,狮子若只吃草会造成体能急速衰退,不仅失去原来该有的爆发力,也无法培养应有的勇猛了。

丹比的妈妈知道了,很心疼地教导它:"傻孩子,狮子跟羚羊不同。如果我们把太多时间花在弥补先天的不足上,就没有时间好好发挥自己的优点了。你应该让自己成为一只勇猛的狮子,保持自己的优点,而不要太在意天生的缺点。若试图把自己改造成为羚羊,会扭曲生命原有的价值。"

在成长的过程中,最可贵的是及时发挥自己的优势,分辨哪些是先天的限制,哪些是可以改进的缺点。

体验学习

我的优势特长

(1) 在纸上写下你曾经成功完成的事情(如:成功举办过一次社团活动、数学考过满分、打某个游戏突破最高纪录),并想想完成这件事需要有哪些技能。

(2) 回顾你所受过的教育、所学的课程,你学会了哪些东西,将它们写下来。

(3) 再想想你平常从事的活动,列出这些活动需要的技能,继续扩充你的技能表。

（4）请回想你曾经历的一次高峰经验（觉得自己很快乐、很成功，想起来就充满自豪），与同学分享这次经验，并分析在这次经验中显现出你的哪些能力，把它写下来。

小组分享每人所列的技能表，全班交流。

想不到吧，原来我们有这么多的能力。随着年龄的增长，通过不断的学习实践，我们拥有的能力会越来越多，把这些能力变为成长和成才的养分，将帮助我们实现人生的价值。

知识锦囊

多元智能理论

20 世纪 80 年代，美国著名发展心理学家、哈佛大学教授霍华德·加德纳博士提出多元智能理论。加德纳认为，人类的智能是多元化的而非单一的，主要有语言智能、逻辑-数学智能、空间智能、身体运动智能、音乐智能、人际关系智能、内省智能、自然探索智能等八项智能组成，后来又增加了生存智能。他指出，每个人都拥有不同的智能优势组合。

一、语言智能

这种智能主要是指有效地运用口头语言及文字的能力，即听说读写能力，表现为个人能够顺利而高效地利用语言描述事件、表达思想并与人交流。这

语言智能
方向：律师、
演说家、作家等

逻辑-数学智能
方向：会计、程序员、
科学家等

自然探索智能
方向：生物学家、
社会学家等

音乐智能
方向：作曲家、
歌手、调琴师等

八大智能

语言智能　逻辑-数学智能　音乐智能
自然观察智能　空间智能
人际交往智能　身体-运动智能
自我认识智能

人际关系智能
方向：政治家、
公关、企业家等

空间智能
方向：设计师、
建筑师、画家等

内省智能
方向：哲学家

身体运动智能
方向：演员、舞蹈家

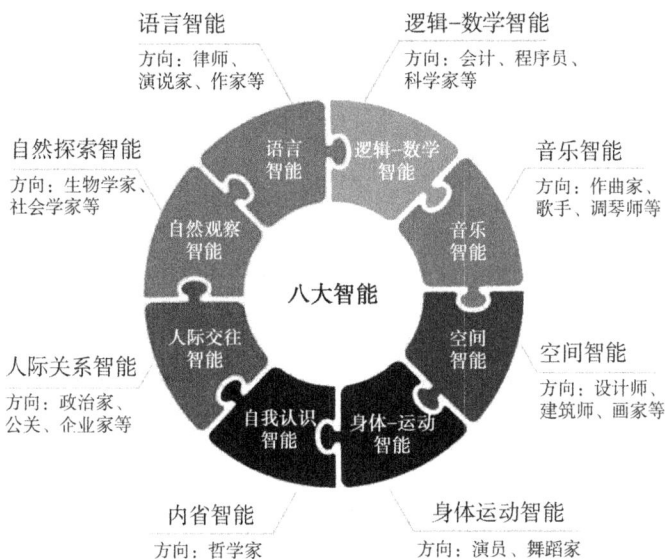

种智能在作家、演说家、记者、编辑、节目主持人、播音员、律师等职业上有更加突出的表现。

二、逻辑-数学智能

从事与数字有关工作的人特别需要这种有效运用数字和推理的智能。他们学习时靠推理来进行思考，喜欢提出问题并执行实验以寻求答案，寻找事物的规律及逻辑顺序，对科学的新发展有兴趣。他人的言谈及行为也成了他们寻找逻辑缺陷的好素材，对可被测量、归类、分析的事物比较容易接受。

三、空间智能

空间智能强调人对色彩、线条、形状、形式、空间及它们之间关系的敏感性很高，感受、辨别、记忆、改变物体的空间关系并借此表达思想和情感的能力比较强，表现为对线条、形状、结构、色彩和空间关系的敏感性以及通过平面图形和立体造型将它们表现出来的能力。能准确地感受视觉空间，并把所感知到的表现出来。这类人在学习时是用意象及图像来思考的。

空间智能可以划分为形象的空间智能和抽象的空间智能两种能力。形象的空间智能为画家的特长，抽象的空间智能为几何学家特长。建筑学家形象和抽象的空间智能都擅长。

四、身体运动智能

身体运动智能指善于运用整个身体来表达想法和感觉，以及运用双手灵巧地生产或改造事物的能力。这类人很难长时间坐着不动，喜欢动手建造东西，喜欢户外活动，与人谈话时常用手势或其他肢体语言。他们学习时是透过身体感觉来思考。

这种智能主要是指人调节身体运动及用巧妙的双手改变物体的技能。表现为能够较好地控制自己的身体，对事件能够做出恰当的身体反应以及善于利用身体语言来表达自己的思想。运动员、舞蹈家、外科医生、手艺人都有这种智能优势。

五、音乐智能

这种智能主要是指人敏锐地感知音调、旋律、节奏和音色等能力，表现为个人对音乐节奏、音调、音色和旋律的敏感度以及通过作曲、演奏和歌唱等表达音乐的能力。这种智能在作曲家、指挥家、歌唱家、乐师、乐器制作者、音乐评论家等人员那里都有出色的表现。

六、人际关系智能

人际关系智能,是指能够有效地理解别人及其关系及与人交往能力,包括四大要素。①组织能力,包括群体动员与协调能力。②协商能力,指仲裁与排解纷争能力。③分析能力,指能够敏锐觉察他人的情感动向与想法,易与他人建立密切关系的能力。④人际联系,指对他人表现出关心,善解人意,适于团体合作的能力。

七、内省智能

这种智能主要是指认识自己的能力,正确把握自己的长处和短处,把握自己的情绪、意向、动机、欲望,对自己的生活有规划,能自尊、自律,会吸收他人的长处,会从各种回馈管道中了解自己的优劣势,常静思以规划自己的人生目标,爱独处,以深入自我的方式来思考。喜欢独立工作,有自我选择的空间。这种智能在优秀的政治家、哲学家、心理学家、教师等人员那里都有出色的表现。

内省智能可以划分两个层次:事件层次和价值层次。事件层次的内省指向对于事件成败的总结。价值层次的内省将事件的成败和价值观联系起来自省。

八、自然探索智能

能认识植物、动物和其他自然环境(如:云和石头)的能力。自然探索智能强的人,在打猎、耕作、生物科学上的表现较为突出。自然探索智能应当进一步归结为探索智能,包括对于社会的探索和对于自然的探索两个方面。

九、存在智能

人们对生命、死亡和终极现实提出问题,并思考这些问题的倾向性。

每个同学都是聪明的,只是表现的方式不一样。根据你前面写下的那些优势特长,你觉得自己的智能优势表现在哪里呢?

故事阅读

瓦拉赫效应

德国的奥托·瓦拉赫是诺贝尔化学奖获得者,他的成才过程极具传奇色彩。

瓦拉赫在上中学时,父母曾为他选择了文学这条路。但是瓦拉赫在中学只上了一个学期,老师就在他的评语栏中写下了这样的结论:该生用功,但做事过分拘泥和死板,这样的人即使有着完善的品德,也绝不可能在文学上有所成就。

无奈,父母只好尊重老师的意见,让瓦拉赫改学油画。可瓦拉赫既不善于构图,又不会润色,对艺术的理解力也不够,成绩在班上居然倒数第一,而学校给出的评语更是令他难以接受:"你是绘画艺术方面的不可造就之才。"

面对如此笨拙的学生,绝大部分老师认为瓦拉赫成才已无望。但有一位化学老师却不这样认为，他觉得瓦拉赫做事一丝不苟，非常具备做好化学实验应有的素质，并建议他主攻化学。

这位化学老师对瓦拉赫说："条条大路通罗马。你在文艺方面的缺点正是在化学研究中的优点，我相信你在化学方面是一个可造之才。"

于是，瓦拉赫听从了这位化学老师的建议，改为向化学方面发展。

这一次，瓦拉赫的缺点正好用在了适合的位置上，因为做化学实验需要的正是一丝不苟。他好像找到了自己人生的舞台，智慧的火花一下子就被点燃了。不久，文学艺术方面的"不可造就之才"，一下子竟然变成了公认的化学方面的"前程远大的高才生"。在同专业学生中，他的成绩遥遥领先。瓦拉赫孜孜不倦地在化学领域学习研究，后来终于荣获了诺贝尔化学奖。

一个人的智能发展都是不均衡的，都有智能的强点和弱点，一旦找到自己智能的最佳引爆点，使智能潜力得到充分的发挥，便可取得惊人的成绩。这一现象人们称之为"瓦拉赫效应"。

课后实践

我们将来择业，不仅仅要知道"我适合做什么""我喜欢做什么"，还需要了解"我能做什么"。下面这个活动就让我们来看看是否拥有自己喜欢的职业所需要具备的能力。列举你喜欢的职业，了解其所需要的能力，并且思考你准备怎样锻炼这方面的能力，从而让自己能够胜任所喜欢的职业。

反过来，列举你的优势能力，思考你的优势能力适合哪些职业。

喜欢的职业	所需的能力	发展此能力的措施
适合的职业	优势能力	发展此能力的措施

　　如果上下两行能够匹配，恭喜你，说明你的兴趣类型可能就是比较适合你发展的生涯方向；如果不很匹配，那么你可以考虑在兴趣的领域中好好培养你的能力，或者在你擅长的领域好好培养你的兴趣。

（本节编者：上海市崇明区培成学校　郭艳云）

第二节　探索我的性格

　　在学校里,老师说我是个认真学习的好学生;同学们觉得我乐于助人;回到家,父母总说我不够细心,脾气暴躁;我的好朋友说我很真实,很坦诚。我觉得自己有时候是这样的,有时候又是那样的,到底哪个才是真正的我呢?如果现在让我介绍一下自己是怎样的人,我还真的说不出来呢。你是不是和我一样,也有这样的困惑呢?

　　在古希腊德尔斐的阿波罗神庙门楣上刻着"认识你自己"。几千年来,人类一直在思考"我是谁?我从哪里来?我要到哪里去?"这些问题迷惑了很多人。"我是谁?"看似简单的问题,却蕴含着开启生命能量的密码。每个人都是独一无二的个体,每个人都应该认识自己独特的禀赋和价值。每个人都可以通过认识自己来认识世界,从寻找自己出发,与世界连接,去做最好的自己。希望可以通过这节课的体验,让你找到探索自己性格奥秘的钥匙。

悦读一刻

三国群英传

在三国争霸的那段岁月里，涌现出了数不胜数的英雄人物，而每个人物都有其独特的性格。

曹操：豪放、霸气，精力充沛、生机勃发，不畏人言、不惮风险、勇于进取，在对抗董卓、平定天下的征战中一马当先。同时，在对待下属方面，他不拘一格、唯才是举，赏罚分明、严正不苟。

刘备虽然与曹操同称天下英雄，但又是另外一种性格：坚韧刚毅、能屈能伸、随机应变、屡败屡战、折而不挠。同时，他比曹操更加宽厚仁慈，待人至诚，体恤民众，因此也总得到下属的真心拥护。

诸葛亮是中国几千年历史中少见的"完人"，足智多谋、坚毅勇决，更难得的是忠心耿耿、知恩图报。

关羽英勇善战、重信守诺、义薄云天，但有时也自高自大、刚愎自用。

孙策喜好修饰，善于谈笑，性格豁达开朗，乐于接受意见，又善于用人，但也生性骄傲。

此外还有一串串熟悉的名字：孙权、张飞、魏延、典韦、吕布、鲁肃、周瑜……由于他们的生活经历不同，没有一个人的性格与另外一个人完全相同；而由于他们的性格不同，他们每个人最终的命运，也完全不同。

体验学习

班级之“最”

下面这个小活动,可以帮助我们更多地认识自己,希望同学们可以按照步骤,认真地体验一下。

第一步:拿出事先准备好的 10 张小纸条,思考每道题,将你认为最恰当的同学的名字,写在后面,并写上理由。

序号	题　　目	送给谁	理由
1	班上脑洞最大的人是谁?		
2	班上最严谨负责的人是谁?		
3	班上最开朗外向的人是谁?		
4	班上最乐于助人的人是谁?		
5	班上情绪最稳定的人是谁?		
6	班上最循规蹈矩的人是谁?		
7	班上最冲动粗心的人是谁?		
8	班上最内向安静的人是谁?		
9	班上最多疑的人是谁?		
10	班上最忧愁消极的人是谁?		

第二步：每个人将自己的10张小纸条分别送给答案里提及的同学。

第三步：请每位同学梳理收到的纸条。

记录相同类型的纸条的数量，并把那些你认为很意外的纸条单独排列。

第四步：思考与分享。

你收到了哪些纸条？你觉得这些纸条与你相符吗？为什么？

在你收到的纸条中，有没有让你觉得很意外的？

若没有收到纸条，你如何看待这个结果？

如果让你自己选择的话，你觉得哪些纸条适合你？

温馨提示：我们每个人都是多元的个体，课堂上的探索也不可能囊括你全部的特点。我们还可以采访一下父母、老师、同伴，获得他人对你的其他方面的客观评价。

📝 **知识锦囊**

大五人格理论

心理学家通过多年的研究发现，人和人的性格，会在五个方面有所不同，分别是：神经质、外倾性、开放性、宜人性和严谨性，因此这个理论被称为"大五人格理论"。这五个方面的详细解释见下表（感兴趣的同学可以向心理老师了解，测试后了解自己的人格特点）。

维度名称	维 度 说 明	高分推荐职业
神经质	该维度评估的是个体的情感调节过程,反映个体体验消极情绪的倾向,以及情绪的稳定性。 得分高的人较少烦恼,较少情绪化,比较平静 得分低的人倾向于有心理压力、不现实的想法、过多的要求和冲动,更容易有消极情绪。	材料工程师、数据库管理员、心血管科医生
外倾性	该维度评估的是个体的人际互动的数量和密度、对刺激的需要以及获得愉悦的倾向。具体来说,该维度包括两个重要方面:个体喜欢他人陪伴的程度,个人的节奏和活力水平。 得分高的人比较外向,喜欢与人接触,健谈自信,热情而充满活力,经常感受到积极的情绪。 得分低的人比较内向,安静而谨慎,不喜欢与外界过多接触,更希望一个人独处	人力资源专员、房地产销售经理、教师
开放性	该维度评估的是个人的认知风格,对经验本身的积极寻求和欣赏的倾向,以及对不熟悉情景的容忍和探索的倾向性。 得分高的人比较好奇,喜欢新颖的、非传统的事物,更有创造性,偏爱抽象思维,兴趣广泛; 得分低的人比较传统和保守,没有太多艺术兴趣,讲求实际,偏爱常规	摄影师、画家、珠宝设计师
宜人性	该维度考察的是个体对其他人所持的态度,以及随之而来的对待他人的行为倾向。 得分高的人,对人性持乐观的态度,相信人性本善,因此善解人意、友好、慷慨大方、乐于助人,愿意为了别人放弃自己的利益。 得分低的人,相信人性本恶,把自己的利益放在别人的利益之上,因此他们不太关心别人的利益,也不乐意去帮助他人。有时候他们甚至会表现出敌对和多疑,怀疑别人的动机	心理咨询师、护士、母婴护理师
责任心	该维度评估的是个体控制、管理和调节自身冲动的方式,以及在目标导向行为上的组织、坚持和动机,同时也反映了个体延迟需求满足的能力。 得分高的人更谨慎,做事情更有条理、更细致,三思而后行,所以通常显得更可靠、更有能力。 得分低的人更冲动,做事情比较粗心,比较散漫而悠闲	秘书/文员、文字编辑、财务总监

故事阅读

警惕你的好人性格

总是对人友善，就一定会有好结果吗？我们来重温一下东郭先生的故事。

过去，有一位书生东郭先生，待人接物十分温和友善，总是尽量施以援手。有一天，东郭先生赶着一头毛驴，背着一口袋书，到一个叫"中山国"的地方去谋求官职。

突然，一只带伤的狼蹿到他的面前，哀求说："先生，我现在正被一位猎人追赶，猎人用箭射中了我，差点要了我的命。求求您把我藏在您的口袋里，将来我会好好报答您的。"

东郭先生当然知道狼会害人的，但他看到这只受伤的狼很可怜，考虑了一下说："我这样做会得罪猎人的。不过，既然你求我，我就一定想办法救你。"

说着，东郭先生让狼蜷曲了四肢，然后用绳子把狼捆住，尽可能让它的身体变得小些，以便装进放书的口袋中去。

不一会儿，猎人追了上来，发现狼不见了，就问东郭先生："你看见一只狼没有？它往哪里跑了？"

东郭先生说："我没有看见狼，这里岔路多，狼也许从别的路上逃走了。"

猎人相信了东郭先生的话，朝别的方向追去了。狼在书袋里听到猎人的骑马声远去之后，就央求东郭先生说："求求先生，把我放出去，让我逃生吧。"

仁慈的东郭先生，经不起狼的花言巧语，把狼放了出来。不料，狼却嗥叫着对东郭先生说："先生既然做好事救了我的命，现在我饿极了，你就再做一次好事，让我吃掉你吧。"

说着，狼就张牙舞爪地扑向东郭先生。

东郭先生徒手同狼搏斗，嘴里不断对狼喊着"忘恩负义"。正在这时，有一位农民扛着锄头路过，东郭先生急忙拉住他，向他讲述自己如何救了狼，狼忘恩负义要伤害自己的事，请农民评理。可是狼却一口否定东郭先生救过它的命。

老农想了想说："你们的话，我都不相信，这只口袋这么小，怎么可能装下一只大狼呢。请再装一下，让我亲眼看一看。"

狼同意了，它又躺在地上，蜷作一团，让东郭先生重新用绳子捆起来，装进了口袋里。老农立即把口袋扎紧，对东郭先生说："这种伤害人的野兽是不会改变本性的，你对狼讲仁慈，简直太糊涂了。"说罢，抢起锄头，把狼打死了。

东郭先生恍然大悟，非常感谢农民及时救了他的命。仁慈的性格，也要使用对地方才可以，不然就会牵连自己哦。

——改编马中锡《东田文集》中的《中山狼传》

课后实践

对于自我的探索，除了从他人的眼中观察自己以外，我们还可以进行自我探索。思考并完成以下的句子。

假如我是一种花，现在我是_____，因为我_____。

假如我是一种动物，现在我是_____，因为我_____。

假如我是一种颜色，现在我是_____，因为我_____。

（本节编者：上海市崇明区培成学校　郭艳云）

第三节 发现未知的我

课前导引

　　人的潜能,一是指人体内蕴藏有亿万年生命演化形成的极为丰富的肉体和精神力量,二是指人类千万年的社会实践和文化成果在人的身心结构的历史积淀和进化。它既是自然进步的结晶,又是社会文化的积淀,马克思称之为"人自身自然中沉睡的潜能"。

　　人的潜能犹如一座待开发的金矿,蕴藏无穷,价值无比,而我们每一个人都有一座潜能金矿,每个人都有自己独特的个性和优势,每个人都可以选择自己的目标,并通过不懈的努力去争取、实现属于自己的成功。

　　但是由于没有进行各种潜能的挖掘训练,每一个人的力量没有能够得到淋漓尽致的发挥。并非大多数人命中注定不能够成功,只要发挥了足够的潜能,任何一个平凡的人,都能成就一番惊天动地的伟业,都可以成为一个新世纪的领航者。

　　因此,认识自我是我们每个人挖掘潜能的基础与依据。哪怕你遇事不顺,身处逆境,但只要你的潜能和独特个性及优势依然存在,你就可以坚信:我能行,我能成功! 请记住,认识自我,你就会是一座金矿,你就一定能够在自己的人生中展现出应有的风采。

悦读一刻

爆发潜能的农夫

一位农夫在谷仓前面注视着一辆轻型卡车快速地开过他的土地。他14岁的儿子正开着这辆车,由于年纪还小,他还不够资格考驾驶执照,但是他对汽车很着迷——似乎已经能够操纵一辆车子,因此农夫就准许他在农场里开这辆客货两用车,但是不准上外面的路。

但是突然间,农夫眼看着汽车翻到水沟里,他大为惊慌,急忙跑到出事地点。他看到沟里有水,而他的儿子被压在车子下面,躺在那里,只有头的一部分露出水面。

这位农夫并不很高大,根据报纸上所说,他只有170厘米高,70千克重。

但是他毫不犹豫地跳进水沟,双手伸到车下,把车子抬了起来,足以让另一位跑来援助的工人把那失去知觉的孩子从下面拽出来。

当地的医生很快赶来了,给男孩检查一遍,只有一点皮肉伤,需要治疗,其他毫无损伤。

这个时候,农夫却开始觉得奇怪了起来,刚才他去抬车子的时候根本没有停下来想一想自己是不是抬得动,由于好奇,他就再试一次,结果根本就动不了那辆车子。医生说这是奇迹,他解释说身体机能对紧急状况产生反应时,肾上腺就大量分泌出激素,传到整个身体,产生出额外的能量。这就是他可提出来的唯一解释,换句话说,在那一瞬间,农夫爆发了他的潜能。

体验学习

看清自己的潜能

有些时候,我们自己很难看清自己的潜能所在,因此可能需要别人的帮助。请和最熟悉你的人(比如父母、朋友、老师)交谈,让他们每个人写出三件他们本来以为你做不到,但你成功了的事情,你自己也可以写几件。将这些事情汇总,看看里面有没有你没有意识到的潜能?

知识锦囊

周哈里窗

心理学家鲁夫特与英格汉提出了"周哈里窗"(Johari Window)的模型,来说明一个人对自己的了解情况。该理论用窗户比喻一个人的心,并将这扇窗户分成四个部分,即分别位于一个窗户的左上部分、右上部分、左下部分、右下

	了解自己	不了解自己
他人了解	**公共的自己** 你和他人都很了解你本人	**盲目的自己** 别人很了解你，但你对自己不甚了解
他人不了解	**隐藏的自己** 你很了解自己，但别人不了解	**未知的自己** 你和别人都不清楚的关于自己的信息

部分。它们对人类自我的认知范围和认知程度也各不相同，共同构成了一个完整的"我"。

公共的自己：左上角那部分窗称为"开放我"，也叫"公共我"，这一部分属于自由活动领域。也就是说，这是自己清楚别人也知道的部分。比如，一个人的性别、外貌、婚否、职业、工作单位、居住地点、能力、爱好、特长、成就，等等。这是自我认知的基础部分，自己能够很清楚地意识到，同时对他人也无须隐瞒。"开放我"的大小取决于自我心灵开放的程度、个性张扬的程度、人际交往的广度、他人的关注度、开放信息的利害关系，等等。"开放我"是自我最基本的信息，也是了解自我、评价自我的基本依据。

盲目的自己：右上角那部分窗称为"盲目我"，也称"脊背我"，属于盲目领域。这是自己不知道而别人知道的部分。可以是一些很突出的心理特征，比如有人轻易承诺却转眼忘得干干净净；也可以是不经意的一些小动作或行为习惯，比如一个得意或者不耐烦神态的情绪流露——自我常常觉察不到这些关于自我的信息，但是别人却心知肚明。盲目点可能是一个人的优点，也可能是一个人的缺点。由于本人对这个认知领域毫无知觉，当别人将这些盲目点告诉自己时，一般会产生惊讶、怀疑或辩解的情绪反应，尤其是当听到的信息与自我认知不相符时。所以，我们有时会听到一些人满脸惊讶地说："啊？是吗？难道我这种性格真的很受大家喜欢吗？我还一直以为大家都喜欢像小华那样的性格类型呢！"

隐藏的自己：左下角那部分窗称为"隐藏我"，也称为"隐私我"，属于逃避或隐藏领域。这是自己知道而别人不知道的部分。也就是我们经常说的隐私，不愿意透露或不能让人知道的事实或心理。隐藏的内容不一定都是缺点，像身份、往事、疾患、痛苦、窃喜、愧疚、尴尬、欲望、意念，等等，都可能成为"隐藏我"的内容，具体视一个人的性格和心理而定。相比较而言，心理承受能力强的人、隐忍的人、自闭的人、自卑的人、胆怯的人，隐藏我会更多一些。因为他们不愿意让别人把自己看得太透彻，或者不敢把自己完全地展示在他人面前。

未知的自己：右下角那部分窗称为"未知我"，又叫"潜在我"，属于处女领域。这是自己和别人都不知道的地方，有待挖掘和发现，也就是我们通常说的潜能。一般指一个人经过训练和学习后，可能获得的知识和技能，或者在特定的机会里展示出来的才干。潜意识就像隐藏在海水下面的冰山，力量巨大却又容易被忽视。充分探索和开发"未知我"，才能全面深入地认识自我、激励自我、发展自我、超越自我。

故事阅读

面对巨人时的底气

电影《面对巨人》向我们呈现了这样一个故事：教练所率领的橄榄球队即将与一支劲旅对战，而他所有的队员都没有信心打败对方，倒是一直在说对方很强大。教练看在眼里，急在心里，后来心生一计，通过一次特别的"死亡爬行"训练来教育队员——所谓"死亡爬行"，就是让队员两两结合，一人四肢俯地，一人仰面躺在他的身上，下面的人就用四肢往前爬行，膝盖不能着地。

对于队员来说，通常一个10码的死亡爬行都难以完成，但是教练挑选了最强壮的队员布洛克，蒙上了他的眼睛，并不断激励、鼓励他，最后居然让他背着一个72公斤的人走完了整整110码，完成了一个看似不可能的任务。

为什么能做到这一点？队员的成功，不仅仅在于他的体力，更多的是一种心理上的成功，他不仅成功战胜了自己，而且让队员们看到在不放弃的信念指引下会挖掘出自身蕴含的巨大潜能。许多时候，我们之所以会失败，不是我们的外在条件达不到，而是我们的心理力量不够强大，缺少坚持到底、不达目标誓不罢休的精神。这个时候，就需要我们充分相信自己的潜能，不断超越自我。

议一议：一个10码的死亡爬行都难以完成，布洛克却背着一个72公斤的人走了110码，他是怎样完成一个看似不可能的任务的？

课后实践

请结合"多元智能理论"思考，在那些你目前表现不太好的智能上，你是否还有没被发现的潜能？如果有的话，有什么例子能够支持你的这种观点？重新审视一下你的回答。

（本节编者：上海市崇明区东门中学　朱慧）

第四节　不断刷新、不断前进

课前导引

今天的你，和昨天的你，有什么不一样的地方吗？明天的你，和今天的你，又有什么不同呢？再往长远来说，你觉得自己的未来会变成什么样子呢？你知道如何做到不断刷新自我吗？

悦读一刻

不断刷新、不断前进的生命体

你知道吗？这一秒的你，和上一秒的你，其实已经不一样了哦。

和其他生命体一样，我们人类也是由一个个细胞构成的。科学家们估计，一个成年人体内的细胞总数大约有 40 万亿个，只是由于组成人类的细胞大多很小，其尺寸大多介于 1～100 微米之间，因此人类看起来并不十分巨大。

但是你不知道的是，在组成人体的 40 万亿个细胞中，每天大约有 500～700 亿个细胞会死掉，这些细胞大多数是正常死亡的，整个过程由我们的基因控制，生物学家们称之为细胞凋亡。

500 亿这个数字看起来很可怕，但将其与我们全部细胞数量相比却仅占 0.1％多一点。这些凋亡的细胞大多会迅速分解，再被白细胞们吞噬分解。与此同时，新的细胞也会再长出来，而我们也随之一天天长大、一点点变老。

在网络上有一种传言：每过 7 年，你就变成了一个全新的自己。这种说法到底出自哪里，与坊间流传的种种传言一样都无法考证。但是细心的你一定发现，如果用 40 万亿这个总数去除以 500 亿，得出的结果是 800 天，其实只有 2 年零 2 个月，也就是说 7 年这个数字看起来还是挺保守的，至少从已知的科学证据来判断，我们只需要 2 年左右的时间就能全身刷新一遍了。

当然，这只是生理层面的刷新。那么在心理层面，我们是不是也会不断刷新、不断前进呢？

体验学习

思维模式自我评估

阅读下面的每一个陈述，看看对你而言，是对还是错。利用以下测验对自己的思维模式进行评估。

题号	问　　　题	对	错
1	如果我必须为某事付出努力,说明我不够聪明。		
2	我喜欢尝试困难的事情。		
3	当我犯错误时,我会感到尴尬。		
4	我喜欢听到别人说我很聪明。		
5	当在某件事上遇到困难或挫折时,我通常会放弃。		
6	我不介意犯错,错误能够帮助我学习。		
7	有些事情我永远都做不好。		
8	只要用心努力,任何人都能学会某件事。		
9	人生来便决定了是愚蠢、普通还是聪明,这些无法改变。		
10	尽我所能会令我骄傲,即便事情并不完美。		

你认为题号为单数的陈述中有几条是对的?

_____

你认为题号为双数的陈述中有几条是对的?

_____

评估结果:题号为单数的陈述是固定型思维的特征;题号为双数的陈述是成长型思维的特征。基于测试结果,看看自己是持有固定型思维、成长型思维,还是两者兼而有之。

扩展活动:让学生们给自己在单数题选择"对"的地方加一分,在双数题选择"错"的地方加一分。10分表示固定型思维很强,零分表示成长型思维很强。

知识锦囊

成长型思维

每个成功人士往往都有一种特定的心理特征，这种心理特征更是被很多成功人士和很多国际上顶尖的大企业，定为选拔人才的标准之一。这种特定心理特征叫作"成长型思维"，由斯坦福大学教授卡罗尔·德韦克提出。

德韦克认为，人的思维模式分为两种：成长型思维和固定型思维。固定型思维的人认为，人的特质和能力都是天生的，后天无法改变。因此，整个世界就是由一个个为了考察我们的智商和能力的测试组成的，成功了说明自己很聪明，失败了说明自己很蠢。所以当他们面对困难、遭遇挫折时，更倾向于放弃。

而成长型思维的人则认为，任何能力和技能，都可以通过后天努力而得到发展。他们更乐于接受挑战，并且积极提升自己的能力和技能。他们认为，所有的事情都离不开个人努力，这个世界上充满了那些帮助我们学习、成长的有趣挑战。因此，具备成长型思维的人会更加坚韧，他们认为遇到的挑战可以帮助自己学习和成长。挑战越大也就意味着成长的空间越大。即使挑战失败了也不会轻易否定自己，而是在这一过程中寻找存在的问题，从而不断改进。

那我们应该怎样去训练和强化这种思维模式呢？下面有三种方法：

第一步，理解大脑的可塑性。

我们的大脑和肌肉一样,可塑性很强。大脑中神经元之间负责传递信息的组织叫作"突触",突触会根据环境的刺激不断生长。当我们每次突破自己的舒适区去学习新的知识,迎接新的挑战,就会产生新的突触。当强化已有的知识和技能时,突触就会得到巩固。而让我们变得更加聪明的大脑灰质,就是从这些新的突触中形成的。也就是说,经常通过思维训练,你会变得更加聪明。

第二步,更加注重过程。

与结果相比,我们更应该注重努力的过程。如果你在做事时听到别人对你说"你真聪明,做的太棒了",或者是"你很努力了,但你可能并不适合做这件事",这些以能力和结果为中心的评价往往会使你在后续呈现固定型思维特征。因为你会无意间把自己和结果联系在一起,如果自己努力过但没有获得好的结果,就会选择回避挑战,从而避免失败。

但如果你在做事时听到的是"你对这件事很负责任""你做的这些尝试很有效果",这些以行动和努力为中心的评价往往会使你在后续趋向于成长型思维。因为你会把自己和努力挂钩,并对自己的努力过程进行反思,做出一些优化和改善。所以不妨经常在做事的过程中肯定自己、鼓励自己,认为自己一定能行。

第三步,敢于跳出舒适区。

为了训练和强化成长型思维,我们就必须经常跳出自己的舒适区。那些不愿意跳出舒适区的人,往往会把自己取得的成果归于天分。这样的话一直成功还好,一旦遭遇失败,他们就会认为自己天生没有这个能力,根本不会去思考做事的过程,去反思究竟为什么会失败。

经常跳出舒适区，会促使我们从固定型思维转化为成长型思维。因为你原本不会做或者不敢做的事才能称为挑战，一旦你尝试去迎接这些挑战时，你就会把目光聚焦于努力的过程，想方设法来提升自己，从而赢得这些挑战。

——选自（美）安妮·布洛克著、张捷译《成长型思维训练》

故事阅读

吕蒙士别三日当刮目相看

起初，吴王孙权对大将吕蒙说道："你现在身当要职掌握重权，不可不进一步去学习！"吕蒙以军营中事务繁多为理由加以推辞。孙权说："我难道是想要你钻研儒家经典而成为专掌经学传授的学官吗？只是应当粗略地阅读了解历史罢了。你说要处理许多事务，谁比得上我（事务多）呢？我常常读书，自己感到获得了很大的收益。"吕蒙于是开始学习。

等到东吴名将鲁肃到寻阳，与吕蒙研讨论说天下大事，鲁肃听到吕蒙的见解后非常惊奇地说："你如今的才干谋略，已不再是过去的东吴吕蒙可相比的了！"吕蒙说："对于有志气的人，分别了数日后，就应当擦亮眼睛重新看待他的才能，老兄你为什么看到事物的变化这么晚呢！"鲁肃于是拜见吕蒙的母亲，与吕蒙结为好友，然后告别而去。

——选自晋·陈寿《三国志·吴志·吕蒙传》

失败是成功之母

青蒿一握,水二升,浸渍了千多年,直到你出现。为了一个使命,执着于千百次实验。萃取出古老文化的精华,深深植入当代世界,帮人类渡过一劫。呦呦鹿鸣,食野之蒿。今有嘉宾,德音孔昭。

2015年12月10日,屠呦呦因开创性地从中草药中分离出青蒿素应用于疟疾治疗而获得当年的诺贝尔医学奖。这是在中国本土进行的科学研究首次获得诺贝尔奖,但这个诺贝尔奖绝对是来之不易。

自从1968年,中药研究所开始抗疟中药研究,39岁的屠呦呦担任该项目的组长。经过两年的研究对象筛选,并受到中国古代药典《肘后备急方》的启发,项目组将重点放在了对青蒿的研究上。但直到1971年,在失败了190次之后,项目组才终于通过低温提取、乙醚冷浸等方法,成功提取出青蒿素,并在接下来的反复实验中得出了青蒿素对疟疾抑制率达到100％的结果。

在没有先进实验设备、科研条件艰苦的情况下,屠呦呦带领着团队攻坚克难,面对失败不退缩,终于胜利完成科研任务。

青蒿素问世44年来,共使超过600万人逃离疟疾的魔掌。未来,屠呦呦希望通过研究,让青蒿素应用于更多地方,为更多人带来福音。如果一次失败就放弃,哪有这么辉煌的医学成就呢?

课后实践

选择一件自己有信心但一直没有勇气做或害怕失败而不敢做的事情，当然，所选择的事情一定是积极的，对自己成长有利的。比如，参加一次写作、歌咏或者演讲比赛，上课主动举手回答问题，积极主动地和你认为不喜欢你的一个人交往，主动承担班集体的一些任务等。只要你认真做了，相信你会有所收获，即使结果不尽如人意，我们只要总结经验教训，不断努力，事实上就已经在进步了。你会发现，勇敢地跨出了第一步，生活已经在慢慢发生可喜的变化。请写下自己的实战心得与体会。

选择事情	
实战过程	
实战体验与感受	

（本节编者：上海市扬子中学　朱虹）

第五节　彩绘初中生涯

课前导引

在每年辞旧迎新的时候,我们总是会习惯性地为自己的一年订立一些目标,许下一些愿望。那么在今年,你对自己和这个世界有什么期待呢?请写出你最重要的三个愿望。

悦读一刻

跳起来摘苹果

有一个青年,他很有理想。有一天,他去拜访一位德高望重的智者。当时,智者正在自己的果树园里采摘苹果,智者没有给他什么更好的建议,而是让他帮自己将高挂在树梢的一颗又大又红的苹果摘下来。这个青年的个子并不算矮,尽管他很努力,但他还是无法摘到那颗硕大的苹果,他有些失望,面露难色。智者看到这一切，对青年说："年轻人，你为什么不跳起来试一试呢？"青年听了智者的话，他跳了一次，没有摘到，跳了第二次，依然没有摘到苹果。第三次，他稍微休息了一下，顺便调整了自己的情绪，然后，他突然奋力一跳，那颗硕大的苹果就轻松地握在他的手中。在摘到苹果的一刹那，青年的心中也同时一亮，他终于明白，智者这是在告诉他：一个人如果要想成功，就必须学会跳起来采摘那些看起来高不可取的"苹果"。只有这样，才有可能品尝到成功的滋味。

这个故事告诉我们，一个渴望成功的人，应该永远努力去采摘那些需要奋力跳起来才能够得着的"苹果"——目标。

跳起来摘苹果，是为自己设置一个又一个更高的目标，是在不断超越，永不怯懦，始终保持坚定的意志，良好的状态，执着地向更高目标攀登。

跳起来摘那个又红又大属于自己的苹果吧！设置更高的目标，跨越更高的标杆，享受成功的喜悦，也是体验奋斗过程的快意。

同学们，在初中阶段，你想有什么样的"苹果"呢？你跳起来能够到多高位置的"苹果"呢？我们一起来看一下吧！

体验学习

目标"金字塔"

设定正确的目标不难，但要实现目标却不容易。如果目标太远大，我们会因为苦苦追求却无法得到而气馁。因此,将一个大目标科学地分解为若干个小目标,落实到每周每天具体的任务上,正是实现目标的最好方法。

目标可以分成许多不同层级,如:人生终极目标、长期目标、中期目标、短期目标、小目标,这么多的目标并非处于同一个位置上,它们的关系就像一座金字塔(见下图)。如果你一步一步地实现各层目标,成功注定容易获得;反之,你若想一步登天,那就相当困难了。

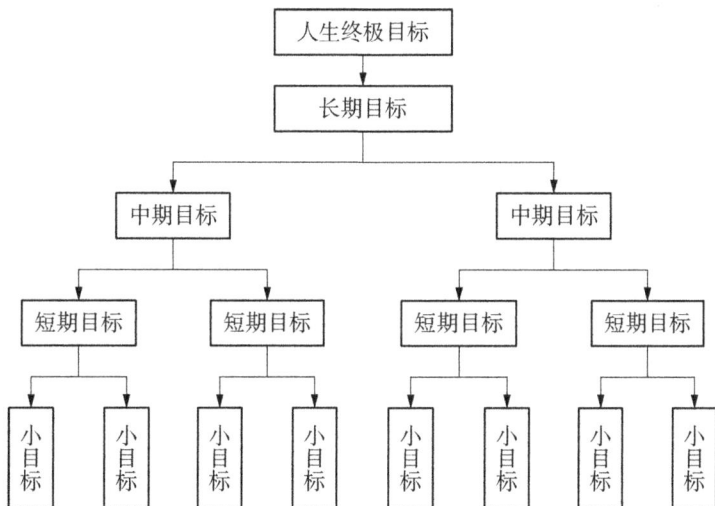

人生终极目标是统帅,是灵魂,是抽象的理念,它贯穿于你生活的每一个目标中,每一个目标也都体现了人生的终极目标。比如,你的人生终极目标是"能为社会做出贡献",那么无论你的学习、工作、生活都会以它为标准,学习是为社会做贡献而做的准备,工作则直接为社会创造财富,生活上做到关心社会、服务社会。每一个目标实现的同时也实现了人生的终极目标。

人生长期目标有一定期限,它是由数个中期目标组成的,而中期目标则由数个短期目标组成,短期目标则是由日常小目标组成。这几类目标的关系就像一棵树,长期目标是干,中短期目标是枝,而日常小目标是叶。只有实现每一个小目标,才能实现短期目标;只有实现相应的短期目标,才能实现中期目标;只有中期目标实现了,长期目标才能实现。

比如,你现在的总成绩只有 300 分,长期目标想要考到 600 分,那么中间一定会经历 500 分、400 分、350 分这些短期目标和小目标,而不可能一蹴而就,从 300 分直接跳到 600 分。这好像连环套,大目标统率小目标,小目标牵制大目标,大目标是实现小目标的动力和催化剂,而小目标是实现大目标的阶梯。在目标管理体系中,就是这样彼此制约,相互影响。接下来,挑选一个长期目标,我们也来试一下把它分解开吧:

时间	目　　标
初中毕业的时候	我的目标是:
初三刚开始的时候	我的目标是:
初二刚开始的时候	我的目标是:
初一刚开始的时候	我的目标是:
半年后	我的目标是:

知识锦囊

认识目标

目标是对某些活动(比如学习、娱乐、运动等)预期结果的主观设想,是在头脑中形成的一种主观意识形态。"自我决定论"的提出者、著名动机心理学家雷亚指出:"人类行为受有意识的目标、计划、意图、任务和喜好的影响。"他认为目标能引导活动指向与目标有关的行为,使人的行为朝着一定的方向努力,并将行为结果与自己既定的目标相对照,及时进行调整和修正,从而实现目标。

目标是一个人行动的方向,也是激发行为动机的重要因素,因此每一个人在自己的人生道路上都必须有自己明确的目标和任务。

目标对于一个人的作用主要有:

一、目标可以让人产生积极的心态。

目标是你努力的依据,也是对你的鞭策。目标给你一个能看得见的彼岸,随着你实现这些目标,你就会有成就感,你的心态就会更加积极主动地向更积极的方向转变。

二、目标能使你看清使命,产生动力。

有了目标,你心中的世界就变成一幅清晰的图画,你就会集中精力和资源于你所选定的方向和目标上,因而你就会更加热心于你的目标。

三、目标是你感受到生存的意义和价值。

　　如果你心中有了理想就会感到生存的重要意义，如果这个理想是由许多目标组成的，那么你就会觉得为目标付出的努力是有价值的。

四、目标使你把重点从过程转到结果。

　　成功的尺度不是你做了多少工作，而是获得多少成果。

五、目标有助于你分清轻重缓急，把握重点。

　　没有目标，我们很容易陷入跟理想无关的现实事务中，一个忘记最重要事情的人，会成为琐事的奴隶。

六、目标使你集中精力把握现在。

　　目标对目前的工作和学习具有指导作用，也就是说，现在做的就是为未来更大的目标所做的，是未来目标的一部分。因而更加让人集中精力把握现在。

故事阅读

山田本一的智慧

　　1984年，在东京国际马拉松邀请赛上，山田本一获得了冠军。

　　当记者问他凭什么取得如此惊人的成绩时，他说了这么一句话：凭智慧战胜对手。

　　当时许多人都认为这个偶然跑到前面的矮个子选手是在故弄玄虚。马拉松赛是体力和耐力的运动，只要身体素质好又有耐性就有望夺冠，爆发力和速度都还在其次，说用智慧取胜确实有点勉强。

　　两年后，意大利国际马拉松邀请赛在意大利北部城市米兰举行，山田本一代表日本参加比赛。这一次,他又获得了世界冠军。记者又请他谈经验。

山田本一性情木讷,不善言谈,回答的仍是上次那句话:用智慧战胜对手。这回记者没有再挖苦他,但对他所谓的智慧仍迷惑不解。

10年后,这个谜终于被解开了,他在他的自传中是这么说的:每次比赛之前,我都要乘车把比赛的线路仔细地看一遍,并把沿途比较醒目的标志画下来,比如第一个标志是银行,第二个标志是一棵大树,第三个标志是一座红房子……这样一直画到赛程的终点。比赛开始后,我就以百米的速度奋力地向第一个目标冲去,等到达第一个目标后,我又以同样的速度向第二个目标冲去。40多公里的赛程,就被我分解成这么几个小目标轻松地跑完了。起初,我并不懂这样的道理,我把目标定在40多公里外终点线上的那面旗帜上,结果我跑到十几公里时就疲惫不堪了,我被前面那段遥远的路程给吓倒了。

山田本一说的不是假话,众多心理学实验也证明了山田本一的正确性。心理学家得出了这样的结论:当人们的行动有了明确目标,并能把自己的行动与目标不断地加以对照,进而清楚地知道自己的行进速度与目标之间的距离时,人们行动的动机就会得到维持和加强,就会自觉地克服一切困难,努力达到目标。

确实,要达到目标,就要像上楼梯一样,一步一个台阶,把大目标分解为多个易于达到的小目标,脚踏实地向前迈进。每前进一步,达到一个小目标,就会体验到"成功的喜悦",这种"感觉"将推动他充分调动自己的潜能去达到下一个目标。

在现实中,我们做事之所以会半途而废,这其中的原因,往往不是因为难度较大,而是觉得成功离我们较远,确切地说,我们不是因为失败而放弃,而是因为倦怠而失败。在人生的旅途中，我们稍微具有一点山田本一的智慧，一生中也许会少许多懊悔和惋惜。

——摘自（美）提摩西·加尔韦《身心合一的奇迹力量》

课后实践

请你看一看在课堂上制定的目标，结合你过去的经验，思考以下问题：

你所列出的这些目标，是不是每一个都有可能达到呢？

如果你的回答为"否"的话，那就要修改其中不可能达到的目标。

（本节编者：上海市崇明区培成学校　杨琴）

第六节　时间去哪儿了

📖 **课前导引**

猜一猜：假设你有一个银行账号，每天进账 86 400，但是每晚 12 点后所有进账都会自动清零，零点之后又重新开始，猜猜是什么？

法国思想家伏尔泰曾出过这样一个谜语：世界上哪样东西是最长的又是最短的，是最快的又是最慢的，是最能分割又是最广大的，是最不受重视又是最值得惋惜的；没有它，什么事情都做不成；它使一切渺小的东西归于消灭，使一切伟大的东西生命不绝。

你猜到是什么了吗？

🐨 **悦读一刻**

伟人如何来安排一天的时间

当你感觉很多事情都要做，非常忙碌却无从下手，一天忙下来却没干什么出来。

这时我们需要合理安排自己的时间,给自己定一个完整的计划。一起从现在开始,让计划慢慢变成习惯,不断成长,不再迷茫。时间就是生命,先来看看伟人们的一天是怎么度过的:

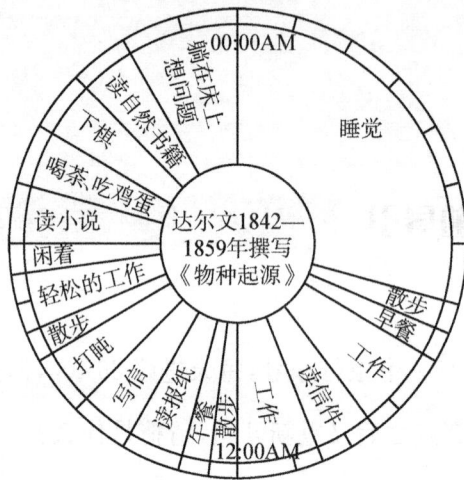

0:00—07:00　　睡觉

07:00—07:30　　散步

07:30—08:00　　早餐

08:00—09:30　　工作

09:30—10:30　　读信件

10:30—12:00　　工作

12:00—12:30　　散步

12:30—13:00　　午餐

13:00—15:00　　写信　读报纸

15:00—16:00　　打盹

16:00—16:30　　散步

16:30—17:30　轻松的工作

17:30—18:00　闲着

18:00—19:00　读小说

19:00—20:00　喝茶、吃鸡蛋

20:00—21:00　下棋

21:00—22:00　读自然书籍

22:00—24:00　躺在床上想问题

讨论：（1）你从伟人一天的时间安排受到了什么启发？

　　　（2）我们该如何合理安排自己的时间呢？

体验学习

制作我的时间馅饼

一、实际时间饼图

提前选定一天，详细记录自己当天的生活作息及所花时间，尽可能将每件事情都详细记录下来，如睡觉、看电视、补弱科、做作业、学特长、上厕所、运动、吃饭、聊天、玩电脑（手机）、出去玩、与父母交流、想心事、看闲书、陪人逛街、走亲戚、逛超市等。绘制自己的时间馅饼图并涂上颜色。

二、时间分类排行榜

根据自己的时间饼图,将时间进行分类统计,并计算出各类别花费时间的总量,按从多到少的顺序记录在"时间分类排行榜"内。分小组比较各自的"时间饼图"与"时间分类排行榜",用最快的速度看看各自的时间分配有何相同或不同之处,各有何优劣,并选出小组公认的时间分配较为合理的同学。

三、理想时间饼图

通过讨论与分享,你满意自己平时所做的时间分配吗？理由是什么？

你发现自己每天花时间最多的事情是什么？

哪一部分的时间是可以增加的？

哪一部分的时间是可以减少的？

哪一部分的时间是可有可无的？

观察自己的时间饼图,如果可以把时间运用得更合理,有没有办法做一些改变？

请你再次绘制自己的时间饼图。

我的时间饼图

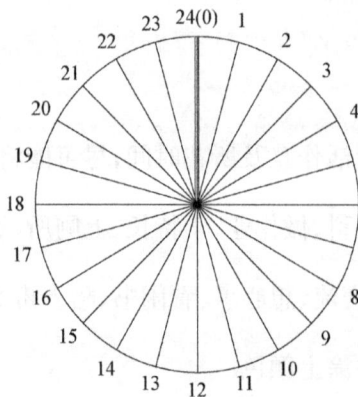

实际时间馅饼图(24 小时)　　　　理想时间馅饼图(24 小时)

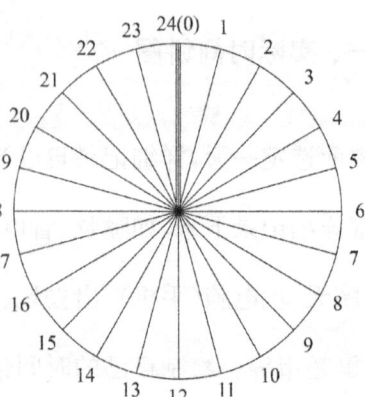

时间分类排行榜

你的时间其实都花在哪里了？试着将这一天所做的事情加以分类,并统计各类总花费时间,按时间多少排列来填写下表。

名次	我做的事情	总共花费时间	完成事情可达到的目的
1			
2			
3			
4			
5			
6			
7			
8			
9			
10			

知识锦囊

如何管理你的时间

人的一生两个最大的财富是:才华和时间。才华越来越多,但是时间越来越少，我们的一生可以说是用时间来换取才华。如果一天天过去了，我们的时间少了，而才华没有增加，那就是虚度了时光。所以，我们必须节省时间，有效率地使用时间。如何有效率地使用时间呢？有下面几个建议：

（1）做你真正感兴趣、与自己人生目标一致的事情。我发现我的"生产力"和我的"兴趣"有着直接的关系，而且这种关系还不是单纯的线性关系。如果面对我没有兴趣的事情，我可能会花掉 40％ 的时间，但只产生 20％ 的效果；如果遇到我感兴趣的事情，我可能会花 100％ 的时间而得到 200％ 的效果。要在工作上奋发图强，身体健康固然重要，但是真正能改变状态的是心理而不是生理上的要素。真正地投入到你的工作中，你需要的是一种态度、一种渴望、一种意志。

（2）知道你的时间是如何花掉的。挑一个星期，每天记录下每 30 分钟做的事情，然后做一个分类（例如：读书、准备考试、和朋友聊天、社团活动等）和统计，看看自己什么方面花了太多的时间。凡事想要进步，必须先了解现状。一周结束后分析一下，这周你的时间如何可以更有效率地安排？什么活动占了太大的比例？什么方法可以增加效率？

（3）使用时间碎片和"死时间"。如果你做了上面的时间统计，你一定发现每天有很多时间流逝掉了，如等车、排队、走路、搭车等，可以用来背单词、打电话、温习功课等。现在随时随地都能上网，所以没有任何借口再发呆一次。重点是，无论自己忙还是不忙，你要把那些可以利用碎片时间做的事先准备好，到你有空闲的时候有计划地拿出来做。

（4）要事为先。每天一大早挑出最重要的三件事，当天一定要能够做完。

在工作和生活中每天都有干不完的事，唯一能够做的就是分清轻重缓急。要理解急事不等于重要的事情。每天除了办又急又重要的事情外，一定要注意不要成为急事的奴隶。有些急但是不重要的事情，你要学会放掉，要能对人说"NO！"而且每天这三件事里最好有一件重要但是不急的，这样才能确保你没有成为急事的奴隶。

（5）运用80％—20％原则。人如果利用最高效的时间，只要20％的投入就能产生80％的效率；相反，如果使用最低效的时间，80％的时间投入只能产生20％的效率。一天头脑最清楚的时候，应该放在最需要专心的工作上。与朋友、家人在一起的时间，相对来说不需要头脑那么清楚。所以，我们要把握一天中20％的最高效时间（有些人是早晨，也有些人是下午和晚上；除了时间之外，还要根据你的心态、血糖的高低、休息是否足够等综合考量），专门用于最困难的科目和最需要思考的学习上。

（作者：李开复，1961年12月3日出生于台湾新北市中和区，祖籍四川成都，现已移居北京市。李开复曾就读于卡内基梅隆大学，获计算机学博士学位，后担任副教授。他是一位信息产业的经理人、创业者和电脑科学的研究者。曾经是苹果公司举足轻重的技术专家，曾经是微软中国研究院功勋卓著的首任院长。在学术领域，他是攻坚挫锐的科研天才；在管理层面，他又是运筹帷幄的领军人物。作为一位天资卓越同时又深谙御下之道的华裔学者，他正在创造着一个又一个奇迹。本文是李开复对如何管理时间提出的一些方法，选自《初中生心理健康自助手册》。）

故事阅读

做时间的主人

鲍慧荞是我的钢琴教师。有一天，他在给我上课的时候，忽然问我："你每天练琴要花多少时间？"我说："大约三四个小时。"

"你每次练习，时间都很长吗？是不是有个把钟头？"

"我想这样才好。"

"不，不要这样！"他说，"你长大之后，每天是不会有长时间的空闲的。你要养成习惯，一有空就弹几分钟。比如在你上学以前，或在午饭以后，或在学习疲劳的短暂休息时间，五分钟、十分钟地练习。把你的练习时间分散在一天里面，这样，弹钢琴就成了你日常生活的一部分了。"

当我在大学教书的时候，也搞一些创作。可是上课、改卷子、开会等事情把我白天晚上的时间全占满了。差不多有两年多我没有写什么东西。我的理由是没有时间。后来，我想起了鲍慧荞老师对我讲的话。

到了下一个星期，我就照着他的话实验起来。只要有三五分钟的空闲时间，我就坐下来写上几行。

出乎意料的是，在那个星期的终了，我竟写出许多页稿子。

后来我用同样的积少成多的方法，创作长篇小说。我的教授工作虽然一天比一天繁重，但是每天仍有一些可以利用的短暂的时间。

利用短暂的时间,其中有一个诀窍:你要把工作进行得迅速。如果只有五分钟的时间给你写作,你切不可把四分钟消磨在咬笔杆上。思想上事前要有所准备,到做这项工作的时候,立刻把思想集中到工作上去。

鲍蕙荪对于我的一生有重大的影响。他使我发现了极短的时间,使我学会充分利用一点一滴的闲暇时间。

课后实践

通过今天的活动,你发现自己每天花时间最多的事情是什么?你满意自己平时所做的时间分配吗?你是否可以从记录单里看看时间都花在哪里,如果希望自己的时间运用得更妥善,有没有办法做一些改变?请你为自己制定一个更合理的时间分配安排表。

(本节编者:上海市向明初级中学附属崇明区江帆中学 张寒玉)

第二章

外部探索

第一节　崇明民间文艺

课前导引

> ➤ 崇明民间文化艺术丰富多彩,大家都知道吗?
>
> ➤ 当遇见崇明民间文化艺术会激起你什么样的兴趣火花?
>
> ➤ 兴趣跟生涯发展有什么关系?

　　崇明岛形似春蚕,位于长江入海口,形成至今有1 300多年历史,是中国的第一沙洲,第三大岛。崇明岛是平凡的,也是神奇的。居住在崇明的人群,老祖宗来自五湖四海,长江流域迁来的居多,他们将八方精华聚集于宝岛,经过1 300多年的磨合和培育,逐步演变成了浑然一体而又焕然一新的沙洲文化。

　　崇明民间文化艺术丰富多样,有享誉海内外的瀛洲古调,有曲调优美朴实的崇明山歌,有一根扁担就能搭出一个舞台的"扁担戏",有朴素雅致的崇明土布手工艺品,连老式的民间灶头上都绘有题材多样、手法独特的"灶花"……你还知道崇明有哪些民间文化艺术？

悦读一刻

瀛洲古调派，琵琶相伴一生

一个阳光明媚的午后，在新河镇天新村的一处民房内，一位老者坐在屋外，像往常一样拿起琵琶，眼睛微闭，弹奏着瀛洲古调派曲目。

阳光下，他因生病而肿大的手指关节显得格外突兀，但他好似没受到任何影响，仍忘我地弹奏着。他的身体情不自禁地跟着节奏轻微晃动，人已完全沉浸其中。

一曲演奏完毕，细腻柔和、婉转清澈的曲调仍在记者耳边回响，久久未曾消散。这位老者就是年被评为崇明区非物质文化项目瀛洲古调派琵琶的代表性传承人——陈忠信。

崇明，古称瀛洲，所以"瀛洲古调"就是指发源于崇明岛上的琵琶曲。"瀛洲古调派琵琶"也称"崇明派琵琶"，是"瀛洲古调"琵琶曲和演奏技法风格的总称，创始人是清朝康熙年间寓居本县的贾公达。清末民初时期，又出现了沈肇州、樊紫云、刘天华、徐立荪、施颂伯、樊少云等名扬神州的大师。由于"瀛洲古调派琵琶"取北派琵琶刚劲雄伟、气势磅礴之长，收南派琵琶优美柔和、华丽袅娜之精，浑然一体，形成隽永淳朴、清新绮丽的特色而不同凡响，从此闻名于世，为中国四大琵琶流派之一，在传承过程中，不断扩大影响而名震中外，并被认定为国家级非物质文化遗产。

崇明地区的"瀛洲古调派琵琶"传人在中华人民共和国成立之初时约有二十多人，然而由于时代的更迭，传承不利，到了近代，能演奏者已不到十人。为了不使这堪称一绝的流派失传，2005 年开始，"瀛洲古调"琵琶传人在少儿民乐班中进行传授，但步履维艰。

瀛洲古调的式微，不仅与人们对瀛洲古调的认识了解、宣传推广、重视程度、传承等有关，还与人们对于琵琶的兴趣有关。爱因斯坦曾说过："兴趣是最好的老师。"当人们对某些事物活动感兴趣的时候，会推动他们不断重复这些活动。

陈忠信作为瀛洲古调派琵琶的爱好者、教育者、传承人，从青丝到白发，五十多年如一日，一直怀着出发时的热忱，执着地坚持着这条音乐道路，不曾停歇。

陈忠信怎么会对瀛洲古调派琵琶产生兴趣的呢？那还要从他十多岁时说起。由于家中有位长辈是弹奏瀛洲古调派琵琶的"行家"，所以，陈忠信在耳濡目染下，渐渐喜欢上了琵琶。

"当时觉得琵琶的声音特别好听，音色典雅质朴、细腻生动，曲调又很有意境，令人浮想联翩，一下子就陷进去了。"于是，陈忠信下定决心学习瀛洲古调派琵琶。从那一刻开始，他与琵琶就结下了一生的不解之缘。

但是，由于条件有限，长辈又常年不在身边，陈忠信只能自学。一把旧琵琶、几本书，就是他仅有的学习材料。

密密麻麻的文字、左右手指加起来的几十种指法并没有"吓退"他，他反而开始痴迷地研究起来。每天五六小时的摸索、学习，再加上一点天赋以及骨子里的韧劲,陈忠信倒也慢慢学得有模有样了。

而且陈忠信还有一套自己的"学习办法"。每当专业人士演出之时,就是陈忠信"偷师"的时候。台上的人在弹奏,台下的陈忠信就全神贯注地看着演奏家弹奏的指法、方式等,然后在心里默默记下,回家反复练习。这也让陈忠信不断精进技艺,获得进步。

随着时间的推移,不仅技艺有了提升,陈忠信对于瀛洲古调的曲目也有了更深的理解。因此,弹奏出的曲调更有韵味了。以前只觉得这些曲子好听,后来深入了解才知道这些乐曲及演奏技法风格与崇明的风土人情息息相关。

"它是历代琵琶宗师自出新意、不断完善的结果,具有隽永淳朴、清新奇丽的独特风格。"陈忠信介绍,就像代表曲目《飞花点翠》就是描写崇明冬日的景象,一朵朵洁白的雪花落在青翠的松柏上,画面多么唯美。然后想象着这样的意境,弹奏出的曲调才能打动人心。

从童年时期对琵琶懵懂的喜爱,到青年时代不断倾注热情,最后,陈忠信将这种喜爱和热情转化成动力,变成了他终身奋斗的事业。

琵琶美妙的声音,家人的耳濡目染深深地吸引着陈忠信,让他从只会听不会弹,到自己琢磨练习略有小成,再到积极学习琵琶演奏家的指法方式等,经过刻苦的学习钻研,自学成才,成为崇明区非物质文化项目瀛洲古调派琵琶的代表性传承人。而这种喜爱和热情也推动着他将此作为终身奋斗的事业,要将瀛洲古调派琵琶技艺薪火相承下去。由此我们看到了兴趣对一个人的影响,也因这个人的兴趣对"瀛洲古调"的传承起了不小的作用。

思考：

（1）陈忠信怎么会对瀛洲古调派琵琶产生兴趣的？产生兴趣后，他做了些什么？

（2）陈忠信对瀛洲古调派琵琶的兴趣对他的人生产生了些什么影响？

体验学习

探索我的兴趣：兴趣星空图

请将自己感兴趣的活动填写到星空图的星星中，兴趣强烈一点的填在大星星中，兴趣稍弱一些的填在小一点的星星中。在星空图之中，可以填满所有的星星，也可以留有空白。如果你的兴趣实在太多，星空图无法容纳，那还请你忍痛割舍掉几个强度最弱的兴趣。

兴趣星空图

思考：

兴趣星空图中,你的兴趣给你带来了什么？对你的学习生活等有些什么影响？

知识锦囊

兴趣三层次

兴趣是指你特别专注于某种活动,做的时候会非常开心和满足,所以倾向于不断重复进行。例如,有人对美食感兴趣,有人对手机游戏感兴趣,有人对文学感兴趣,有人对手工感兴趣,这些兴趣会让人们不断重复这些活动,并从中获得愉快感、满足感,甚至成就感。而有人对英语不感兴趣,对家务不感兴趣,对历史不感兴趣,这些兴趣缺失让这些人回避,即便不得不面对也缺乏愉悦的感受。因此,有没有兴趣直接影响人们对某些事物的感受、重复频率、完成效果等。

从层次上来说,兴趣可以分为感官兴趣、自觉兴趣和志趣。三者一般呈金字塔状排列。

金字塔最底层的是感官兴趣。感官兴趣就是通过直观的感官刺激产生的兴趣,比如我们喜欢喝咖啡、吃火锅、看球赛、和朋友聚会,日常生活中我们喜欢做的事情很大一部分都属于感官兴趣。感官兴趣让我们当时很放松、愉悦,然而它却无法让我们集中在其中一个事物上,比如吃饱了就不想吃了、聚会累

兴趣金字塔

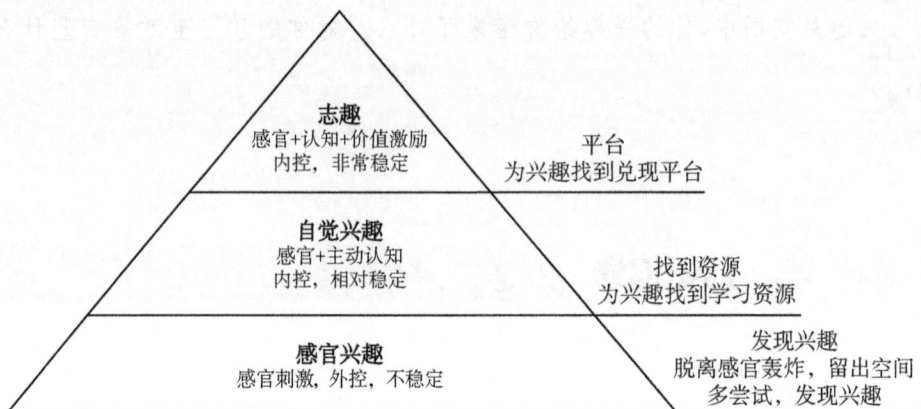

了就散了。

　　金字塔的第二层是自觉兴趣。自觉兴趣是指在情绪参与下，把兴趣从感官推向了思维，由此产生了更加持久的兴趣。比如，我们喝了咖啡后，开始对咖啡的种类，不同的口感甚至冲调制作产生兴趣，这就是自觉兴趣。事实上，生活中很多科学和艺术都是自觉兴趣的成果，他们不一定是谋生的工作，但我们愿意花费很多时间去研究、实践，并乐在其中。

　　金字塔的最顶层是志趣。志趣的秘密不仅在于有感官和认知能力，还加入了更深一层的内在动力——志向与价值观。比如，一个人不仅喜欢吃、擅长吃，还觉得吃是一件非常有意义的事情，愿意帮助大家一起享受美食，甚至还能拍出美食纪录片。所以，感官兴趣不稳定，容易转移，持续时间短，自觉兴趣相对稳定且持久，但仍然只是生活中的调剂。只有志趣才能产生足够的动力，能让你愿意倾注一生去体验，成为你的事业。

故事阅读

崇明土布：静待"木棉花开"

崇明土布质地结实耐用，透气性好，保暖吸汗，不起静电，而且它的质朴、粗犷别有一番风情，因此广受欢迎。在崇明人口中，土布也被称为"老布""小布"，至今已有500多年历史。崇明土布曾是崇明的重要产业，每年运至外地销售的布匹达250万匹之多，但随着近代工业的发展，到20世纪40年代，崇明土布生产已日渐式微。中华人民共和国成立后，国家对棉纱实行统购，现代机织布形成生产规模，崇明土布纺织业逐步退出历史舞台。

而我们今天故事中的主人公是一个名叫宋荣耀的女子。崇明老布的简约雅致让她沉迷，因为喜欢而沉迷，因为喜欢而认真，经她的手，老布摆脱箱底沉寂的命运，变身为风情万种的时尚生活品，深受市场追捧。

宋荣耀设计过很多系列的崇明土布，既有青花瓷系列的，也有英伦下午茶风格的，还有荷塘月色系列的，等等。因为独具崇明特色，很多单位都爱向她定制土布工艺品，作为小礼物赠送给到访的客人。

2014年，她注册成立了一家手工社，并为手工社取了一个特别温馨诗意的名字——木棉花开。手工社的劳动力主要为残疾妇女、家庭妇女和有困难的女性。手工社取名木棉花开，也正是想鼓励广大女性要独立自主，努力创造自己的美好生活，就像木棉花一样。

2017年，宋荣耀从原本镇政府的财务岗位辞职，专心于木棉花开手工社团，把全部的精力投入她心爱的崇明土布中去，更热心慈善公益事业，举办了一场又一场的乡镇培训，更和她的"小伙伴们"将崇明土布重新带入公众视线，努力将土布打造成"高级定制"的"奢侈品"。

宋荣耀故事让我们看到因兴趣而投入，因投入而成功，因成功而更加努力。由此可见，兴趣是成功的奠基石，兴趣对职业发展的影响是职业能否走向真正成功的重要决定因素。

课后实践

如果你也想要像陈忠信和宋荣耀那样不单从兴趣中获得乐趣，更想要将自己的兴趣变成特长（自觉兴趣），甚至未来从事的事业（志趣），那可以做些什么呢？

你可以尝试通过以下方法"养大""升级"自己的兴趣？

第一步，让自己多沉浸在感兴趣的事物活动中，获得足够多的愉快感、满足感。

第二步，从诸多兴趣中选择一两个特别感兴趣的事物或活动，学习相关的知识、技能，不断学习、练习、钻研，掌握更多的知识和技能，这就使兴趣慢慢往特长方向进化。

第三步，投入更多的时间精力等在自己的兴趣特长上，通过展示、评选、买卖等方式，获得一定的兑换价值——受人肯定、获奖、获取收入，并把这个兴趣特长和最喜欢的价值绑定。不断地重复这个过程,兴趣就会慢慢固化下来,成为非常稳定的高级别兴趣,这也许对未来从事的工作、事业都有深远的影响。

思考:

请从兴趣星空图中挑选一两个自己较大的兴趣,思考如何"养大""升级"自己的兴趣?

注意:

兴趣的培养和发展因人而异,也许有些人有许多兴趣,并且在"养大"过程中,而有些人还不确定自己的兴趣,这都是正常的,不用觉得焦虑。只要你从现在开始有意识地慢慢培养你的兴趣,相信它自然会慢慢出现,也会给你带来很多的乐趣和满足感。

(本节编者:上海市崇明区东门中学　李春燕)

第二节　崇明风土人情

课前导引

　　东海的清波碧浪把珍贵的金沙土粒友好地挽留在这里，孕育成了璀璨的龙口明珠——中国第一沙洲崇明。四面环水的崇明岛经历了千百年的沧海沉浮，涨坍分合，由近百个沙洲统合成一个西北—东南走向的巨大沙洲。崇明因其得天独厚的地理环境，清水长流、净土绵延、蓝天无际，一派自然生态的景象。

　　居住在崇明的人群，祖上来自五湖四海，长江流域迁来的尤多，他们都把当地古老的文化、习俗带到了崇明，将八方精华聚于宝岛，通过 1 400 多年的磨合和培育，逐步演变成了浑然一体又焕然一新的沙洲文化和崇明独具特色的风土人情。

> ➤ 崇明有哪些有意思的风土人情？
>
> ➤ 在新时代，崇明独具特色的风土人情现状如何？如何传播、传承？

悦读一刻

崇明的人情味

以往崇明人习惯同族聚居,自成一宅,人多不敷居住时另辟新宅。人与人之间的关系紧密,亲友互相走动频繁。

崇明人对于人情往来、祭祀礼节等相当重视,但凡婚丧嫁娶等大事,必大操大办,广而告之。以喜酒为例,过去有"十碗头"(四盆六碗)、"十二碗头"(六盆六碗)的规矩,酒席点心会用圆子、云片糕、喜糖等甜点。现在办喜筵也和城市一样,用冷盆、热炒、大菜、点心、全鸡全鸭等。在宴席上尽量做到丰富多样,吃饱喝好。

随着时间的推移,崇明的风土人情也在不断变化中:自然好风光,生态岛的定位,让崇明更注重生态旅游的建设,农家乐、开心农场、私人的民居改建等不断吸引着游人们的目光,到崇明一游;随着网购、快递的普及以及政企个人等多方的推动宣传,原本受地理交通限制的崇明土特产,如今了解的人更多,销量逐步增长,范围逐步扩大中;而随着城镇化的推进,生活工作步伐的加快,不少崇明乡下人,特别是年轻人喜欢在城镇置产居住,乡村中老年人居多,原先热络的亲友邻里的联系减少了。城镇化一方面推动了经济的发展,但乡村老龄化问题也逐渐显现。

体验学习

"地道"的崇明话

"少小离家老大回，乡音无改鬓毛衰"，乡音是一个人家乡话所带的口音，是家乡的一张无形名片，是拉近乡邻的语言。而崇明话，就是崇明人的乡音，它是非常古老的、非常有特色、非常有趣的一种方言。一口地道的崇明话，是拉近乡邻的无形的推动力，也是崇明人的标志之一。今天，我们就来学习一下"地道"的崇明话。

有一种哭，叫哭作乌拉！

有一种笑，叫乌笑连天！

有一种瘦，叫瘦节伶伶！

有一种胖，叫横宽竖短！

有一种爱，叫直连来要细！

有一种恨，叫触毒来咯！

有一种累，叫精丝无力！

有一种渴，叫干特来咯！

有一种耍泼，叫消地光！

有一种哈欠，叫打花海！

有一种生气，叫板面孔！

有一种愤怒,叫触虎!

有一种作弄,叫调路头!

有一种凑热闹,叫轧闹棚!

有一种挨打,叫吃生活!

有一种死亡,叫翘辫子!

有一种凶悍,叫虎拉势!

有一种鄙视,叫戳瞎龙眼!

有一种光屁股,叫精光条萧!

有一种光脚,叫赤脚不跌倒!

你还知道哪些崇明话呢? 和同学们分享一下吧!

知识锦囊

认识崇明话

崇明方言属吴语。由于四面环水,交通不便,崇明方言比较不受外部方言影响,因而是比较稳定、古老的、很有特点的一种方言。

它与上海市及其他郊县的方言有较大区别,而和江苏省南通市的启东、海门话基本相同。崇明方言和上海话比较,主要是保留较多的古浊塞擦音。例如:陈≠神,除≠时,住≠自等;上海话则陈=神,除=时,住=自。晓匣两母情况:h h fi fi三分是崇明方言的特点。例如,呼:hu,河:hfiu,湖:fiu;上海话则河＝湖：ɦu。在声调上，崇明方言保留古音平上去入各分阴阳的 8 个调类，上海话则只有 5 个调类。

崇明话的现状

随着崇明三岛联动开发，以及长江隧桥的开通，外来人口大量涌入，岛上本地居民（崇明本地户籍）不断迁移出崇明，本地人口数量呈现越来越少的局面。本地方言受到其他语言的冲击，纯正的崇明话越发难以听到了。而且随着普通话的普及，青少年学生越来越习惯说普通话，崇明话反而不太会说，有些只会听不会说，有些连听都听不太懂。这或许是任何一种地方方言在发展的过程中所面临的问题，方言也是文化的一部分，有赖于所有人共同去维护和延续。

崇明话的传播与传承

为了把崇明话更好地传播传承下去，无论是个人还是政府企事业单位都做了不少努力和尝试。

一、个人的传播和传承

1. 自媒体传播

有些会说崇明话的崇明人将生活中的趣事、典型事件，拍摄编辑，放到网上供人欣赏。如"崇明乌小哈""崇明瀛来风"微信公众号，推出了"荷包蛋碰瓷，偷鸡不成蚀""黑车风波"等一系列用崇明话表演的趣味短视频，让人领略崇明话独特的语音语调和笑点，受到了人们的喜爱和推崇。

2. 代际传承

作为土生土长的崇明人,从小耳濡目染的语言都是祖辈、父辈们说的崇明话,在家中,很多人也是用崇明话进行沟通。虽然00后、10后的孩子们在学校生活中越来越多地用普通话进行沟通,能听会说崇明话的孩子在减少,但代际间的传承仍在进行中。

二、官方机构的传播和传承

1. 学校的教育

崇明有一套关于崇明的乡土课程,并在全区初中学段内推广,学生通过该课程能系统地了解崇明各方面知识,其中崇明话是八年级乡土课程的一个单元,系统介绍了崇明话的来源、特点等。此外,还有一些学校会举办讲崇明话的活动,如用崇明话播新闻、播天气预报等,激发了学生学崇明话、讲崇明话的积极性,并从中获得乐趣。

2. 文化单位的宣传

上海崇明公众微信号等官方机构不定期地会更新崇明话、谚语、歇后语等知识内容,让更多的人对此有所了解。在政府或企事业单位举办的文化娱乐活动中,崇明山歌也是独树一帜,引人注目。

学生、教师、政府公务员、个体户等人群都在传播、传承崇明话中贡献着自己的一份力。

故事阅读

崇明方言与文化

现在年轻一代的崇明人，大多不知道崇明话中"摇灶"一词是什么意思。即使在老一辈崇明人的口中，也很少有人用这一词。其实，"摇灶"就是普通话中"靠不住""不靠谱"的意思。

早先的崇明人为什么用"摇灶"来称靠不住、不靠谱呢？相传这里面有这样一个故事：

赵大是崇明东部地区的一个泥水匠，别看他手艺一般，却很自负。如果有人对他干的活计提意见，他不但不肯听，还要讥讽人，说有本事你们自己去干好了，何必来找我。因此在方圆一带他的口碑很差。

有一次，隔壁邻居家要打一副灶。碍于情面，不去请远处的泥水匠，就近叫了赵大。这赵大一进门就夸开了口，说自己的本事如何如何大，打的灶烧起来如何省柴。邻居为求他好好干活，也跟着附和了几声。赵大听后得意洋洋，就忙开了。大半天下来，一副三眼头灶就完成了。邻居在厅堂里用好酒好菜招待着他。他边喝酒边吹开了牛，讲自己打的这副灶邻家起码可以用上二三十年，保险不会倒，也不会坍。正在赵大吹得兴致勃勃的时候，突然听见灶间里传来"轰——"的一声。主人和赵大奔奔过去一看，原来是刚刚砌好的灶头齐刷刷地倒了下来。主人家的儿子说，我想把场上的台子搬到灶间里来，一不小心台角碰到了灶头,只见灶山晃了几晃,就倒了下来。原来灶山是用单块砖侧立向上砌的,难度较大,凭赵大的手艺根本达不到要求。他信口开河说的自己打灶本事大的话也根本靠不住。

后来,人们就把事情靠不住、不靠谱比作赵大砌的摇摇晃晃的灶——摇灶。

节选于柴焘熊的博客,http://blog. sina. com. cn/chaitaoxiong。柴焘熊曾担任崇明区文化馆副馆长,对崇明的乡土人文颇有研究,并著有《海岛田原的抒情——崇明山歌》《沙洲袅袅的乡音——崇明方言》《江口民风的演绎——崇明曲艺》等书,在崇明乡土文化的传播上做了很大的努力与贡献。

除了柴焘熊这样的专业人士对崇明话及乡土人情有专门的研究,还有谁为此做努力呢?

课后实践

思考与探究:

(1)崇明话作为一种古老的语言,要使它更长远地传播、传承下去,哪些机构、哪些人还可以做些什么呢?

(2)请同学们利用网络、书籍、实地考察等方法尝试去发现崇明还有哪些有意思、吸引你的风土人情、人文历史。我们可以通过什么方式方法将它们传播、传承下去?

(本节编者:上海市崇明区东门中学 李春燕)

第三节　崇明美景

崇明岛是中国的第三大岛，四面环水，地势平坦，一派江南田园风光，自然环境非常有特色。同学们，你们都知道崇明有哪些自然风貌吗？

同学1：我知道"森林公园"，学校经常在那里举办的春游和秋游活动，那里每年都有一次大型的森林旅游节，展现了崇明森林的优美风光，让公众认识了林业建设成就，增强了群众关注森林、回归自然、改善生态环境的认识。

同学2：我去过前卫村的农家乐，那里可以自己动手织布，还可以玩脚踏翻车，我自己去菜园里挑选新鲜蔬菜，在农户家里自己动手烧一顿别有风味的农家餐。

同学3：崇明的长江隧桥很壮观，它的通车解决了崇明人出行要看天的问题，圆了崇明人的千年之梦。

同学4：崇明的长兴岛有个很大的船厂，听说人们在那里建造航母，我们作为崇明人真的感到骄傲……

思考：除了上面同学们介绍的资源外，你还知道崇明有哪些有特色的自然风貌和人文景观？

悦读一刻

崇明美景

崇明位于长江口，由沙土冲积而成，是个天然的大湿地。崇明的生态环境得天独厚，自然环境风景如画。作为湿地的"王国"，演绎了水陆交替、地球演变的奇迹；崇明岛感受和记录着当今世界沧海变桑田的历史过程。没有湿地就没有崇明，崇明与湿地已融为一体。翻开崇明的历史，其实就是一部祖祖辈辈崇明人的湿地垦荒史。千百年来，崇明人与湿地更是结下了不解之缘。

"紫气浮遥岛，层城江海交。人家依水曲，野鸟聚沙凹。二嘴形如抱，三山势欲包。岩疆春正好，桃李遍烟郊。"一首《层城表海》描绘了崇明如海上仙岛般的秀美景色。明清时期的瀛洲八景随着时间的推移有些不复存在，而新的崇明八景应运而生，吸引着人们的目光：东滩芦荡、西沙夕照、森林绿梦、海天长虹、镜影长兴、横沙日出、长堤读潮、北沿凝翠。人们可以沿着长江大堤和北沿公路来次环岛生态游；可以在东滩看日出、观鸟；可以在西沙静候夕阳西下；可以去东平森林公园吸氧，赏绿游耍；还可以在观景长堤远眺长江美景，欣赏轮渡往来……

在崇明八景中，东滩湿地公园是上实集团下属企业——上海东滩国际湿地有限公司发展的一个集自然保护、科学研究、科普教育、生态旅游和休闲度假为一体的湿地生态园区。

东滩是世界上鸟类迁徙的重要补给站之一，2002年被列为国际重要湿地。候鸟在此育肥中转，因此东滩是否能够提供给候鸟一个优良的环境，便直接关系到候鸟种群的生存。"十年前我们刚来到这里的时候，只有一片蟹塘，植被单一，底栖动物为零，难觅候鸟踪影。"上海东滩国际湿地有限公司负责人邱忠虹先生指着脚下的砂石地说，"经过我们持之以恒的修复实践，水质变好了，土质改善了，植被丰富了。更多的候鸟选择在这里栖息，每年11月份到来年3月份，可以看到成群的雁鸭在湖面上嬉戏，这样的结果让我们很是欣慰。"

体验学习

崇明美景一日游

结合本课提到的崇明美景，假如你是一名导游，正在接待一位来自他乡的朋友，你会怎么安排，让他度过开心的一天呢？请在下面列出你的计划吧！

时间	地点	特色
上午		
中午		
下午		
晚上		

知识锦囊

崇明景点一览

一、瑞华果园

光明瑞华果园是一个现代生态旅游观光中心,是崇明生态示范区建设的一个绿色窗口,集现代生态林果示范、林果业科学研究、果品品牌生产、科普教育和观光休闲于一体。

在景观方面,光明瑞华果园休闲设施和景观环境协调统一,充分用足果树、果林的特色,光明瑞华果园以绿色、自然、生态为底蕴,运用艺术化的写真手法,融入小桥、流水、亭榭的园林韵味,充分利用果园、果树的自然之美。

光明瑞华果园更是以"回归自然"为主题,是都市人自己家的生态果园,满足人们回归自然的需求,释放都市纷繁的工作压力,帮助人们回归自然、置身自然。呼吸着大自然赐予的生态芬芳、开怀释放快节奏生活带来的疲惫,让您感受"世外桃源"的清幽。

二、西沙湿地公园

崇明的西沙湿地总面积为 4 500 亩,是上海目前唯一具有自然潮汐现象和成片滩涂林地的自然湿地。2007 年 9 月开始，西沙湿地通过生态引鸟、植物多样性配置、水处理净化等工程，在原有湿地的基础上，修复建成一个集科普教育、科学研究、休闲观光等于一体的多功能湿地生态示范区。

三、明珠湖公园

明珠湖公园地处崇明岛的西南端，依托岛上最大的天然湖泊明珠湖修建而成，风景秀丽。潭深水清的明珠湖边林木葱茏，视野开阔。配套服务项目有水上极速、湖滨美食、休闲咖吧、长江口稀有资源繁殖实验基地及展示馆、船栈垂钓、农业观光休闲采摘园等。公园周边有野趣天成、广袤无边的西沙湿地；有依水成景、风光明媚的桃源水乡；有万亩橘园；有仿明清建筑风格、展示乡土文化的西沙明邸、西来农庄等。

四、东平国家森林公园

东平国家森林公园位于崇明岛中部，树木茂盛、空气清新，远离市区喧嚣。你可以约上三五好友来此烧烤，或者租自行车环园骑行，夏季更是避暑的好地方。如果人多，还能打彩弹；小朋友们可以玩碰碰车、转马等游乐设施。

五、上海薰衣草乐园

在国内，你不用去法国，也一样能欣赏到那样的紫色浪漫，那就是上海崇明岛薰衣草节！

这片位于中国第三大岛——上海崇明岛北沿公路 2018 号的乐园，是上海目前唯一一种植纯正法国普罗旺斯薰衣草品种的大型花园。

这里有普罗旺斯薰衣草，玛雅爱情神兽，以及月老桥、爱情花园、爱情博物馆、萤火虫馆等诸多景点，在这里可以感受薰衣草的芬芳，欣赏田园美景，听着鸟儿歌唱，漫步在花海中。

六、江南三民文化村

江南三民文化村位于崇明生态岛中北部，是一个能看到许多民俗收藏的文化村。这里离前卫生态村很近，可以一并游玩，或者在景区住一晚，第二天去东平森林公园。团队来玩可以玩一些拓展项目，打真人 CS。

景区内有许多展馆，一些游人将它们概括为"爷爷用过的东西，父亲知道的东西，儿孙不懂的东西"。在这儿，不仅能看到旧时的烟标、江南雕花床、梳妆盒，还能了解崇明土布纺织的过程。除了参观展馆，游人还可以在此体验一些旧时的活动，如踏水车、踩高跷、推铁环，能勾起经历过那个年代的人许多回忆。

七、长兴岛郊野公园

这座郊野公园位于崇明区长兴镇中部，面积相当于 1.5 个东平国家森林公园那么大。公园内，柑橘采摘园、百果天地里果实荟萃，柑橘、樱桃、黄桃、水蜜桃、柿子、葡萄、梨、无花果、猕猴桃、蓝莓、树莓、草莓等应有尽有，游客在不同季节都能体验到不同的采摘乐趣。你还可以带着宠物一起来郊游。

故事阅读

崇明捕鸟人

寂静的东滩，天蒙蒙亮，一层薄雾刚刚散尽。"啾——啾""啾——啾啾"，一串有规律的鹬鸟鸣叫声，打破了黎明时的宁静。远方草丛中刚刚睡醒的一群鹬鸟听到同伴的呼唤，一起欢快地飞向那里。在空中盘旋了一下，发现一群早到的"同伴"已经在地上尽情地享受大自然的"恩赐"，于是便也禁不住"美食"的诱惑，放松了警惕，齐刷刷地降落。还没有站稳，一张无情的大网突然从地上弹起，将它们全部扣于网内。这时，一名捕猎者也"啾——啾啾"地吹着口哨，慢悠悠地走来，将它们全都抓入网篮内。

崇明人都知道这是崇明最传统的捕鸟方法，也是崇明人引以为荣的一种传统技艺。有人不禁要问：什么年代了还大张旗鼓地捕鸟？捕鸟者是谁？保护区怎么不管…

但看过中央一套早上《走进科学》电视栏目的人都知道，此人名叫金伟国，号称超级捕手。

俗话说：靠山吃山，靠水吃水。拿崇明人来说就是靠滩吃滩。崇明广阔的涂地、丰富的鸟类成为人们养家糊口、改善生活的资源，也造就了一批专业的捕鸟人员，金伟国就是其中之一，他已经有30多年的捕鸟经验。但随着崇明东滩保护区的建立，人们爱鸟护鸟意识的提高，捕鸟人员全都销毁了捕鸟工具,寻找到了自己新的工作,金伟国也回家务农了。

东滩鸟类保护区的建立,标志着崇明鸟类的保护进入了一个新的阶段,崇明东滩也成为鸟类研究的基地。研究鸟类的迁徙途径、活动规律最主要的办法就是给鸟类套上标有"地区、时间、编号、体长、年龄"等信息的环志。给鸟套环志,首先要捕捉到鸟,但研究人员每天捕到的鸟少得可怜,并且很小,不符合要求。于是他们便想到了当地的捕鸟高手金伟国。

听说保护区请他出山捕鸟,为保护鸟类而工作,金伟国欣然答应了,于是便发生了开头的一幕。

据保护区人员介绍,自从聘请了超级捕手出山,在鹬鸟迁飞期间,每天可以捕50只以上体大健壮的鹬鸟,带上环志后放飞。同时,也回收到了许多从澳大利亚、新西兰、俄罗斯放飞并带有环志的鸟类,大大地方便了鸟类的研究。金伟国自己也坦然地说:现在的生活比过去快乐多了。

金伟国只是崇明捕鸟人中的一个典型。崇明捕鸟人已经成为鸟类的保护神,崇明的传统捕鸟技艺也正焕发出更迷人的魅力。

课后实践

把你设计的崇明一日游路线,给你身边的长辈们看一看,听听他们有什么不一样的看法。

（本节编者：上海市向明初级中学附属崇明区江帆中学　张寒玉）

第四节　崇明美食

课前导引

　　崇明人很会过日子,崇明又是一个很会养人的地方,这里的人很会生活。现在的崇明地方美食已经获得越来越广泛的好评和受到越来越热烈的追捧,"吃"在崇明经济、社会发展中的地位和作用也越来越明显,饮食文化已经成为崇明地区突出的优势和"亮点"。

　　未来的崇明,要成为世界级生态岛,生态岛就是一个蓝天白云岛,一个森林岛、花园岛,一个碧水清清、鸟儿啁啾的岛,同时也是一个宜居岛、生活岛、美食岛、旅游岛,生态岛如果没有富有特色的美食文化作为支撑那是不可想象的。所以,"吃在崇明"将必然成为时代需要我们做大、做深、做好的锦绣文章,成为未来崇明的一面大旗,"吃"也必然成为崇明的一张名片、一个品牌,或说是一个符号和代名词。

　　那么,你知道崇明有哪些特色的美食呢?

悦读一刻

崇明圆子

圆子,是崇明人盼望和享受幸福美满生活的象征。以前的崇明人,遇上元宵节和定亲、结婚、孩子生日、老人做寿等开心的好日子,就要想到做圆子。

现在崇明的每一家圆子作坊,天天有崇明圆子供应,天天生意兴隆,对于店主和客人来说,天天都是开心圆满的好日子。许多崇明来客尝了崇明圆子,就喜欢上了它的独特风味和吉祥寓意。创办手工的圆子作坊,把崇明圆子推向市场,把圆子里包含的圆圆满满带给各地的人们,崇明岛上的这第一人,应该就是女子陈静。

1995年,陈静在城内开设了崇明岛上的第一家圆子店,把自己的品牌打了出来,还引导了崇明糕点业的发展。我去过开设在崇明城内新崇北路的陈静糕点店,看到那里的员工在焙豆沙心、萝卜心,在烧开水,在溲粉、捺粉,在做圆子、蒸圆子,一片热气腾腾,而且米粉香和圆子香四处散发,就自然想起当年元宵节家家户户围了一口大竹匾做圆子的热闹场面。圆子的文化因子里,有圆圆满满,也有热气腾腾、蒸蒸日上。这样的圆满热腾的崇明圆子,走过了历史,也创造着未来。

体验学习

探索美食背后隐藏的职业人

要了解各种美食就要造访的农业、渔业、畜牧业、旅游、文化等部门，要了解相关的合作社、食品加工企业、宾馆、饭店、食堂，就要采访农民、鱼人、牧人、专家、名厨等。接下来我们一起来探索一下美食背后隐藏的各种职业吧！

老白酒 从哪里来?		
你所要调查的美食：		
调查问题	步骤	相关职业
	① 种植	农民
	② 收割	农民
	③ 原料粉碎	操作工
	④ 配料	技术员
它是如何生产的？	⑤ 蒸熟	操作工
	⑥ 冷却	技术员
	⑦ 拌醅	工人
	⑧ 发酵	质量和安全技术员
	⑨ 成品	研发工程师
	上市	包装、宣传、销售
在哪里可以找到它？	商店、饭店、网店	

思考：除了美食生产过程中的职业，你还知道哪些与美食相关的职业呢？

1. 试吃员

试吃员的种类很多，分得很细，甚至可以兼职。巧克力试吃员、糖果试吃员、蛋糕试吃员、饭店试吃员，他们将信息反馈给主厨，改进厨艺，为吃货们提供更好的食物。同学们，这里面有没有你向往的呢？

2. 菜谱测试员

能做出玉盘珍馐，除了主厨的功力，菜谱测试员也是功不可没。他们的职责一是负责菜谱食材的采购，二是品尝各种食材的很多种做法和调料的变换，听起来是不是有些简单？可实际上主厨在研制新菜要求测试员去采购食材时，往往会签订一份保密合同，保证自己新菜的做法不会外泄。

3. 美食评论员

是不是觉得和试吃员有些相似？没错，但是作为美食评论员，在烹饪与成品的品鉴上更具专业能力。美食评论员也有其独特的吃法，比如"吃菜要吃心，吃鱼要吃尾，吃蛋不吃黄，吃肉不吃肥"，吃得如此精挑细选令人感叹。

知识锦囊

崇明土特产

崇明岛气候温和湿润，四季分明、雨水充沛、日照充足，水土洁净，生态环境优良，适宜动植物生长，水产品亦很丰富，因此造就了各种绿色生态、环保自然的崇明土特产：

一、蔬菜类、豆类——白扁豆、赤豆、寒豆、黄金瓜、青皮茄子、芦笋、洋番芋、香芋

白扁豆最为经典也就是最为崇明的做法，是咸瓜末烧洋扁豆。这是崇明农家用心的做法，而且是世世代代的传统，世世代代的经验。

鲜嫩清香、松脆爽口，享有"植物海蜇"之称的崇明金瓜，在崇明已有百年以上的种植历史。

二、水果类——菜瓜、橘子、桃子、葡萄、柿子、枇杷、芦穄

说到崇明的芦穄，就一定要提到七家村。七家村位于现在的庙镇民华村12队，世世代代以种植芦穄闻名，而且听村名就可以猜想是当时最早的村落，由7家人家组成。80多岁的七家村的老队长季志荣告诉我，七家村芦穄小脚，统梢，有11到12节，比一般芦穄要长1米左右。那里的芦穄，节长，节绽，皮薄，肉青，汁多，甜度特别高。一根七家村的芦穄，分量有4斤半左右。他还告诉我两个判断芦穄好坏的小窍门：一是芦穄的根粗梢细，根部的几节肯定是空心的。二是好的芦穄，嚼出的渣能成团。

三、畜牧类——白山羊、沙乌头猪

20世纪70年代，国家有关部门将崇明白山羊命名为"长江三角洲白山羊"，好像让它有了一个认认真真的学名一样。2007年，国家工商总局批准崇明白山羊使用国家地理标志注册商标。2011年，国家农业部准许"崇明白山羊"的地域名称冠名,准许崇明白山羊产品使用国家农产品地理标志公共标识。这样的允准,实际上也就是对崇明白山羊生长的特有的自然条件和人文条件,以及其产品所具有的特殊品质、特别影响所做出的充分肯定,使得崇明白山羊成了整个白山羊中的领头羊。

四、鱼类——鮰鱼、鳜鱼、长江刀鲚、鲈鱼、尖沙鱼、鱼烧鱼

扁而狭长,形状酷似短刀的刀鱼,丰腴肥嫩,清明前,刀鱼细骨软如棉,清明后,刀鱼细骨硬如针。

长江刀鲚的吃法,只有清蒸才好。如果加上前面——说过的经验,那么刀鲚的极品,就是清蒸的、清明节前的、崇明岛捕获的长江刀鲚,简单地集合了其中的要素,便是清蒸清明前崇明江刀。

五、甲壳类、贝类——老毛蟹、蝤蛑、蛸蜞螯、虾、田螺

崇明老毛蟹,个小壳薄,肉质细密,雌性蟹黄足,雄性蟹脂多。整个长江水系的中华绒螯蟹,都出生在长江口,家住崇明岛,我们也完全可以把它们叫作"崇明老毛蟹",以此表明它们的出生地,也表示和其他水系的中华绒螯蟹的区别。崇明老毛蟹的生命里,前半程和后半程各有一次惊天动地的长途跋涉。其中,前一次为了成长,后一次为了繁衍。最终,雄蟹在交配完成后即告死亡,雌蟹在产完卵后宣布生命历程结束,听起来真是可歌可泣。

六、酿造类、腌渍类——甜酒酿、老白酒、酱、酱包瓜、草头盐齑

老白酒,一甏酒,放在螺蛳坛里密封,再藏之于地窖,会越藏越纯,越藏越

金贵。陈酒的颜色，如同竹子的青颜色。倒在碗里，酒自己要"扑扑"跳，还能够在碗口堆起来，一口口喝下去以后会擸在碗边上不肯延下去，就像上好的白酒或葡萄酒挂在碗边的模样。陈年老白酒经过长时间的积淀，风味独特，甜而微酸，安静到了极致，也醇厚到了极致。这种酒，力大，后劲儿足，吃的人一不小心就会醉倒，有"名扬江北三千里，味占江南第一家"的美誉。

七、糕点类、面食类——崇明糕、圆子、面老鼠、茄团、印糕

一般人们概念中的一块糕，细巧、单薄，差不多一口或几口就吃完。崇明人蒸的糕，却大如车轮子，还厚实，没有见过世面的人一定会惊呆，以为是看到吉尼斯纪录认证的米糕。

"糕"谐音"高"，"糕"也就是"高"，是节节高，步步高之"高"。食品一旦有了重要的文化寓意，这味道也会变得丰富和厚重起来。

故事阅读

崇明菜的传承人

在前不久举行的 2018 年"上海工匠"选树命名暨工匠精神主题论坛上，98人被授予"上海工匠"称号。崇明区招待所锦绣宾馆餐饮部副经理兼副厨师长陈斌名列其中，成为当年崇明区唯一一位获此殊荣的选手。

陈斌以敢于技术创新的烹饪手法和技艺而闻名。也就是说，同一道菜，陈

斌并不满足于同一种做法，会根据食客口味的需求，结合现代客人对营养、绿色、健康的追求，苦心创意。经过多次试验，他开发的"泰式酥仔鱼""东坡山羊肉"在"第十三届中国厨师节"斩获金奖。2018年2月，陈斌还被认定为崇明白山羊菜肴制作非遗传承人。

选上地道的崇明山羊肉，或炒或炖或煎，整个烹饪过程中凝神静气，一招一式似春蚕吐丝绵绵不断，又如长江之水滔滔不绝。汤汁在锅中"咕嘟咕嘟"冒着热气，浓郁的羊肉香顺着锅盖缝隙溢出，氤氲满屋。

吃一口大酥肉，娇嫩可口。虽是老料儿，但经过陈斌的创新，别具一番风味。

"崇明有许多天然的上等食材，将传统的东西优化，给客人提供更好的视觉、味觉等感官感受，这就是创新融合。"陈斌说。在坚持传承传统烹饪技法的同时，创新也是烹饪美食的秘诀。他经常与厨师团队一起琢磨、研究崇明当地食材，并根据不同季节、不同营养成分，让传统菜肴发扬光大，让广大食客感受崇明的地道饮食文化。

值得一提的是，陈斌还把这份巧心思记录了下来。"这是我参与编著的《四季口福崇明菜》，是根据崇明本地食材整理的近100道崇明菜。"陈斌边翻阅边向记者介绍。

金瓜海蜇丝、酱瓜末炒粉皮、茄块白扁豆、面拖蟹……记者仔细翻看了这本《四季口福崇明菜》，在书中，陈斌按照食材生长过程、质地的变化，适合的不同烹饪方式，将此书分为春、夏、秋、冬四个篇章，炒煨蒸炸技法多样，配上图片和文字，可谓图文并茂、匠心独特，让读者一目了然。

该书出版以来，多次受邀"亮相"各大崇明土特产商店和餐厅，让越来越多的市民与游客了解、爱上了"崇明味道"。

"餐饮这个行业不要敝帚自珍，厨师要传承技艺，把好的东西分享出去。"从2003年起，陈斌开始从事厨师培训工作，至今已带出弟子600余人。

2013年，他还成立了"陈斌首席技师工作室"，配备专业的设施设备，开发菜品、培养团队。每天只要一有空，他就亲自下厨为后辈厨师们做示范，帮助他们精进厨艺。

采访当天上午9点多，陈斌在竖河职校上完烹饪培训课，就匆忙赶回锦绣宾馆，指导后辈们。"这道菜油炸的火候，一定要把握好，当油面上泛起一层小波纹到油面开始平静的时候，油已七八成热了，这时要留意好食材的下锅时间。"陈斌一边讲着，一边演示。

厨品也是陈斌一直看重的，他总是告诫自己的徒弟们："要用给亲人做饭的态度去做菜。"

"我们这一行，不仅是要会做菜这么简单，更重要的是要有责任心。"陈斌认为，工匠精神就是要坚守岗位、热爱本行、精益求精。还要不怕吃苦，同学们上实训课，经常一站就是半天。从事厨师行业20多年，和很多大厨一样，几乎没有一个节假日是陪家人一起过的，甚至是一年中最重要的年夜饭，他也要在岗位上忙到夜深，所有都安排妥当了，他才放心回家。

课后实践

你还知道哪些崇明美食的生产过程呢？尝试着去采访一下职业人吧！

_____美食从哪里来？		
你所要调查的美食：		
调查问题	步骤	相关职业
	①	
	②	
	③	
	④	
	⑤	
它是如何生产的？	⑥	
	⑦	
	⑧	
	⑨	
	上市	
在哪里可以找到它？		

（本节编者：上海市向明初级中学附属崇明区江帆中学　张寒玉）

第五节 畅游职业舞台

课前导引

从具体定义上来说，职业是参与社会分工，利用专门的知识和技能，为社会创造物质财富和精神财富，获取合理的报酬作为物质生活来源，并满足精神需求的工作。

除了我们现实生活中常见的职业之外，你还知道哪些有趣的职业？

悦读一刻

四只毛毛虫的生涯规划

一、第一只毛毛虫

第一只毛毛虫跋山涉水，终于来到一株苹果树下。它根本就不知道这是一棵苹果树,稀里糊涂地就跟着往上爬。没有目的,不知终点,更不知自己到底想要哪一种苹果,也没想过怎么样去摘取苹果。

二、第二只毛毛虫

第二只毛毛虫也爬到了苹果树下。它知道这是一棵苹果树,也确定它的目标就是找到一棵大苹果。问题是它并不知道大苹果会长在什么地方。终于找到了一颗大苹果,这只毛毛虫刚想高兴地扑上去大吃一顿,但是放眼一看,它发现这颗大苹果是全树上最小的一个,上面还有许多更大的苹果。更令它泄气的是,要是它选择另外一个分枝,就能得到一个大得多的苹果。这只毛毛虫虽然知道自己想要什么,但是它不知道该怎么去得到苹果。

三、第三只毛毛虫

第三只毛毛虫也到了一株苹果树下。这只毛毛虫知道自己想要的就是大苹果。它很细心地从苹果的位置,由上往下反推至目前所处的位置,记下这条确定的路径。

这只毛毛虫有非常清晰的职业规划,也总是能做出正确的选择,但是,它的目标过于远大,而自己的行动过于缓慢,成功对它来说,已经是昨日黄花。机会、成功不等人。

四、第四只毛毛虫

第四只毛毛虫可不是一只普通的虫,做事有自己的规划。它知道自己要什么苹果，也知道苹果将怎么长大。因此当它带着望远镜观察苹果时，它的目标并不是一颗大苹果，而是一朵含苞待放的苹果花。它计算着自己的行程，估计当它到达的时候，这朵花正好长成一个成熟的大苹果，它就能得到自己满意的苹果。结果它如愿以偿，得到了一个又大又甜的苹果，从此过着幸福快乐的日子。

这只毛毛虫不仅知道自己想要什么，也知道如何去得到自己的苹果，以及得到苹果应该需要什么条件，然后制订清晰实际的计划，在望远镜的指引下，它一步步实现自己的理想。

你希望做哪条毛毛虫呢？

（改编自网络小说《四条毛毛虫的故事》）

体验学习

职业卡

第一组职业卡：运动员、工程师、医生、记者、园艺师、汽车修理工、兽医、维修工。

第二组职业卡：实验员、生物学家、化学家、科研人员、大学老师。

第三组职业卡：作家、画家、音乐家、厨师、漫画家、导演、服装设计师、主持人。

第四组职业卡：教师、社会工作者、职业生涯规划师、心理咨询师、护士。

第五组职业卡：销售、市场、管理、公务员、律师、淘宝卖家。

第六组职业卡：银行职员、会计、秘书、税务员、计算机操作员、消防员。

请每组派一名队长领取一张职业卡，在小组内讨论这些职业侧重什么能力。

言语	数理	空间判断	形状知觉	书写	运动协调	动手	社会交往

科目对照

探讨拿到的职业卡中的职业，由队长为组员分配职业，目标是让同学们进行整理归类，对照这些职业所需要的能力，归纳出这个职业需要学好哪些科目。

例如，医生需要动手和察觉细致的能力，需要学好的科目是生命科学。

靶心图

在老师给的靶心图中选取你最喜欢的一到两门学科，进行整理归类，写出这些学科未来可以担任的职业（比如，心理课就跟心理咨询师、心理教师、精神科医生等职业有联系，如下图所示）。可以从职业卡中选取，也可以适当补充。

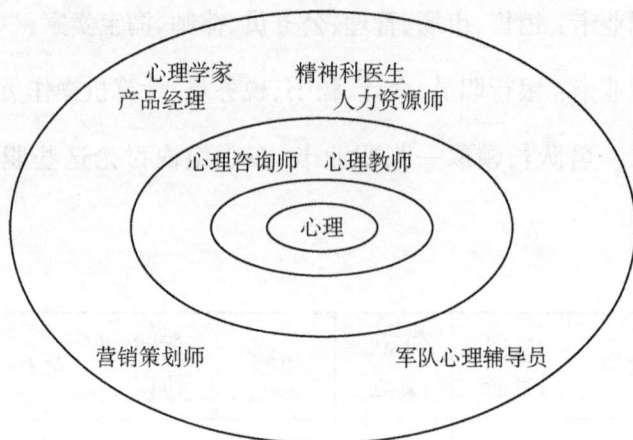

心理学科可以从事的职业

知识锦囊

能力详解

在前面的活动中，我们提到了多种能力，这些能力的具体说明如下：

名称	说明	典型职业
言语能力	理解言语的意义及相关概念，有效掌握言语，表达信息和自己想法的能力	创意文案/制作人员、律师、中学教师
数理能力	正确快速地进行计算，应用数学进行推理，解决实际问题的能力	保险精算师、金融分析师、投资分析师
空间判断能力	对不同空间图形（二维及三维）的理解和判断能力	建筑师、地图制图员、室内设计师

（续表）

名称	说明	典型职业
形状知觉能力	对物体或图片的细微部分进行正确的感知、辨别的能力	维修工程师、珠宝首饰评估师、文物鉴定/保护人员
书写能力	对文字材料或数字的细微部分进行正确的感知，发现错误进行校对的能力	程序员、秘书/文员、文字编辑
运动协调能力	使手和视觉相协调，手跟随眼睛看到的东西快速而正确地进行反应的能力	书法家、篮球运动员、棒球运动员
动手能力	快速而正确地使用手指与手腕，准确地操作细小东西、自由运动的能力	乐器演奏员、脑科医生、速录师
社会交往能力	与他人和谐相处、建立良好关系，让别人与自己保持一致的能力	心理咨询师、护士、社会工作者

故事阅读

淘宝老年体验师

生活中常见的职业，都是要求从业者年富力强。但是什么职业，会特别要求"求职者在 60 岁以上"呢？

还真有，这份职业，就是淘宝招聘的"老年体验师"。

2018 年，淘宝发布了一则"35 万～40 万高额年薪招聘老年产品体验师"

的求贤令,刷爆了大家的朋友圈。仅过去一天时间,淘宝就收到了 1 200 多位大爷大妈的简历,并且不断有新的简历涌入。据淘宝方面提供的数据,求职者大多来自苏浙沪,但最远的也有云南红河、台湾等;大妈们对该工作热情最高,在人数上以 7 比 3 的比例"打败"退休大爷。在所有的求职者中,最大高达 83 岁高龄,是一名来自杭州的退休科研人员。

在学历背景等方面,大爷大妈们更是藏龙卧虎。在他们成为广场舞关键意见领袖(KOL)之前,就身手不凡,大专本科学历占比高达一半,更有不少博士、硕士学历,有的还拥有海外背景,能使用双语进行求职申请。在退休前,他们大多是教师、公务员、医务人员、警察、司法人员,还有的爷爷曾经从事核研究、生物学等高精尖学科或从清华北大等名校毕业。而退休后的他们,也不断在社区张罗,研究新鲜事物,上老年大学。

淘宝这次招聘老年产品体验师,事实上是看好中国的"银发经济"。随着中国进入老龄化社会,银发经济的前景不容小觑。国家统计局数据显示,截至2015 年底,中国 60 岁以上人口达到 2.22 亿,占总人口的 16.1%,65 岁以上人口 1.44 亿,占总人口的 10.5%。

全国老龄委指出,中国 60 岁以上老年人口 2033 年前后将翻番到 4 亿,到2050 年左右将占到全国人口的 1/3。预测 2014—2050 年间,中国养老产业规模将从 4.1 万亿元增长到 106 万亿元左右,GDP 占比 8% 增至 33% 左右,中国将成为全球老龄产业市场潜力最大的国家。

据淘宝方面的数据,目前,淘宝上共计有 3 000 万老年使用者(年龄 50 岁以上),和年轻人一样,他们也喜欢购买各种好看的衣服,潮流的 3C 用品。而淘宝的这轮招聘也是为了让淘宝更懂老年人,满足他们这个年龄段对于购物的需求,这才进行高薪全网招聘。

课后实践

学习了新课之后,是否让你对未来的生活有了向往和期待,现在请闭上眼睛跟着老师提供给大家的语音片段,来到 10 年后,感受 10 年后的自己是什么样子。

(语音片段:让我们一起坐在时光隧道机,来到 10 年后的世界,也就是 2029 那一年的世界,请算算,此时你是多少岁?容貌有变化吗?请你尽量想象 10 年后的情形,越仔细越好。

好,现在你正躺在家里卧室的床铺上。这时候是清晨,和往常一样,你从睡梦中醒来,先看到的是卧室里的天花板。看到了吗?它是什么颜色?

接着,你准备下床。尝试去感觉脚指头接触地面那一刹那的温度,凉凉的?还是暖暖的?经过一番梳洗之后,你来到衣柜前面,准备换衣服上班。今天你要穿什么样的衣服上班?穿好衣服,你照一照镜子。然后你来到了餐厅,早餐吃的是什么?一起用餐的有谁?你跟他们说了什么话?

接下来,你关上家里的大门,准备前往工作的地点。你回头看一下你家,它是一栋什么样的房子?然后,你将搭乘什么样的交通工具上班?

你快到达工作的地方,首先注意一下,这个地方看起来如何?好,你进入工作的地方,你跟同事打了招呼,他们怎么称呼你?你还注意到哪些人出现在这里?他们正在做什么?我们回到现在,回到学校及教室来。好了,你回来了。开始看看这周遭的一切，欢迎你旅游归来。）

10 年后的我居住的场所在_____。

10 年后的我居住的场所周遭环境为_____。

10 年后的我居住的场所周遭人群为_____。

10 年后的我从事的工作是_____。

10 年后的我从事的工作具体内容是_____。

10 年后的工作你会更多的运用哪方面能力？（打"√"）

言语	数理	空间判断	形状知觉	书写	运动协调	动手	社会交往

（本节编者：同济大学第二附属中学　李艺铭）

第六节　体验不一样的职业生涯

课前导引

亲爱的同学们,你知道军人是一种职业吗?

你知道军人的基本职业素养是什么吗?

我们多数人是在充满温暖的怀抱中成长起来的,所以容易只看到别人光鲜的一面,而忽略他人荣光背后所付出的汗水与心酸,只有当我们自己亲身体验的时候,才会从内心感受到他人在所从事行业中付出的汗水和艰辛。体验和探索是我们职业生涯课程中一个非常重要的环节,只有在体验中我们才会有所收获和感悟。在感悟中我们才会更好地审视自我、认识自我,从而更好地建立自己的生涯规划系统。

悦读一刻

最可爱的人

提到谁是最可爱的人，相信很多同学都会选择中国人民解放军。

在今天这样一个和平年代，为什么还会有这样的选择呢？这是因为他们几乎汇聚了一切中国人优秀的品质与坚贞的信仰，他们几乎承载了中华民族五千年所有值得骄傲的民族精神！他们是真正为人民的安定幸福和亲人的安宁而战的人。

1998年九江洪水滔天，是他们用血肉之躯筑起人墙守护了一方百姓，而被洪水卷走的战士却永远留在了记忆之中；2008年5·12汶川地震，多少战士因救援他人而被埋葬在了废墟中；2020年四川大火和各地疫情，又是他们冲在了最危险的前线……此种事迹举不胜举，每当国家和人民处于危急时刻，他们总是挺身而出，筑起中华民族的铁骨脊梁保家卫国。在他们身上我们能够看到坚毅、顽强、正直、责任、荣誉、担当和使命等优秀的品质。

军人的品质，对我们来说是一笔财富。无论是对我们现在的生活学习还是未来的成长和工作，我们向军人学习，成为一个具有坚毅、顽强、拼搏、正直和勇于担当的人，即使没有傲人的成就，也是生活中真正的强者，真正的英雄。

体验学习

走进崇明区空军部队

这一次,我们的同学将走出教室,进行实践体验:走进军营体验军人的职业。
主要的安排如下:

一、开营仪式

(1) 教官进行开营式发言,介绍中国人民解放军的发展历史,军人的使命,观看视频《军人和平年代的英勇事迹》以及学生活动流程与纪律要求等。

(2) 带队老师发言激励全体队员。

(3) 分队活动,把全体学生分成若干连队(比如红二连、红三连等)。

接下来请同学们以连队为单位进行讨论和交流,回答下面的问题。

问题一:关于军人,你印象深刻的故事有哪些? 给你带来了怎样的触动和感悟?

问题二:这些人都具备哪些优秀的品质?

问题三:这些品质对你今后的成长有什么启发吗?

二、体验军旅生涯

(1) 各连队在连长(教官)的指挥下进行限时换军装、整理内务、提放小板凳等活动。

(2) 学生们开始了站军姿、齐步走等队列训练，开始用小军人的规范来约束自己。

(3) 进行军事五项拓展训练(团队协作)。

(4) 站岗执勤(佩戴实重原样仿真枪)。

(5) 军体操学习。

(6) 分享交流。

问题一：你认为军人的职业素养是怎么形成的？

问题二：谈一谈这一天下来你的感受和收获是什么？

三、团队协作

(1) 团队协作包馄饨。要求：每个人都要学会包馄饨，比比看哪个连队包得最多最好。

(2) 团队拉歌比赛。①国歌，②校歌，③自由选择。

(3) 集结号吹响，各连队快速集合指定地点。

(4) 分享交流。

问题一：刚才的活动中哪些事情让你记忆深刻？

问题二：你认为是什么原因让你们连队取得了好成绩？

四、结营式

(1) 教官总结。

(2) 连队颁奖仪式。

（3）集体留念活动。

知识锦囊

中国人民解放军

中国人民解放军共设置 5 大军种，分别为陆军、海军、空军、火箭军、战略支援部队，除此之外还有联勤保障部队和武警部队（2018 年起不列入解放军序列）。

陆军是中国人民解放军的主体力量，成立于 1927 年，目前共有 13 个集团军的机动作战部队，分布于 5 大战区（东部、南部、西部、北部、中部），是世界上兵力最为庞大的陆军。中国陆军将朝精兵、军民合成、快速机动、反恐作战、边境防卫、灾害救助等方向发展。

海军是中国人民解放军的海上武装力量，诞生于 1949 年中华人民共和国成立前夕，主要包括南海舰队、东海舰队、北海舰队三大舰队，有海军航空兵、海军陆战队、试验训练基地、海军各院校等单位。近些年海军发展变化较大，万吨驱逐舰、航空母舰陆续建造，目前已成为总排水量仅次于美国的世界第二大舰队。

空军是中国人民解放军的空中武装力量，成立于 1949 年 10 月 25 日。截至 2014 年，部队共有数千架军用飞机，其中以战斗机、轰炸机及强击机为主。时至今日，以歼 20、空警 - 2000 等为代表的各类新飞机的入役，中国空军已成为拥有第五代战机和远程轰炸机等先进装备的现代化空中力量。

　　火箭军，2015 年由成立于 1966 年的二炮更名而来，由陆军附属兵种成为与陆、海、空三军并列的独立军种。火箭军是以地对地战略导弹为主要装备、担负核反击战略任务的部队，是中国核威慑的核心力量。

　　战略支援部队是于 2015 年 12 月 31 日成立的新军种。战略支援部队将战略性、基础性、支撑性都很强的各类保障力量进行功能整合后组建而成，包括情报、技术侦察、电子对抗、网络攻防、心理战五大领域，其任务包括：对目标的探测、侦察和目标信息的回传；承担日常的导航行动，以及北斗卫星和太空侦察手段的管理工作；承担电磁空间和网络空间的防御任务。

故事阅读

平凡中的不平凡

　　从 260 分到 603 分，他通过努力、拼搏、坚持，创造了自己高考奇迹。他叫章程龙，高考成绩是刚上一本线，并不值得骄傲。然而，在高考前三个月的模拟考试中，他的成绩是 260 分。我们一起来看看章程龙高考逆袭的故事：

　　3 月 5 号摸底考试，7 号成绩出来，我只有 260 分，这对于在高三"混日子"的人再也正常不过了，并非我没有努力，只是坚持的时间太短。

　　那天，我爸看着模拟考试成绩，并没有像往常那样忧虑，而是格外淡定地告诉我，不用担心学习了，他已经给我联系好了一家工厂做工，工资 5 000 块。

我脑子"嗡"的一下就蒙了。我虽然学习不好,但也有着上大学的梦想啊!那一瞬间,我觉得自己要崩溃了。

那天晚上我失眠了,第一次问了自己无数个为什么。我把能想到的问题都写在了墙上,最后,我发现这些东西都指向3个问题:

(1)没目标,毅力不足。每次制订的计划最多能坚持3天,3天过后准忘,没有吃苦耐劳的毅力。

(2)做事没有针对性,不动脑筋,不思考。我平时做题只管做,不管看,更不去选择做题的难度和题型,我对自己的知识点根本没有把握,不爱动脑去思考。

(3)看得多做得少,眼高手低。我看书的时候很少进一步去理解知识点的内在联系,以为自己会了,其实还是没有真正理解和掌握。

然后,针对目前的时间,我列出了一份学习计划,我翻出之前做过的所有试题、试卷,逐个开始整理。我在主科上的缺点:语文——基础知识和阅读理解不太好;数学——选择题、填空题命中率低,大题后面的3个题不会做;英语——基本看不懂,单词都基本不认识。

既然找出了问题,就得找办法解决,我去书店买了一本《语文基础知识手册》和一本《阅读素材》;数学买了《天利38套》;英语买了近十年的高考真题试卷。我把《语文基础知识手册》和《阅读素材》剪成3本笔记,每10天换一本。把《语文基础知识手册》当书看,《阅读素材》着重理解其中心思想。数学每天做3套题目,只做选择题和填空题,时间控制在2个半小时内。第二天都将昨天做错的题目看一遍,3天、一周后再分别看两遍。这样我的数学解小题的速度和准确率得到了快速的提高。

英语每天做一套题，将不认识的单词记录下来当晨读材料，每天记半小时。物理把高中所有的公式写在一张大点的纸上，然后做题，忘了公式就查那两张纸。化学看两遍书，把书里出现的方程式都写出来，有选择地做课后练习，不会的再查书，核对方程式。生物多看书，将重要的知识点记在本子上再阅读。

接下来的一个月我都用这种方法复习，4月5号摸底考试，成绩出来，我的成绩由260分飞跃到410分。我从班上倒数第3上升到倒数第10位。对那个时候的我来说，已经是天大的进步了，至少给了我继续努力下去的信心和勇气。第二阶段我坚持学习一个月后，5月5号考试，我的成绩再次提高到510分，足够上二本，就这样，也是曾经的我难以想象的。

我落下了太多进度，这不是靠自己学习能完全弥补的。但我想，既然已经能考上大学了，不妨再试试，看看自己究竟能做到什么程度。

在最后一个月里，我终于跟上了教学老师的脚步，一边不停地做着各式各样的练习，一边把近两个月每天的错题当成武侠小说看得津津有味，并且渐入佳境。期待已久的高考终于来了。最后，你们都知道了，高考我考了603分。

我爸当时就哭了，他跟我说，当初不该对我说那样的话。其实我明白，他要是当时没说那句话，我绝对达不到今天的成绩。我之所以能达到这样的成绩，最为重要的是我已经把学习作为了一项事业、一份责任。

这是一个平凡中成长的学生，从他的高考备战故事中，我们看到他通过反思重新认识了自我，并通过刻苦努力、坚韧不拔的毅力最后取得了成功，我们应该想一想在学习阶段应该如何认识自我，担负起现在应有的责任，为自己的生涯成长打好坚实的基础。

课后实践

　　本次走进军营的活动为同学打开了一扇职业探秘的大门,在今后的生活中,我们可以探索自己感兴趣的各种职业,体验它、感悟它,从而喜爱它。当然在你成长的不同阶段可能会喜欢上不同的职业,这是很正常的事情,但无论你喜爱哪些职业,我们自身都需要必备一些优秀品质,这样你的人生才会更精彩。

　　课后作业:学生按照喜爱的职业自发分成若干小组,采访多个你喜爱的一种职业人,完成下面的任务卡。

　　(1) 你采访的对象从事什么职业?

_____

　　(2) 在他身上有哪些品质值得你学习?

_____

　　(3) 这些人都有哪些共同的品质?(小组讨论)

_____

　　(4) 你身上有哪些优秀品质? 还有哪些方面可以做得更好?

_____

　　(5) 在你未来的生涯规划中,你愿意为他人、社会做出哪些努力? 你期待从中获得怎样的成长?(小组讨论)

_____

(本节编者:上海市实验学校附属东滩学校　王志强)

第七节　小镇职业探秘

课前导引

（1）你听说过镉碗匠吗？你知道旅游体验师吗？

（2）近30年，小镇职业有哪些变迁？有没有恒久不变的职业？为什么说职业的变迁反映了时代的特征？

让我们从身边的小镇开始，了解那些丰富多彩的行业，为自己将来职业规划提供信息。

悦读一刻

消失了的职业

一、镉碗匠

与小炉匠类似的一种挑子是镉碗匠，老百姓称他们为"镉盆（锅）镉碗镉大缸的"。挑子上一般也有风箱和小炉子、板凳、锤子之类,但是多了一把钻子。担子一头挂着小铜锣和铅(铁)"疙瘩锤",走起路来一晃就叮当作响,省得总吆喝。他们的手艺主要是修补陶瓷罐、陶盆、缸之类,陈设的掸瓶、帽筒等。

"锔活"也分粗细,"细活"指的就是"锔活秀",据说,锔匠这行当与清朝八旗子弟有关,当年京城里的八旗子弟喜欢赏花弄鸟、玩瓷藏玉,一旦家藏的珍贵紫砂壶失手碰裂,便找人设法修补,修补的人独具匠心,利用裂纹的走向,用金、银、铜锔钉锔出一枝梅或几朵桃花,稍经打磨,修补后的紫砂壶便身价倍增。到了民国,锔匠行当应运而生,逐渐走向民间,很快登峰造极。不少玩家有意将新紫砂壶装满黄豆,再注入清水,利用黄豆遇水膨胀的力量将壶壁撑裂,再请锔匠用银锔锔成花纹,甚至连壶盖、壶嘴、壶柄都加以纹饰包嵌,将锔嵌上升为一种手工艺术。

干这种活最重要的是那根"无坚不摧"的杆钻,据说其钻头是用金刚石做的,所以称为"金刚钻"。东北俗语中说"没有金刚钻就别揽瓷器活",就是由此而来。如今,大概只有古玩市场、博物馆才有类似的修补行业,而纯粹的锔碗匠也退出了历史的舞台。

二、修钢笔

曾经何时,拥有一支钢笔是一种时尚和身份的象征,更是一种知识的代表,使用和修理往往相伴而生,在商品尚不能达到如今的丰富程度之时,修钢笔者对于使用者来说就是"装备保障"。

修钢笔的利润一直很低,一来钢笔的价格本来就便宜,二来使用者大多是莘莘学子，故而修钢笔一直是一个比较清贫的职业。随着时代发展，廉价的水笔的诞生使钢笔几乎退出书写的舞台，修钢笔的职业也渐渐消失在大家的视野里。

三、星秤匠

星秤匠以加工木杆秤为主，是配有砣（砝码）、砣绳和秤盘（或秤钩）的一种小型衡器。按使用范围和秤量的大小分为戥子、盘秤和钩秤三种。杆的材质又有骨杆、木杆、金属杆等；秤砣有石砣、金属砣。随着电子秤的广泛应用，杆秤因其计量准确度低，容易作弊等原因，逐步被精确的电子秤代替，星秤匠也随之减少，这种古老的星秤行当在小镇已消失。

四、电话总机

作为声音的二传手，电话总机尽管是工人编制，在很长时间都是受到尊敬的职业，不少人通过各种手段，做梦也想当上总机。

以前打电话都不是直拨的，都需要通过乡镇的电话总机层层转拨。如今，只有少数大型企事业单位才会有自己的电话总机。

……

小镇新增职业

一、手机修理

随着手机的普及和BP机的消失，大多小镇BP机修理店改行开始从事手机维修业务。

二、交通协管员

就是在交通繁忙的路段或路口,协助交警人员管好交通的人员,主要负责行人及车辆的秩序。但没有处罚权,他们能更好地配合交警的工作,因为一般路口或路段只配一到两名交警,不能方方面面照顾到,交通协管员就起到了补充的作用。

随着生活水平的提高,农村小镇居民拥有私家车的比例不断上升,镇上的十字路口也都纷纷装上了红绿灯,这时,针对农村居民对交通安全意识淡薄的状态,小镇交通协管员就应运而生了。小镇的交通协管员和城市的交通协管员不是完全相同,前者大多没有编制。

三、快递和外卖小哥

快递这个职业可以追溯到 21 世纪之前,当时的驿站就相当于现在的快递。20 世纪 80 年代,中国邮政开设了中国第一家快递公司。21 世纪来,随着互联网购物的发展,快递业务也随之迅速发展。从事快递职业的大多是年轻男子,大家都亲切地称之为"快递小哥"。

而外卖这个职业和快递类似,但是它一般单指近距离快餐食品的派送。如今又渐渐扩大到一切和食品有关的物品派送,包括熟食、饮料、蔬菜、米面等。

四、旅游体验师

旅游体验师是网络环境催生出的一种新兴职业,旅游体验师为中国一家网站首创,模仿澳大利亚大堡礁高薪招聘守岛员,旅游体验者可以免费跟随旅行团游山玩水,还能获得万元月薪,堪称"美差"。

首席旅游体验师没有学历限制,但要熟悉各地的旅游情况,另外就是文字表达能力强,会摄影,通过网络将旅游文字、图片或视频实时与网友在线共享,并且随时在线传播旅游心得,并最终对该条旅行线路给出综合评价,以供网友参考。

崇明正立志打造世界级生态岛,来旅游度假的人亦越来越多,如果能在崇明岛做一个旅游体验师也是一件极好的事。

……

体验学习

小镇职业探秘

每个人成年后几乎无一例外都会走向社会,寻找一份属于自己的职业。有些人一辈子从事着一份职业,有些人却因为自身的原因、时代的前进或职业环境的改变等各种原因而换工作,小镇上的人也是如此。让我们通过观察、询问、查阅资料等各种形式去了解、去探秘!

自主学习任务单:

小镇职业探秘一

(1) 什么是热门职业,你怎样看待热门职业?

（2）去调查在未来十年有哪些职业可能兴起和消失？

小镇职业探秘二

挑选小镇上一个你比较感兴趣的职业，进行深入了解和探索。

职业名称	
招聘单位	
职能要求	
岗位职责	
薪资待遇	
未来发展情况	
其他	

知识锦囊

未来职业变化趋势

一、职业要求不断更新

新的职业层出不穷，传统的职业消亡和迁移仍在继续，一些职业因新的工作设备和条件变化，对职业内容有新的要求。例如，行政工作人员在以前只要求具备较好的组织协调能力、分析解决问题能力、文字能力、口头表达能力等，但现在还要求具备社会交往能力及计算机辅助管理能力、办公自动化操作能力等。

职业需求不断变迁的大致状况是以第一、第二产业社会职业的消亡变动和重组为主，第三产业迅猛发展，如交通运输业、邮电通信业、商业、服务业、金融保险业、信息咨询业、租赁广告业、卫生、体育、教育培训和文化艺术等，尤其是信息产业的潜力更为巨大，国外有人把其称为第四产业。这些新兴行业的出现和兴起，将为社会提供更多的就业岗位。

同时，由于新技术、新成果的不断推广应用，也为第一、第二产业等传统行业提供了新的发展机遇。例如，由于新技术的应用、新的生产方法和发展思路，给农业这一传统产业也带来前所未有的职业选择机会。

二、永久性职业减少

未来职业的发展趋势是只有少数人能拥有"永久性"的工作，而从事计时、计件或临时性职业的人会越来越多。终身依附于一个组织的固定职业不断削减，独立的、不依赖于任何组织的自由职业不断产生。今天这种传统的固定职业中有相当一部分正在被临时性工作、项目分包、专家咨询、交叉领域的合作团队或者自由职业者所代替。越来越多的工作正在由那些并没有在相关公司拥有固定职位的人来完成。他们通常是自我雇用的独立个体，在需要时以顾问或独立专家的身份提供上门服务，或者受雇于承担了分包任务的公司。

三、专业化的职业教育越来越重要

各种就业岗位需要更多的受过良好教育、掌握最新技术的专业人才，单纯的体力劳动或机械操作职业将明显减少。在发达国家,制造业中蓝领工人失业率高于从事管理工作的白领员工;而白领员工中从事服务性工作,如银行、广告等的失业率又明显高于从事开发和研究工作的员工。未来白领、蓝领阶层的界限将越来越模糊,职业逐渐向专业化方向发展。

故事阅读

"80 后"黄震:都市青年的"新农民梦"

板蓝根当羊的辅食,迷迭香变芳香围栏,冬天给种子盖着棉被育苗,达不到客户要求的草莓给鸡吃……这样"用心"的农业基地,是一个心怀农业梦想的都市青年打造的。这位青年就是万禾有机农场的创始人黄震。他从都市来到崇明,扎根农村种菜当农民,不仅菜种得好、卖得好,还带领农民一起增收致富。

记者:万禾农场最大特色是什么?

黄震:在万禾农场里,种植的都是有机蔬菜,卖的产品都是当季的。我们还养殖了崇明白山羊。所有的农产品都深度"触网"——会员客户上午看我们的收菜直播,下午就能吃到新鲜有机菜。农场还开了微店,建了线上 App,并用智能化管理系统实现农产品生命周期内全程信息追溯,种子在哪儿买的、长了几天、用了什么肥料,是哪位农民种的、谁采的、谁送货上门的,一扫二维码,都能在系统里查到。这不是赶时髦,不是玩噱头,而是为了给消费者提供更精细的服务。

记者：作为一个在市区长大的"80后"青年，你为何选择从事农业？

黄震：互联网行业深刻影响和改变着农业生产和农村面貌，我感觉农产品"触网"是个商机。因为在传统农业模式下，好的农产品往往难以卖出好价钱，此外，人们要吃到真正高质量的农产品也并不容易。深度"触网"，可以让优质农产品的知晓率更高、配送渠道更通畅，"好酒"就有了更多走出"深巷"的机会。

记者：请介绍一下你的创业经历。

黄震：我本来是从事金融业的，2008年放弃原来的工作开始创业，在崇明中兴镇承包了300亩土地，开始种植有机蔬菜。我每天凌晨3点从市区出发赶往崇明田头，和技术人员、农民一起干活，从播种到幼苗的出土、田间培管，病虫草害防治，我们都严格把关，确保每棵蔬菜的生产过程都符合有机生产标准。目前，我们的产品已获得中国有机蔬菜认证，以及欧盟、日本、美国等国家权威机构的有机认证。

记者：为什么会选择在崇明做有机农业？

黄震：崇明的生态环境在上海最好，很适合发展有机农业。这些年来的实践也表明，我们的选择没有错。崇明的土壤上种出的有机产品很受欢迎，目前我们的高端消费会员已超过500名。我父母现在索性也住在崇明，他们每天干农活，就当锻炼身体。崇明空气好，吃得也健康，爸爸的血糖从23.4恢复到了正常水平，这可是个大收获！

📚 课后实践

通过对小镇职业的深入了解,你发现自己以前对小镇这方面的认识上有什么误区吗? 小镇上的人们在各自的岗位上为小镇的繁荣努力着,你喜欢这样的小镇吗? 你喜欢小镇勤劳的居民吗? 你喜欢其中的某个职业吗? 请简单阐述,并和同学老师交流探讨。

（本节编者：上海市崇明区三烈中学　石娴娴）

第三章

生涯拓展

第一节　影像人生

课前导引

　　你有哪些兴趣？你有哪些梦想？你希望长大后做什么？相信在成长过程中，我们都问过自己类似的问题。我们希望了解职业世界，希望知道自己长大的样子，而电影和电视为我们提供了丰富的素材，可以让我们在影像中探索和体验生涯故事，回顾和反思自身经历，探索未来生涯发展。

体验学习

《我在故宫修文物》

　　纪录片介绍：

　　《我在故宫修文物》是由叶君、萧寒执导，中国中央电视台出品的一部三集文物修复类纪录片。《我在故宫修文物》作为故宫 90 周年的献礼纪录片，于

2016 年 1 月 7 日在 CCTV-9《纪录片编辑室》中播出。该片共分三集，第一集讲述青铜器、宫廷钟表和陶瓷的修复故事；第二集是木器、漆器、百宝镶嵌、织绣的修复故事；第三集为书画的修复、临摹和摹印。

推荐理由：

《我在故宫修文物》第一次完整呈现世界级的中国文物修复过程和技术，展现文物的原始状态和收藏状态；第一次近距离展现文物修复专家的内心世界和日常生活；第一次完整梳理中国文物修复的历史源流；第一次通过对文物修复领域"庙堂"与"江湖"互动，展现传统中国四大阶层"士农工商"中唯一传承有序的"工"的阶层的传承密码，以及他们的信仰与变革。

这部纪录片将几位文物修复大师真实的工作状态呈现在我们面前，让我们可以从中看到大师们作为职场人，如何看待自己、看待职业、看待人生。这些大师在工作中与历史对话，与文物为伴，任凭宫墙外的世界斗转星移，宫墙内的他们却要用几年的时间摩挲同一件文物。一座宫廷钟表上千个零件要严丝合缝；一件碎成 100 多片的青铜器要拼接完整；一幅古画揭一两个月；一幅画临摹耗时几年到几十年……他们用自己的一辈子来诠释"因为热爱所以坚持""择一事，终一生"的牢固信仰。

《@互联网人》

影片简介：

《@互联网人》是由林嘉程、丘茜茜导演，杨明逸、宿丹、雷淦琪、王伟、胡玲玲等主演的电影，由腾讯文化、腾讯招聘联合出品，2016 年 9 月 15 日在腾讯视频上线播放。影片以互联网职场生活为背景，描绘互联网人的真实肖像。

产品经理KB，原本带的产品"企鹅在线"正顺风顺水、稳步发展，突然有一天，他接到部门老大的电话，让他去一个新项目团队进行封闭开发。于是他忍痛告别旧产品，去新项目会议室报道。新成员们也都是从各部门抽派过来的"极品"，于是在那小会议室里，一场充满欢笑又让人感动的故事上演了。

推荐理由：

随着科技的不断发展，互联网企业受到较高的关注。从事互联网、人工智能等方面的工作，也成为很多中学生的梦想和目标。而腾讯公司作为有代表性的互联网企业，它的企业文化、工作内容等可以代表部分互联网从业者的工作状态。《@互联网人》中90％的表演者是腾讯公司的工作人员，对腾讯公司以及互联网企业工作场景的还原度极高。通过观看这步影片，让我们能够更了解腾讯这家公司，更真实地探索互联网行业。

《阿甘正传》

影片介绍：

《阿甘正传》是由罗伯特·泽米吉斯执导的电影，由汤姆·汉克斯、罗宾·怀特等人主演，于1994年7月6日在美国上映，1995年获得6项奥斯卡大奖。20年来，《阿甘正传》热度始终不减，阿甘的精神影响了无数人。

阿甘是个智商只有75的低能儿。在学校里为了躲避别的孩子的欺侮，听从一个朋友珍妮的话而开始"跑"，于是开始了一段传奇的旅程：因为很会跑，成为橄榄球运动员，被破格录取进大学，并成了橄榄球巨星，受到了肯尼迪总统的接见；在大学毕业后，阿甘又应征入伍去了越南，因为救助队友，作为战斗英雄受到了约翰逊总统的接见；阴差阳错告发了水门事件的窃听者；作为美国乒乓球队的一员到了中国,为中美建交立下了功劳;启迪了猫王和约翰·列侬这两位音乐巨星,创作了许多风靡一时的歌曲;通过捕虾成为一名企业家,最后却把公司的一半股份给了布巴的母亲,自己去做一名园丁,又跑步横越了美国,又一次成了名人……

推荐理由:

阿甘并不聪明,母亲却并没有因此而限制他的发展,相反,阿甘的很多信念都来源于妈妈的教导,比如:"你和别人没有什么两样""把握你的命运,不辜负上帝给予你的一切""人生就像一盒巧克力,说不准会碰到什么口味"。这些信念支持着阿甘不懈奋斗。与此同时,从阿甘身上我们可以看到,坚持做一件哪怕很简单的事情,一直做,做到极致就是成功。

《无问西东》

影片介绍:

《无问西东》是由李芳芳自编自导,章子怡、黄晓明、张震、王力宏、陈楚生领衔主演的剧情片,于 2018 年 1 月 12 日在中国内地上映。该片最初是作为向清华大学百年校庆献礼的作品,片名《无问西东》取自清华大学校歌中的一句歌词:立德立言,无问西东。

影片以非线性的叙事方式,讲述了四个截然不同的故事。四个不同的年轻人,在四个不同的年代,面临着各自的内心拷问与挑战:是要学非常有用但自己不擅长的科目,还是拥抱属于自己的精彩?是要做一个乖乖学生,还是要报效祖国、死而后已?是要坚持自己的爱情,还是自己的理想?是要追寻良知,还是迫于压力放弃?看完电影,你才能看到并理解他们的选择。

推荐理由：

时代不同，每个时代的矛盾不同，每一代人的困惑也不同，可是相同之处在于对生命的思索和对自己的真诚。在成长过程中，每个人都面临纷繁的选择，受到万事万物的干扰和阻碍。世俗这样强大，强大到生不出改变它们的念头来。可是无论外界的社会如何跌宕起伏，都对自己真诚，坚守原则。内心没有了杂念和疑问，才能勇往直前。

这部电影让我们看到不同价值观的碰撞，以及在这种碰撞中，如何去寻找自己心中的真实想法，实现自己内心最深处的价值。正如影片的标题所言：听从你心、无问西东。

《流浪地球》

影片介绍：

《流浪地球》是由郭帆执导，屈楚萧、李光洁、吴孟达、赵今麦领衔主演，吴京特别出演的一部科幻片。该片于 2019 年 2 月 5 日（农历大年初一）在中国内地上映。2019 年 9 月 4 日，教育部办公厅、中共中央宣传部办公厅印发《第 39 批向全国中小学生推荐优秀影片片目》，该片被推荐为中小学生观看的影片。2020 年 5 月 22 日第九届北京市文学艺术奖揭晓，25 部作品获奖，《流浪地球》为获奖作品之一。

《流浪地球》根据著名科幻作家刘慈欣的同名小说改编。故事设定在 2075 年，讲述了科学家们发现太阳急速衰老膨胀，短时间内包括地球在内的整个太阳系都将被太阳所吞没。那时地球将不适合人类生存，为了自救，人类提出一个名为"流浪地球"的大胆计划，即倾全球之力在地球表面建造上万座发动机和转向发动机,试图带着地球一起逃离太阳系,用2 500年的时间,寻找人类的新家园。

中国航天员刘培强(吴京饰)在儿子刘启四岁那年前往领航员空间站,和国际同侪肩负起领航者的重任。转眼刘启(屈楚萧饰)长大,他带着妹妹韩朵朵(赵今麦饰)偷偷跑到地表,偷开外公韩子昂(吴孟达饰)的运输车,结果不仅遭到逮捕,还遭遇了全球发动机停摆的事件。为了修好发动机,阻止地球坠入木星,全球开始展开饱和式营救,连刘启他们的车也被强征加入。在与时间赛跑的过程中,无数的人前仆后继,奋不顾身,只为延续后代子孙。

推荐理由:

勇气和团结,是这部电影的主题。在影片中,人类拯救自己的"流浪地球"计划,不论从时间还是空间上来说,都是一个巨大、漫长的过程。在这个过程中,如何排除万难,让人类朝着新家园迈进? 影片中的人物,为我们展示了他们的精神力量:耗费数年时间和巨大精力,协同合作,共建巨型推进器和空间站;当推进器关闭时,数不清的救援队同时出动任务,在全球各地重启;空间站和地球上的人通力合作,做出巨大牺牲,脱离危机……虽然人类去往新家园的路依然漫长,但文明之光却在这一刻绽放!

课后实践

关于生涯的影视作品还有很多,如果你善于发现,你会看到,几乎每部作品都有关于人生、兴趣、理想、未来的讲述与思考。接下来，请向你的同学推荐一部你喜欢的影视作品，谈一谈它带给你的收获与成长吧！

（本节编者：上海市崇明中学　王琳琳）

第二节 拓展阅读

课前导引

古人云："读万卷书，行万里路。"书籍中藏着作者对人生的看法、对生涯的探索、对未来的思考……作为初中生的我们，可以从阅读中了解广阔的职业世界，从阅读中看到未来的无限可能。让我们一起阅读吧！

悦读一刻

《毕淑敏给孩子的心灵成长书》

作者：毕淑敏　出版社：广西师范大学出版社

推荐理由：

毕淑敏是具有影响力的华人女作家，曾经从事过护士、心理咨询师等职业，进行过环球旅行。《毕淑敏给孩子的心灵成长书》共包括六册：《擦亮爱的那颗星》《从此登陆未来》《与世界竞走》《远方并不远》《勇敢做自己》《领悟人生的亮色》。在这套书中，毕淑敏以朴实真挚的语言讲述爱的故事，让读者了解爱、学会爱，让心底的爱永远闪亮。在一个个简短而又充满哲理的故事里，读者能够窥见人生的千姿百态、百转千回，从而学会认识自己、相信自己，在成长中建立自信，做自己人生的主人，在成长的路上勇敢而坚定地走下去，并学会欣赏沿途最美丽的风景。在有关成长的故事背后，读者能看到不同选择可能带来的结果，学会分析如何顺利达到自己的目标，摆脱各种困扰和迷思，勇敢面对人生。

精彩书摘：

人要是不断地想着快些长大，就说明你还小。到你什么时候嫌日子过得太快，想慢一点增加年龄的时候，你就已经长大了。

这就出现了一个比较矛盾的情况。当我们渴望长大的时候，我们不知道真正长大之后，会是什么样子。当我们知道应该怎样度过自己的青少年时代时，我们已经不再是少年。

这可如何是好呢？

有个办法，你如愿意，可以一试。就是去读那些已经成年的人所写的文章，听听他们的故事。看他们有哪些心得，有哪些后悔的事情。假如一切能够重来，他们会让自己进行哪些改进。

纵观我们的一生，选择拒绝的机会，实在比选择赞成的机会要多得多。因为生命属于我们的只有一次,要用唯一的生命成就一种事业,就需在千百条道路中寻觅仅有的花径。我们确定了"一",就拒绝了九百九十九。

如果你昂扬,希望就永远微茫地闪动,激你前行。如果你百折不挠,生活每一次把你压扁,你都会充满了韧性和幽默地弹跳而起,螺旋向上。如果你向每一丛绿树和鲜花打招呼,它们必会回报你欢笑和芬芳。

《未来,仍是少年》

作者:邓楚涵　　出版社:长江文艺出版社

推荐理由:

邓楚涵在英国剑桥大学工程系攻读博士学位,研究方向为地下建筑,大学本科期间就曾代表中国参加全美土木工程师学生竞赛,获地下建筑组冠军。他还曾在中国首档大学生益智节目《天才知道》中获全国总冠军,现任中国科学技术协会"科普中国形象大使"。《未来,仍是少年》是邓楚涵的随笔集。书中记录着这位优秀少年的圆梦过程、成长经历以及一些有趣的价值观、人生观。其中也有很多让我们思考和学习的地方。

精彩书摘:

多次回想起那番场景,我都会想到"香江第一才子"陶杰先生写在《杀鹌鹑的少女》中的一段话,当你老了,回顾一生,就会发觉:什么时候出国读书,什么时候决定做第一份职业,何时选定了对象而恋爱,什么时候结婚,其实都是命运的巨变。只是当时站在三岔路口眼见风云千樯，你做出选择的那一日，在日记上，相当沉闷和平凡，当时还以为是生命中普通的一天。是的，人若是都能从头再活一次，那世上一定有更多伟人，生命里太多的遗憾，最后都可以用一句话来释然——此情可待成追忆，只是当时已惘然。所幸，我觉悟得算早，刚刚踏上剑桥的土地，便找到了来这里的意义：人这一生，能心无旁骛地做一件事的机会其实不多，而读博士就是其中之一，尤其是在一个像康河里的水一般安静的地方读博士，这本身就是极大的幸福。每一位博士的研究过程其实都是在寻找真理的征程，或许不是每个人都能抵达终点，但他们一定都曾在抵达之途上去思考、去寻找、去征服星辰和大海，这给他们带来的成就感永远不会被时间磨灭。

"其实我们的一生就是在和不同的人搭桥过河，我们所做的事就是一座座过河的桥，完成的目标就是一条条过的河。人生的真正意义在于我们一起携手过河，而过河的桥本身只是载体，无须介怀。"

上帝会持续地给人设置障得，这些障碍会以不同的面孔出现，有些是失败，有些是委屈，有些是孤独，有些是失去，但是这些障碍似乎都在人的承受范围之内，所以障碍最终也就成了历练，人也只有在这样的历练中才能真正明白那些年少时就已经听腻了的道理。

《工作大未来：从 13 岁开始迎向世界》

作者：（日本）村上龙　翻译：李婷　出版社：东方出版社

推荐理由：

村上龙是日本著名小说家、电影导演，在日本与村上春树齐名。《工作大未来：从13岁开始迎向世界》图文并茂地介绍了600多种职业，还有村上龙以及许多领域专家和行业精英的多篇随笔，是青少年迎向职业世界的启蒙读物。这本书可以拓宽青少年对于职业的认知范围，给每个青少年带来更多发展的可能性。

精彩书摘：

不是"寻找"而是"邂逅"

人们常常说"寻找喜欢的事物"或者"找到喜欢的事物"。但是却很少有人教我们怎样去找、怎样能发现。所以，对于13岁孩子而言的"喜欢的事物"、对于成年人而言的"适合的工作"，并非寻找就能找到。就像在沙滩上寻找贝壳、在野地里寻找蚂蚱、在花海中寻找蝴蝶一样，并不是寻找了就一定能找到。

要想与喜欢的事物"邂逅"，好奇心是不可或缺的。对于一个数学不好的13岁的孩子而言，老师在黑板上写公式时，需要孩子有意识地将注意力放在黑板上。但是，如果是你默默喜欢的人在身边时，无需任何努力，便能被他的面容、神态、动作所吸引。"这到底是为什么呢?"我们将注意力放在某事物上时心里的悸动，就与好奇心密切相关。我们一旦受到好奇心的驱使，无需努力，便能自然地将注意力转移到感兴趣的事物上。"这到底是为什么呢?"所有的一切，都从这里开始。

要想与喜欢的事物"邂逅"，需要在心底坚信"在某个地方，一定有自己喜欢的事物""将来一定有适合自己的工作"。如果没有这种信念，即使将来遇到

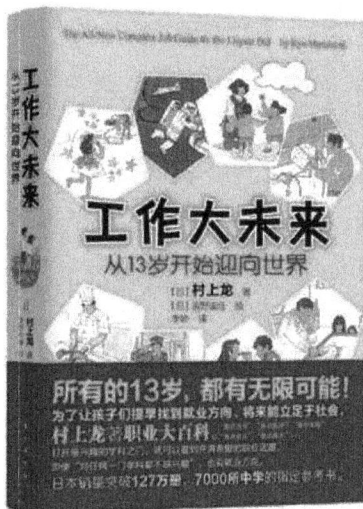

心仪的事物，也不会觉得这就是自己喜欢的事物。与其每天浑浑噩噩地虚度时光，不如对各种事物抱有兴趣。这样一来，遇到喜欢事物的概率也会大一些。自己认为"可能喜欢"的事物，即使实际上是种错觉，或者后来发现自己并没有那么喜欢时，也不会感到失望。

例如，一个13岁的孩子对宇航员感兴趣的话，肯定会想要了解关于宇宙的知识，会阅读各种与宇宙有关的书籍，看相关的电影和电视节目。在此过程中，可能他的兴趣会转移到比如宇宙电梯这种未来的交通工具上。随后，他的关注焦点会转移到应用于宇宙电梯的牵引带中的碳纳米管这种新型材料上。再后来，他可能会对纳米技术这种尖端技术产生兴趣。一旦对某一事物产生兴趣，便会想要深入了解其背后庞大的信息和知识。这样一来，"邂逅"的可能性就增大了。

虽说是职业选择人。但是……

我们常说不是人选职业，而是职业选人。例如，身高1.55米的女生想成为时尚模特是不可能的。时尚模特这一职业就要挑选个子高的人。近视眼不能当飞行员和赛车手，100米跑15秒的人也不能成为职业足球运动员，不识乐谱的人也没法当管弦乐演奏者。除了艺术和职业运动，在许多其他方面，专业性越强，对于该行业从业人员的限制就越多。

职业选择人是事实。但是，13岁的你，即使身高只有1.55米，也不必放弃成为时尚模特的理想，不要舍弃对时尚界的憧憬。保持对时尚模特的兴趣，深入了解时尚界，一定会注意到还有其他各种各样的职业。时尚摄影师、时装·箱包·配饰的设计师、发型设计师、化妆师、时尚秀的演员、时尚杂志的编辑、时尚评论家，这些职业都不限身高，而且能够充分品味时尚的魅力。

职业·连接人与社会、世界的桥梁

职业并非单纯指挣钱的手段。通过工作，人能够获得生活所需的充实感以及作为人的自豪感，并且能够交到知心朋友。而且，通过工作，我们学习各种信息、知识、技术、技能，能够提升自我，理解社会构造和世界上发生的事情。作个比喻，职业就是连接人与社会、世界的窗口，起着至关重要的桥梁作用。

课后实践

（1）你对《工作大未来》中介绍的哪种职业感兴趣？可以进一步去了解和探索它。

（2）和同学分享你阅读到的有趣的生涯故事，制作书摘或者小报进行交流和展示。

（本节编者：上海市崇明中学　王琳琳）

姜企华　总主编

赢在未来

启蒙：
小学生涯教育手册

黄丹凤　陆婷婷　主编

Initiation

上海交通大学出版社
SHANGHAI JIAO TONG UNIVERSITY PRESS

内容提要

上海市崇明区在多年的心理健康教育和生涯教育实践过程中,注重打造区域生涯教育特色,不断提升区域生涯教育品质,尤其在生涯教育课程方面,开展了小初高一体化的探索。本书基于崇明生涯教育团队多年的实践经验,从中小学生涯教育理论背景和学理机制出发,系统开发了小初高一体化的生涯教育手册,以学生自主发展为目标,引导学生在认识自我、探索社会的基础上做好自身的学涯、生涯规划,激发持续的学习动力,培养坚毅的学习品格,促进学生成长成才。

本书可供相应学段学生自主阅读,也可作为生涯教育教师备课参考。

图书在版编目(CIP)数据

赢在未来.启蒙:小学生涯教育手册/姜企华总主编;黄丹凤,陆婷婷主编.
—上海:上海交通大学出版社,2021
ISBN 978 - 7 - 313 - 24510 - 6

Ⅰ.①赢… Ⅱ.①姜…②黄…③陆… Ⅲ.①职业选择-小学-教学参考资料
Ⅳ.①G624.93

中国版本图书馆 CIP 数据核字(2020)第 254302 号

赢在未来——启蒙:小学生涯教育手册
YING ZAI WEILAI——QIMENG:XIAOXUE SHENGYA JIAOYU SHOUCE

总 主 编:姜企华　　　　　　　　　　　主　　编:黄丹凤　陆婷婷
出版发行:上海交通大学出版社　　　　　地　　址:上海市番禺路 951 号
邮政编码:200030　　　　　　　　　　　电　　话:021 - 64071208
印　　制:当纳利(上海)信息技术有限公司　经　　销:全国新华书店
开　　本:787mm×1092mm　1/16　　　印　　张:8
字　　数:93 千字
版　　次:2021 年 4 月第 1 版　　　　　　印　　次:2021 年 4 月第 1 次印刷
书　　号:ISBN 978 - 7 - 313 - 24510 - 6
定　　价:(全三册)88.00 元

生涯起航　瀛洲拓梦

中小学生涯教育是运用系统方法,指导学生增强对自我和人生发展的认识与理解,促使学生在成长过程中学会选择、主动适应变化和开展生涯规划的发展性教育活动。加强中小学生涯教育,是促进学生全面发展和终身发展的重要举措,也是上海深化教育综合改革、实施新时期德育与心理健康教育的必然要求。

自 2015 年起,崇明区的高中学校就积极参与新高考改革下上海市生涯教育的实践。2018 年上海市教育委员会颁发了《关于加强中小学生涯教育的指导意见》,崇明区作为项目区,更是积极探索和有效推动中小学一体化实践。这套书是崇明区在生涯教育上不断探索实践、在心理健康教育方面不断进取的体现,也是崇明区育心育德的进一步拓展。本书具有如下特点:

1. 在主题上满足学生发展和成长的需求

心理健康教育是开展认识自我、尊重生命、学会学习、人际交往、调适情绪、升学择业、人生规划以及适应社会生活等方面的教育，引导学生增强调控心理、自主自助、应对挫折、适应环境的能力，培养学生健全的人格、积极的心态和良好的个性心理品质。本书包含生涯教育中的"自我认知""社会探索"和"生涯管理"板块，还加入了"电影人生"和"拓展阅读"板块，整个栏目的设计，全面贯穿了生涯教育的主线，同时兼顾心理健康教育的多项内容，起到培养学生自我管理、适应社会和积极人格的作用。

2. 在设计上综合助人和自助多种途径

学生生涯规划能力是一种综合能力，是在学生学习和社会实践过程中慢慢培养的，这有赖于课程育人、活动育人、实践育人、环境育人、文化育人等多种手段的运用。本书每一个主题的设计都由"课前导引""悦读一刻""体验学习""知识锦囊""故事阅读"和"课后实践"组成，整体结构完整、内容丰

富,教师容易学习和实施,在小学、初中和高中分段实施,是比较系统的课程教育资源。同时,生涯知识、人物故事、电影理解、拓展阅读等都可以让学生自己学习和领悟。设计依据学生的年龄特点,运用生动活泼、丰富有趣、富有启发、能拓展、可实施的素材,助人和自助相结合,起到提升学生的生涯意识和生涯成熟度的作用。

3. 在内容上与地域风土人情和文化环境相结合

生涯教育是连接学校与职场、生活世界的桥梁,其实施也应注重与学校之外的真实社会生活的连接,不能只停留于书本上理论知识的获得,最终是要让学生具备独立面对社会、走向社会的能力,使学生具备终身生涯规划的基本素养。本书立足学生身边的资源,包括父母的职业、校友的行业和身边的职业,尤其关注本地区的自然资源和人文环境中蕴藏的丰富的职业岗位、职场人物、传统行业、新兴职业和未来的职业发展,充分挖掘和开拓崇明地区的生涯教育资源,大大提升学生生涯实践体验的情感和实效。

4. 在目标达成上提升了心理教师队伍的专业化水平

崇明地处上海比较偏远的地区，在引进师范毕业生上没有优势，多年来，崇明区教育局致力于心理健康教师队伍的专业化建设。本书集结众多心理教师参与，区教研员和骨干教师充分发挥引领作用。本书的撰写让教师们对生涯教育有了更深的学习和领会，也让心理健康教育活动课有了再设计和创新的基础，这是区域内心理健康教育教师队伍培养和提升的有效手段和真实途径，也提升了教师课堂教学的拓展力。

综上所述，本书目标清晰、结构完整、内容丰富，是知识性、体验性和实践性兼具的生涯教育课程资源和学生读本，策划与撰写教师的细心、贴心、用心非常令人感动，对我是一次很好的学习，是为序。

上海学生心理健康教育发展中心副主任　沈之菲教授

2021 年 3 月

目录
Contents

绪章

生涯概述

第一节　生涯是什么

生涯，就是一段扬帆出海的旅程。

一、所有的旅程，都有一个方向、一个目标

当你决定扬帆出海的时候，你的心中一定有一个目标或愿望。也许你想要看一看海豚，或者你想看鲸鱼，或者你想去寻找海底的宝藏。

正是因为有了这个目标，你才会有针对性地做各种各样的准备：定期保养、升级你的小船，准备好足够的食物和水，不断地调整航向……

二、每个人拥有的生涯目标是不一样的

如前所述，每个人出海的原因可能各不相同：有的人出海是为了看海豚，有的人出海是为了看蓝鲸，有的人出海是为了找宝藏。

同样的，在漫长的生涯旅程中，每个人都在寻找属于自己的"成功和幸福"。

比如，同样是追求事业上的成功，有的商人想的是赚更多的钱，有的商人想的是改变一个国家；有的演员想的是尽快大红大紫，有的演员想的是留下能

够传承百年的经典佳作。

三、每一段生涯旅程都是独一无二的

在航行中,遇见的每一朵浪花,欣赏的每一场美景,都是不可复制的。

生涯也是如此,没有两个人的生涯会完全一样。比如,同样是美国总统,奥巴马和特朗普就很不一样。

四、职业不是生涯的全部

生涯是由多个角色历程所组成的,职业只是其中的一种角色,重要但并不唯一。

除了职业之外,生涯中重要的角色还有:子女角色,比如作为爸爸妈妈的子女,在爸妈的陪伴下玩游戏;学生角色,比如读书学习;休闲者角色,比如看动画片。

以上所有的这些角色,都属于生涯的范畴。

五、并不是只有工作的人才有生涯

对于航行来说,在岸上的每一次休整,都是为了下一次更好地启程,因此也是旅行的一部分。

休息的时间对于生涯也一样有意义。所以,就算是小学生,也在进行着生涯之旅，在学生、子女等角色的协调与冲突中，探索着自己的未来之路。

小结：

生涯，就是这样一段带着目标、与众不同、丰富多彩的旅程。现在，你知道了吗？

第二节　为什么要学习生涯

你知道乒乓球吗？只要手脚利索，谁都可以打乒乓球，运气好的时候，甚至能打赢一些高手。

但是总的来说，更可能会输。只有经过专门训练，赢的概率才有可能高。

生涯学习就像打乒乓球：通过专门的学习和训练，才能获得人生的成功。

具体来说，学习生涯可以提高三方面的能力：选择、发展与适应。

一、选择

虽然在我们的人生中，早已做过很多决定：小到今天中午吃什么，大到未来我要成为什么样的人。

但是，真正会做决定、能做出好决定的时候其实并不多：有的时候，你选择了一份难吃的午餐；有的时候，你选择了一个错误的行进方向。

生涯学习，可以让你学会做出一个好决定。

二、努力

在生涯的学习中，选择固然重要，努力却占据着更高的地位。

努力，让你有了更多的选择自由。比如，努力赚钱，能让你想吃什么就吃什么：可以吃巧克力，也可以吃辣条和喝可乐。

在选择之后，努力还决定目标能否实现。如果一开始选择对了，但是却不能很好地实施，那么最终的结果还是很糟糕的。就像你选择了冰淇淋，但是不吃它就会化掉。

尽管人人都知道要努力，可是具体来说应该怎么努力呢？这些，就是我们在生涯学习中要学会的。

三、适应

打球的时候，你不知道乒乓球会从哪来，只能随机应变。

同样，生涯里也会出现很多你预料不到的难题，需要你随机应变。

而学习生涯，可以帮助你明确自己想要的东西，并且更容易获得它。

小结：

理性地选择，高效地发展，从容地适应。如果你希望自己能够做到这三件事，那么生涯的学习就是你不能错过的核心功课。

第三节　我该做什么：小学生涯任务

小学学习的重点就是培养兴趣：对生涯探索感兴趣。所以小学生的任务包括：

一、对自己感兴趣

小学生并不是白纸一张，仍有很多空白。所以，不用着急先画出多么漂亮的画面来，而是要先想一想，自己具有什么不一样的地方？

其中最重要的是，思考自己的兴趣、特长和梦想。

二、对周围感兴趣

俗话说得好：知己知彼，方能百战百胜。就算是小学生，也需要对周围的事情保持好奇。

你每天生活的环境，比如班级、居委会/村委会，每天接触的人，比如爸爸妈妈、爷爷奶奶，你真的了解他们吗？张开你的眼睛，去多多观察和探索吧！

小结：

对自己感兴趣、对周围感兴趣，组成了小学生涯的"双重奏"。

第四节　本书能带给我什么

这本书就是一张生涯藏宝图。它可以分成以下四个部分：

第一部分，生涯概述。就是你现在读到的这一部分，主要包括六个小节：生涯是什么、为什么要学习生涯、小学生要完成哪些生涯任务、这本书能带给我什么、这本书该怎么使用，以及除了这本书，我还可以做什么。

第二部分，了解自己。包括我的兴趣、我的特长、我的情绪、我的梦想、我的时间管理，这五个小节让你对自己身上的特点产生好奇。

第三部分，了解环境。包括我的班级小岗位、我的家庭小岗位、爸妈的工作日、跟着爸妈去上班、我的家族职业树、村居职业探秘、我身边的职业、消防职业探秘，这八个小节，让你对你的班级工作、父母职业以及社会行业有进一步的认识和了解。

第四部分，生涯拓展。包括电影人生、拓展阅读两个小节，向你介绍一些好看又好玩的优秀电影和书籍。

小结：

生涯概述、了解自己、了解环境、生涯拓展，是这本书留给你的四份宝藏。

第五节　本书该怎么使用

本书并不是一本生涯教材，而是一本生涯读本。

也就是说，不是只有上课的时候才用得到它，而是任何时候都可以读它。

除了第一部分和第四部分之外，本书的每一节大约有 1 500 字左右（读完大概只需要十分钟），主要分成六个部分：

（1）课前导引，是一些小问题或故事。

（2）悦读一刻，是一些小故事或者小知识，你可以轻松地阅读。

（3）体验学习，这一部分需要你动动笔，写一写，画一画。

（4）知识锦囊，需要你仔细阅读，可以学会很多技巧。

（5）故事阅读，通常是一些人的生涯故事，给你带来一点启发。

（6）课后实践，课后可以做的一些额外的活动，你可以灵活地安排。

当然，对于生涯老师来说，如果你手边没有合适的生涯教材，那么这本书也可以暂时充当一下这个角色。你可以围绕体验学习中的活动，构建一节独特的生涯课程，推动学生的生涯探索。

小结：

轻松地阅读，投入地体验，认真地学习，自由地感悟，本书才能带给你最大的收获。

第六节　除了阅读本书,我还能做什么

关于生涯的学习,不能单纯地依靠一本书,而需要多个方面的共同配合。

所以,在阅读本书的基础上,你还可以:

(1)多参加校内活动。除了学习之外,学校里还有很多活动,每种都积极尝试一点,比如艺术节、美食节、演讲比赛、运动会等。

(2)多参加校外实践。走出校门,跟着老师同学、爸爸妈妈、邻居街坊,进入真正的社会,看看他们都在做什么。

(3)多使用生涯测试。专业的生涯测试,就像一次详细的体检,会更全面地告诉你,你是什么样的人、具有什么样的特点。

(4)多进行生涯辅导。如果你的学校有专门的心理咨询师或生涯咨询师,那么你可以多跟他们聊聊天,听听他们的建议。有问题,找咨询师就对了!

小结:

进入书本很重要,走出书本更重要。生涯这段旅程,你准备好开始了吗?

第一章

了解自己

第一节　兴趣与成功

课前导引

　　兴趣，就是一个人特别喜欢做的事情，并且在做这件事情的时候，心情格外轻松和愉悦，感觉时间也过得特别的快。一有空就心心念念、情不自禁地想去做，往往会投入很多时间和精力，并乐此不疲。当一个人长期专注于感兴趣的那件事情并持之以恒地付出努力、付出汗水时，即使遇到挫折困难也百折不回、勇于克服、坚持不懈，那么终将有所收获。

　　每个人都会有自己的兴趣，你的兴趣是什么呢？

音乐天才周杰伦的成功之路

周杰伦自幼就对音乐非常有天赋,只要听到音乐,就会情不自禁地摇头晃脑律动起来,还会咿咿呀呀哼起来。3岁时曾对着家里的一台录音机,有模有样地唱录了自己的"专辑",赢得了爸爸妈妈和外婆外公的夸奖。

妈妈看见小杰伦非常喜欢音乐,在他4岁那年,就拿出家里全部积蓄为他买了一台名牌钢琴,请最好的钢琴老师给他辅导。钢琴老师是台北最有名的钢琴师,教育过程中对小杰伦极其严格,每弹错一个音符,"啪"的一声,一把折叠扇就会打到他的手背上,那时,杰伦的手背总是青的。回到家中,妈妈还逼着他继续练钢琴,弹错了还得挨揍,尽管委屈,但由于热爱,小杰伦从未想过放弃。小学三年级的时候,他又被大提琴忧伤凄美的琴声迷住了,妈妈对于杰伦想学大提琴同样鼓励,于是,小小年纪的他在每个周末又背着比他还高大的大提琴挤上公共汽车去音乐馆学大提琴。

因长时间沉醉在音乐学习与创作中,中学时,杰伦的学习成绩有些糟糕,还患上了强直性脊柱炎,人生跌落到了低谷。后来他去一家餐厅打工,尽管四肢乏力,但是对音乐的钟爱与狂热丝毫未减。尽管在创作的道路上也曾历经坎坷,没人录用他的创作,然而不放弃、不言弃的性格给了他继续下去的勇气与力量,最终,他的人生伯乐吴宗宪给了他一次机会,让杰伦演唱他自己创作的歌曲,并且要他10天之内写出50首歌!面对这样几乎不可能完成的挑战,杰伦咬紧牙关,背水一战,把自己关在办公室写歌,每天由妈妈给他送饭,他的爸爸也打来电话给他鼓励。后来吴宗宪老师选了杰伦自写自唱的十首歌做成了他生平的第一张专辑《杰伦》,没想到专辑一面世便被抢购一空。后来的第二张专辑《范特西》更加大受欢迎。从此以后,周杰伦声名鹊起,在音乐之路上越走越宽……

体验学习

活动一:画一画能让你专注投入且感兴趣的事情。

活动二：讲一讲你所知道的因为对某件事物感兴趣，以至锲而不舍，最终成就事业的名人案例。

活动三：想一想你现在非常投入且感兴趣的事情有没有可能发展成为你将来要从事的职业，甚至是终身热爱的事业。

知识锦囊

（1）古往今来人们开始探索，都应起源于对自然万物的惊异。——亚里士多德

（2）学问必须合乎自己的兴趣，方才可以得益。——莎士比亚

（3）我认为，对一切来说，只有热爱才是最好的教师，它远远超过责任感。——爱因斯坦

（4）好奇的目光常常可以看到比他所希望看到的东西更多。——莱辛

（5）一个深广的心灵总是把兴趣的领域推广到无数事物上去。——黑格尔

(6) 思维世界的发展,在某种意义上说就是对惊奇的不断摆脱。——爱因斯坦

(7) 哪里没有兴趣,哪里就没有记忆。——歌德

故事阅读

"多变"的生物科学巨匠拉马克

让·拉马克是18世纪法国生物学家。但如果用"朝三暮四"来形容青少年时期拉马克多变的兴趣,真是太恰当了。

拉马克的哥哥有好几个是军人,他也想当个军人,将来做将军。16岁时,他参军,由于作战勇敢,被授予中尉的军衔。

不久因病退伍,他爱上了气象学,又想当个气象学家。

后来,他在银行里找到了工作,梦想当个金融家。

可没多久,拉马克又爱上了音乐,成天拉小提琴,想成为一个音乐家。

再后来又去学了4年医,过不了多久,他发现自己对医学又没多大兴趣了。

这样折腾了8年多,终于,在24岁的时候,他偶然遇上了一位良师——法国著名的思想家、哲学家、教育学家、文学家卢梭。卢梭引导他进入生物科学的世界。

从此以后,拉马克矢志不渝地爱上这门科学,将毕生精力贡献于这门科

学,最终成为一位生物科学巨匠。

课后实践

　　和你身边的朋友们交流一下：你们的兴趣有哪些是完全一样的？有哪些是看起来像,但又有一些不同的？有哪些又是完全不一样的？为什么会有这些不同？

（本节编者：上海市崇明区竞存小学　杨晓萍）

第二节　我也很优秀

　　每个人都有自己的优势。你知道自己的优势吗？怎样才能知道自己的优势在哪里呢？寻找和发挥自己的优势，又有什么作用呢？

想吃苹果的鼠小弟

　　一天，鼠小弟来到一棵大苹果树下。它很想尝尝树上的大苹果。

　　这时飞来了一只小鸟。它飞上树，摘了一个苹果。鼠小弟想了想，自己没有翅膀。

　　又来了一头大象，它伸长鼻子采到一个苹果。鼠小弟想要它长长的鼻子……

　　又来了一头长颈鹿，它轻轻一够，就够到了一个苹果。鼠小弟想，要是我

也有长长的脖子……

　　这时，来了一只袋鼠，它轻松一跳，就摘到了一个苹果。鼠小弟也拼命跳了跳，可是怎么也够不到。

　　又来了一头犀牛，它轻而易举地把一个苹果摇了下来。于是鼠小弟也猛地撞苹果树，可是苹果树纹丝不动。

　　眼看着苹果树上的苹果越来越少了，鼠小弟着急了。

　　小鸟、大象、长颈鹿、袋鼠、犀牛发挥了自己特有的能力，都能取走苹果。

　　这时，来了一头海狮。你知道海狮有什么特有的能力吗？鼠小弟呢？你能帮他俩想个办法拿到苹果吗？

　　现在你发现了吗？每个人都有自己的特长，善于发现，灵活运用，让特长成为我们的优势，可以创造出无限的可能。

体验学习

　　你看，鼠小弟也有属于自己的优势！只不过需要通过特有的途径来挖掘。

那你的优势在哪里呢？

请你回答下面的问题，采用涂色的方式来认识一下自己的优势：觉得自己做得很好就涂绿色，做得不好就涂红色。看看你哪种能力的绿色最多呢？

能说会道	不看书就可以自己讲一个故事	作文写得又快又好	掌握别人不知道的词语
逻辑推理	做算术题又快又准	很容易发现不同事物之间的因果关系	很快就能发现事物的规律
空间思考	在外面不会迷路	看一眼就知道东西有多高、多长或者多远	轻易就能区分色彩、形状之间的微妙差别
身体运动	肢体动作协调、姿态优雅	身手敏捷、反应很快	擅长某种运动（比如跑步、乒乓球）
探索自然	细心地观察自然景物	关心环境保护问题	养好花花草草或者小动物
了解自己	知道自己的优点和缺点	知道自己的梦想	知道什么东西会让自己生气、伤心或高兴
沟通交往	得到很多同学、老师、家人的喜欢	准确知道别人什么时候在伤心或者生气	知道别人的想法
唱歌音乐	唱歌非常好听	听过几遍的歌曲，马上就能唱出来	使用某种乐器（比如钢琴、小提琴）

你还可以利用今后生活中的各种活动，进一步了解自己、发现自己、认识自己。这可是人一生都需要思考的问题哦！

知识锦囊

霍华德·加德纳博士是美国著名发展心理学家、哈佛大学教授，他认为每个儿童与生俱来都有 8 种智能，各种能力相对独立，又以不同方式、不同程度来组合。我们每个人都有自己最优势的智能组合。

八大智能

语言
Verbal / Linguistic
对语言、文字的运用能力

适合的职业
主持人、律师、记者、教师等

数理逻辑
Logical / Mathematical
对数字和逻辑思维的运用能力

适合的职业
科学家、会计师、工程师等

空间
Visual / Spatial
对空间的感知能力

适合的职业
设计师、飞行员、摄影师等

身体-运动
Bodily / Kinesthetic
对身体运动的控制能力

适合的职业
演员、机械师、外科医生等

自然探索
Naturalist
探索感知自然的能力

适合的职业
生物学家、环境设计师等

内省
Intra-personal / Introspective
与自我相处、感知自我的能力

适合的职业
心理学家、政治家等

人际
Inter-personal / Social
与他人相处与协作的能力

适合的职业
外交家、公共人员、推销等

音乐
Musical / Rhythmic
对音乐识别和表达的能力

适合的职业
作曲家、歌唱家、调琴师等

故事阅读

鹭岛神警——曾芝强

在厦门市，有一个叫曾芝强的保安，他大概是 2004 年全国最走运的保安。2004 年初经公安部特批，他由一名不起眼的保安，一跃成为厦门火车站派出所的正式民警，他还分得了一套房子，同时获得了厦门市的城市户口，真可谓名利双收。

这是由于被誉为"鹭岛神警"的他凭着一双"火眼金睛"，在火车站的茫茫人海中抓获了 5 000 余名犯罪嫌疑人，其中有 60 多名公安部重点追捕逃犯。可是你知道吗，曾芝强原本只是一个来自农村的打工仔，在厦门火车站当一名普通的保安，从未上过警校，也没有受过专业警察训练，那他为何能在南来北往的众多旅客中发现犯罪嫌疑人呢？

他说："犯罪嫌疑人与正常旅客相比，在眼神、表情、言谈和举止上总有被人忽视或不易察觉的细微差别，我的过人之处就在于善于发现这种细微差别，并据此抓获犯罪嫌疑人。"这恰恰是曾芝强的优势，是一种善于察言观色、洞悉犯罪分子心理的独特优势。正是凭借这一独特优势，曾芝强由一名保安一跃成为公安部特批的警察。

在职业发展的过程中，是否最大限度地发挥了自己的优势很大程度上决定了职业的成就感与幸福感。只有善于发现自己的优势，强化自己的优势，充分发挥自己的独特优势,才能到达成功的彼岸。

课后实践

　　这是一次有趣的竞赛,因为只有发挥出了每个人的特长,你所在的小组才能获胜。现在请你和你的小伙伴们快来根据自己的优势安排出一张小组参赛表吧。记住 6 人一组,每人必须参加且只能参加一项哦!

	30 秒跳绳	五子棋	算 24 点	歌词接龙	疯狂来往	特色项目(　　)
姓名						

（本节编者：上海市崇明区西门小学　缪春苗）

第三节　情绪碰碰车

课前导引

让我们一起来玩"抓手指"的游戏吧：大家围成几个圈，每人同时伸出左手食指和右手手掌；食指向上，手掌向下；每人把食指放在左边同学的手掌下，轻抵掌心；每人的手掌不能合拢。老师开始讲故事，听到数字的时候，大家就一边抓，一边躲。

刚才在游戏，当你的手指被别人抓住的时候，你的心情是怎样的？当你抓住别人的手指，你的心情又是怎样的？

悦读一刻

失落的小鼹鼠

鼹鼠妈妈说："莫迪，帮我洗洗樱桃吧！咱们做樱桃汁。"莫迪头朝下倒在

沙发上,摇晃着小脚丫,说:"我不。"

"你怎么啦?"妈妈问道。

莫迪大声叹了一口气。妈妈又问:"你病了吗? 是不是嗓子疼?"莫迪说:"不是。"

妈妈关心地问:"乖莫迪,妈妈能帮你什么吗?"莫迪小声说:"谁也帮不了我。"

妈妈想问个清楚:"哦? 是怎么回事儿呢?"莫迪从沙发上翻下来,坐在地上,说:"我觉得好无聊啊! 干什么都没劲!"妈妈安慰莫迪:"比安卡和迪迪一会儿就来陪你玩了。"莫迪没精打采地说:"真没劲,总是跟他们一块儿玩。"

妈妈说:"看电视好不好?"莫迪叹着气说:"都看过几百次了。"妈妈又说:"那就玩拼图吧?"莫迪皱着眉头说:"都玩过几千次了。"妈妈说:"要不玩你的小飞机?""不!"莫迪不高兴地哼哼着,站起来走到床边。

妈妈说:"那跟小马玩一会儿?""哼!"莫迪钻到了被子里面。

妈妈问:"要不我给你读故事书?"莫迪把枕头扔到地上,喊道:"故事书最没劲了!"

妈妈摇了摇头,说:"那你出去活动一下,帮爸爸挖地洞。爷爷说过,新鲜空气保健康,挖洞刨土最好玩。"莫迪听了,无可奈何地说:"好吧!"

这时,黄鼬比安卡和狗獾迪迪也来了。他们和莫迪一边聊天一边挖洞刨土,太阳快下山的时候,他们仨挖了一个又大又深的土洞。

鼹鼠妈妈喊:"莫迪,快回家吃晚饭啦!"莫迪拍拍手上的土回答:"来啦,妈妈你做了什么好吃的,我快饿瘪啦!"

和好朋友告别,回到家的莫迪大口大口吃着美食。

——选自(德)哥里塔·卡罗拉特著《小熊布迪系列——坏情绪,走开》

体验学习

情绪就像一个个小精灵,她精灵古怪,来无影,去无踪。

有时她是翩翩起舞的小天使,有时她是张牙舞爪的小恶魔。

你有没有像小鼹鼠莫迪那样情绪有时低落有时高涨?请观察和记录自己和家人最近一周内的情绪变化,给自己和爸爸妈妈在最符合情绪体验的天气图标下打"√",并注明是谁的情绪。回忆一下为什么会有这样的情绪变化。

一、情绪调查表

家庭晴雨表

周一					
周二					
周三					
周四					
周五					

二、情绪小探索

(1) 当我_____时,我的情绪是_____,生活学习状态是_____。

(2) 当家人情绪是_____时,他/她的行为表现是_____,他/她的工作状态是_____。

(3) 我喜欢我和我家人的情绪是_____。

知识锦囊

我们的情绪犹如五彩缤纷的万花筒,有快乐、愉悦,有生气、委屈,有担忧、害怕……觉察并接纳它们,并积极应对,我们的生活、学习、工作才会更顺利!

如果你想让自己开心起来，应对不好的情绪，你可以试试下面的方法：

音乐调节法：静静地坐着或者躺着，专心听一段舒缓的音乐；

运动调节法：跑步、打球或者是参加别的运动，让自己的注意力得到转移；

呼吸调节法：用最大的力气，深深地吸一口气，然后慢慢地全部吐出去，重复十次；

聊天调节法：和你最好的朋友、父母或者老师聊一聊你心里的烦恼。

故事阅读

当你生气时……

一天，陆军部长斯坦顿来到林肯总统那里，气呼呼地说一位少将用侮辱性的话指责他偏袒。

"可以狠狠地骂他一顿。"林肯说。

斯坦顿立刻写了一封措辞强烈的信，然后拿给总统看。

但是当斯坦顿把信叠好装进信封里时，林肯却叫住他，问道："你干什么？"

"寄出去呀。"斯坦顿有些摸不着头脑了。

"不要胡闹。"林肯大声说，"这封信不能发，快把它扔到炉子里去。凡是生气时写的信，我都是这么处理的。这封信写得好，写的时候你已经解了气；如果你还感觉不好，那么就请你把它烧掉，再写第二封信吧。"

——选自张健鹏、胡足青主编的《以小见大》

课后实践

利用双休日或寒暑假，跟着爸爸妈妈去上班，体验爸爸妈妈的工作情绪，和爸爸妈妈共同编写一份《情绪应对"宝典"》吧。

（本节编者：上海市崇明区西门小学 黄丹凤）

第四节　我有一双梦想的翅膀

课前导引

"一个人可以一无所有，但是不能没有梦想。"因为有梦想，我们才能历经坎坷继续前行；因为有梦想，我们才能历经沧桑初心不改。

那么，什么是梦想呢？你有梦想吗？梦想如何才能实现呢？自己的"个人梦"和国家的"中国梦"有什么关系呢？

今天，我们就来谈一谈关于梦想的话题。

悦读一刻

茅以升立志造桥

茅以升是我国建造桥梁的专家，小时候，家住在南京，离他家不远处有条河，叫秦淮河。每年端午节秦淮河上都会举行龙船比赛。每到这一天，河的两岸人山人海,河面上的龙船都披红挂绿,船上岸上锣鼓喧天,热闹的景象实在让人兴奋。茅以升跟所有的小伙伴一样,端午节还没到,就盼望着看龙船比赛了。

有一年端午节,茅以升病倒了,不能去看龙船比赛了。小伙伴们都去看龙船比赛,茅以升一个人躺在床上,只盼望小伙伴早点儿回来,把比赛的情景说给他听。

小伙伴们直到傍晚才回来。茅以升连忙坐起来说:"快给我讲讲,今天的场面有多热闹?"

小伙伴们都低着头,老半天才说出一句话来:"秦淮河出事了。"

"出了什么事了?"茅以升吃了一惊。

"看热闹的人太多了,把河上那座桥压塌了,好多人掉进了河里。"

听了这个不幸的消息,茅以升非常难过,他仿佛看到许多人纷纷落水,男的女的老的小的,景象凄惨极了。病好了,他一个人跑到秦淮河边默默地看着断桥发呆,他想:我长大一定要做一个造桥的人,把大桥造得结结实实,永远不会倒塌!

从此以后,茅以升特别留心各式各样的桥,平的、拱的、木板的、石头的,出门的时候,不管碰上什么样的桥,他都要上下打量,仔细观察,回到家里就把看到的桥画下来,看书看报的时候,遇到有关桥的资料,他都仔细收集起来,天长日久,他积累了很多造桥的知识。他勤奋学习,刻苦钻研,经过长期的努力,终于实现了自己的理想,成为一名建造桥梁的专家。

（本文摘自小学《语文》第 5 册课文《茅以升立志造桥》人教 1994 年版　作者为刘桂芳、王瑞起）

赢在未来——启蒙：小学生涯教育手册

体验学习

　　梦想是美好的，人因为有梦想而伟大，因为没有梦想而渺小，但是梦想不等同于幻想。如果没有切实可行的计划和具体的目标，那就是幻想，而不能称为梦想。所以根据自身的优缺点和周边条件，设定适合自己的志向和目标并制订切实可行的计划，是实现梦想的关键。

　　请你写出三个你的梦想，以及相对应的目标。

梦　想	目　标
1.	
2.	
3.	

知识锦囊

　　什么叫中国梦呢？中国梦正式提出于 2012 年 11 月 29 日，指"实现中华民族伟大复兴，是中华民族近代以来最伟大梦想"。也就是要让中华民族重新变得强大起来。

　　"中国梦"的核心目标可以概括为"两个一百年"：到 2021 年（中国共产党成立 100 周年）时，全面建成小康社会；到 2049 年（中华人民共和国成立 100 周年）时，建成富强、民主、文明、和谐的社会主义现代化国家，最终顺利实现中华民族的伟大复兴。

　　在这个过程里，每个人自己的梦想，与国家和民族的前途命运是紧密相连的。我们是祖国的未来，是祖国的花朵，我们这一代要有理想、要有担当，国家才有前途，民族才有希望。我们只有将"个人梦"融入"中国梦"，以"青春梦"托起"中国梦"，为实现中国梦增添强大的能量，我们的"中国梦"才能实现，我们的"个人梦"才能实现。

"刀光剑影"的遐想成就少年科技梦

徐紫宸曾经代表中国，参加在墨西哥举办的青少年机器人世界杯（RoboCup Junior）的比赛，获得了铜奖。一个 16 岁的"文弱"女孩，最大的爱好竟然是发明"刀具"，目前她已经获得了 11 项通过国家知识产权局审核的实用新型专利。梦想，让她走上了这条科技创新的大路。

一个说起话来文文静静的重庆小姑娘，让人无论如何都不能把她和"刀"联系起来。而她发明新型水果刀的灵感来源，竟然是小时候和奶奶在一起的时候，看到奶奶能用一把刀在光影的交错中把食物变幻出美丽的姿态。她的出发点是那么的质朴和单纯。

后来上了高中，学校里有剑道社，这让很早就对刀着迷的徐紫宸激动不已。她高兴得马上就报名加入了，成了一名"刀客"。从看《浪客剑心》《犬夜叉》等日本动漫，到参加学校的剑道社，这个小女生一直都在跟刀打交道。看漫画的孩子很多，但是，徐紫宸并没有满足于模仿，她的梦想和同龄人相比，显得更深、更远。

得益于一直以来养成的爱思考的好习惯，徐紫宸自然而然地把自己的爱好和发明创造结合了起来。通过查阅资料和实地调研，徐紫宸完成了一篇名为《刀的遐想——重庆市大足千年手工锻打刀的研究与改进》的论文，对刀的

制作流程、工艺和样式进行了改进，并申请了 6 项专利。抱着厚厚的一摞专利证书，徐紫宸却并不满足："我还想知道，这些刀在实际操作中，到底好不好用。"

"科技创新经常会遇到问题、挫折，但这些都是必然存在的，否则就不是发明创造了。"在失败和挫折面前，父母的鼓励是徐紫宸勇往直前的动力。

对世界充满强烈的好奇心，这是徐紫宸走在创新路上的原动力；开朗与单纯，让徐紫宸周围聚集了一群有着共同爱好的伙伴，追梦的路上不再孤独；不追求名利、敢于直面失败，徐紫宸的父母给了她最好的人生教育。在追逐"科技创新梦"的道路上，怀揣着一份热爱，脚踏着一份执着，肩负着一份"科技兴国"的责任,徐紫宸的"中国梦"将愈加清晰、愈加真实!

徐紫宸追逐梦想的过程,也是为实现中国梦做贡献的过程,她对科技的贡献,不仅使她实现了个人梦想,也使我们离实现中国梦更近了一步。

——选自《青春期健康》2014 年第 10 期,作者王晓东

课后实践

你的梦想,有哪些会得到你周围人的支持呢? 和你的父母、最好的朋友以及老师,谈一谈你的梦想,听听他们的看法吧!

(本节编者：上海市崇明区育才小学　徐家莉)

第五节　做时间的小主人

课前导引

你认为 1 分钟时间有多长？

什么时候你认为 1 分钟很长？

什么时候你认为 1 分钟很短？

你能把握好自己的每一分钟吗？

悦读一刻

惜时如金的鲁迅

我国著名的文学家鲁迅先生,有一个成功的秘诀就是珍惜时间。鲁迅 12 岁在绍兴城读私塾的时候,父亲正患着重病,两个弟弟年纪尚幼,鲁迅经常上当铺、跑药店,还得帮助家里做家务,为免影响学业,他必须做好精准的时间安排。以后的每一天,鲁迅都在挤时间学习。

在鲁迅眼里,时间就是生命;莎士比亚说,放弃时间的人,时间也会放弃他。

小朋友你打算如何合理安排你的时间呢?

体验学习

假如有一天,你的家里有客人到访,爸爸妈妈让你帮忙招待一下,你需要做的事情及所花的时间如下:

烧一壶水,需要 5 分钟;

刷洗茶壶、茶杯,需要 1 分钟;

洗水果,需要 2 分钟;

准备其他零食,需要 2 分钟。

你是怎么样完成这些任务的? 先干什么? 后干什么? 总共需要多少时间? 最短需要花多少时间呢?

知识锦囊

时间管理指的不是让你的时间变多,因为每个人每天的时间总量是固定的。时间管理只是通过事先的规划,运用一定的技巧、方法与工具,实现对时间的灵活以及有效运用,从而让我们能够更轻松地实现自己的目的,比如多做一些事、多学一些知识、多玩一会游戏,等等。

时间管理有很多技巧,上面提到的例子,应用的就是由我国著名数学家华罗庚提出的"统筹方法"。它的要点在于:详细地分析做一件事的先后顺序,把他们进行合理的安排,就可以节约时间。比如,在等车和坐车的时候,不要光是坐着发呆,而是做一些零碎学习,比如回忆一下单词,或者舒展一下筋骨;回到家里把饭煮上了,就可以开始写作业,或者玩一会游戏,而不用看着等饭熟。

故事阅读

欧阳修善用零碎时间学习

欧阳修,字永叔,自号醉翁,是我国北宋时期著名的文学家、政治家、史学家和诗人,与唐朝的韩愈、柳宗元,宋朝的王安石、苏洵、苏轼、苏辙、曾巩合称"唐宋八大家"。

欧阳修之所以有这么高的文学素养和成就,与他爱读书、勤写作的好习惯密不可分。据说,欧阳修曾经跟别人说过:"余平生所作文章,多在三上,乃马上、枕上、厕上也。"意思是:"我一辈子所写成的文章,大多数是在三件事物上完成的,它们是:马上、枕头上和厕所上。"这句话,当然不是说欧阳修有特别的喜好,只有骑着马、睡着觉、上着厕所,才能写出文章来。它的意思是,即便是在骑马、小憩、上厕所的时候,欧阳修也没有放弃思考,而是沉迷在自己读书、写作的世界中,因此才能取得那么多辉煌的成就。

无独有偶,很多名人都很会利用零碎时间进行学习。比如欧阳修的上司钱惟演,也是很喜欢读书,号称"坐则读经史,卧则读小说,上厕则阅小辞,盖未尝顷刻释卷也"。意思是:"坐着就读经书历史,躺着就读小说,上厕所就读诗词,没有一刻离开书本。"美国诗人、翻译家朗费罗,甚至利用每天煮咖啡的十分钟,坚持不懈,最终完成了对但丁的名作《神曲·地狱篇》的翻译。

课后实践

如果时间是个大馅饼,周末 24 小时(从周六早上 6 点到周日早上 6 点),

你将如何合理切割这张馅饼,用于不同的活动呢?

(1) 第一步,把你周六要做的事情整理一下,按照事情的重要性排列一下顺序。

(2) 第二步,根据你的学习效率的规律(比如,是早上效率比较高,还是下午效率比较高),请你在时间馅饼上划分一下,并涂上相应的颜色。

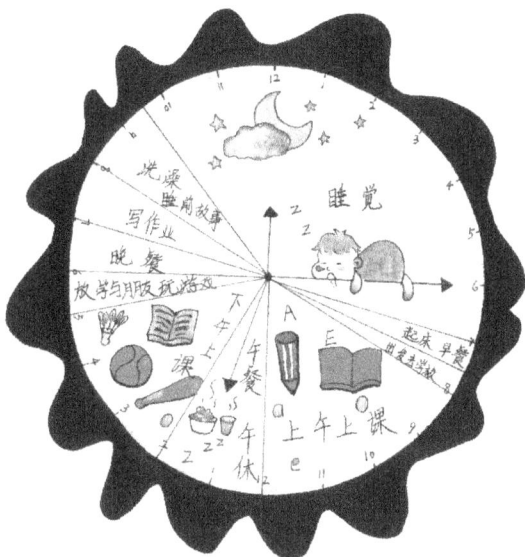

(3) 推荐小组公认时间分配得较为合理的同学介绍经验。

每个人每天都有 24 小时,但是有些人可以做很多事情,而有些人似乎永远有做不完的事情。相信只要对自己的时间好好规划,科学地享用"时间馅饼",会多出很多时间来做自己喜欢做的事情。聪明的你,肯定可以充实而快乐地过好每一天。

(本节编者:上海市崇明区长兴小学　王灿)

第二章

了解环境

第一节　我的班级小岗位

课前导引

你所在的班级有小岗位吗？

你的小岗位是什么呢？

你喜欢你的小岗位吗？

你了解你的岗位职责吗？

"班级是我家，管理服务靠大家"。班级是我们在学校的家，要想使我们的家温馨和谐，就需要我们每一个人都来为班级出力。在班级中设立不同的小岗位，事事有人管，事事有人做，我们的班集体才会蒸蒸日上。

悦读一刻

尽职的仙鹤

古时候，有一个国王，他有很多敌人，特别在漆黑的夜晚，敌人随时都有可

能包围他的宫殿。仙鹤们拥戴国王，生怕国王遭遇不测，就聚集在一起商量说："那些士兵并不尽忠职守，夜间常打瞌睡；而那几只狗，白天出外打猎累得要命，也不能过多指望。为了让国王安心入睡，我们应该行动起来，设法保卫宫殿。"

于是，仙鹤成了国王的义务哨兵。它们把自己分成三群，每一群都有规定的站岗地点，到了约定的时间轮班替换。

皇宫周围有一片草原，在这里执勤的仙鹤最多；另外一些仙鹤负责看守宫殿的进出口；还有一些仙鹤在国王的寝宫里守夜，在国王睡觉时，它们睁着眼睛在一旁注视着。

"我们站岗时要是困了怎么办？"年轻的仙鹤问。

"好说，我有一个百试不爽的高招！"领头的仙鹤经验丰富，它献出了自己的妙策，"站岗时，我们都用脚爪抓住一块石子，万一谁忍不住打瞌睡了，石子

赢在未来——启蒙：小学生涯教育手册

就会从松开的爪子里掉下来,石子的声响会让所有的仙鹤都有所警觉。"

——选自《寓言故事》

仙鹤们为了国王,自己寻找岗位,忠于职守,尽它们所能,保护国王。那么在我们每天生活的班级里,我们可以设有哪些岗位呢?

体验学习

在我们的班级里,是不是已经有了以下这些基础性的小岗位呢? 还可以设置哪些新的岗位呢? 这些岗位又适合哪些同学呢? 和你的伙伴们一起讨论讨论,动手设计一张全新的班级岗位表吧!

已 有 岗 位		
岗位设置	岗位名称	岗 位 职 责
纪律岗位	礼仪监督员	检查队员穿校服、佩戴领巾和登记学生到校情况
	文明督察员	监督课间纪律,督促队员文明休息,不做危险游戏
	护眼小天使	督促队员及时、正确、认真地做眼保健操
	放学领头雁	放学时路队整理、纪律及班牌的管理
学习岗位	晨读小老师	组织队员安静、有序地进行早读活动
	作业收发员	组织队员快速、有序、安静地交作业
	学习互助员	给予学习有困难或因病、因事缺课的队员学习上的帮助
	图书管理员	管理班级里的图书,安排队员有序地借阅
生活岗位	门窗管理员	早晨到校、下午放学开关门窗,保持室内通风
	护绿小精灵	关心、打理教室植物角的绿植
	节电小卫士	负责电灯、电扇、多媒体设备的开关
	黑板清洁员	及时擦拭黑板并保持黑板、讲台的整洁与卫生
	地面保洁员	保持教室内外地面干净整洁,没有污渍、没有废纸

我们的班级小岗位

新 的 岗 位			
岗位设置	岗位名称	岗位职责	适合人员
纪律岗位			

赢在未来——启蒙：小学生涯教育手册

（续表）

新 的 岗 位			
岗位设置	岗位名称	岗位职责	适合人员
学习岗位			
生活岗位			

知识锦囊

　　班级小岗位是我们每一个学生成长的舞台，也是班级凝聚力建设的一项有效工具。小岗位的设置实现了我们每一个学生"参与班级管理"的愿望。对班级来说，小岗位能保证班级日常生活的有序开展；对我们每个学生而言，通过在小岗位上为班级服务、出力，不仅锻炼了能力，也能增强我们的责任意识和小主人意识。

班级里设置了那么多的岗位,如何找到适合自己的那个岗位呢? 这就需要我们在明确岗位职责的基础上,根据自己的兴趣爱好、能力和特长来选择。只有找到符合自己气质的小岗位,我们才能快乐地完成每一项岗位任务。

故事阅读

我们都是小主人

这是一个令人兴奋的星期五,因为三(1)班的小西在今天的班会课上根据自己的特长竞聘到了一个班级小岗位——礼仪监督员,从下个星期一开始,全班同学穿校服、佩戴领巾和到校的情况就都由她来督促记录了,她可自豪啦。不只小西,班里每一个同学都根据自己的兴趣爱好和能力所长在班会课上竞聘到了自己想要任职的岗位,大家都很兴奋,个个跃跃欲试,都想在自己的小岗位上一显身手。

盼望着,终于到了星期一的早晨,小西穿着干净的校服,戴着鲜红的红领巾早早来到学校。走进教室,她发现晨读小老师乐乐和悦悦已经来了,他们也穿着干净的校服,戴着鲜红的红领巾,正拿着语文书准备带领大家早读呢。小西走到自己的座位上,然后又轻轻地交了作业,就开始跟着晨读小老师早读了。不一会儿,同学们陆陆续续进了教室,小西看到每个同学都穿戴得整整齐齐,精神抖擞。

　　这一天，从早上开始就不一样了，每个同学都在自己的岗位上履行着应尽的职责。课间，当有同学追逐吵闹时，文明督察员会友善地提醒；做眼保健操时，护眼小天使会督促大家正确、认真地做好眼保健操；每次一下课，黑板清洁员立刻会把黑板擦干净，把讲台理整洁；放学了，门窗管理员关好教室里所有的门窗，放学领头雁带着大家排着整齐的队伍向校门口出发⋯⋯

　　从这一天起，三(1)班每个人都在小岗位上奉献着自己的光和热，班级里事事有人做，人人有事做，这个集体也因为大家共同的尽职尽责而被评为了优秀班集体。

课后实践

我的岗位申请书

姓名：_____　　　　　性别：_____

我的兴趣爱好：_____

我的特长：_____

我申请的岗位：_____

我的申请理由：_____

_____

我的岗位宣言：_____

　　前面几节课，我们探索了爸爸妈妈的职业和生活中的常见职业。你觉得，我们班级里的小岗位，和哪些职业有关呢？

　　　　　　　　　　（本节编者：上海市崇明区堡镇第二小学　黄娟）

第二节　我的家庭小岗位

课前导引

家是我们的港湾，在我们的家里，你觉得是否需要设立岗位呢？

如果有岗位，会是些什么岗位呢？

你会愿意在家里担任什么岗位呢？

家是我们温暖的港湾，整洁、温馨的家让我们倍感舒适。那么你有没有想过，这一份整洁和舒适是怎么来的呢？今天我们就一起来探讨一下吧！

悦读一刻

小帮手

爸爸妈妈真不弱，工作家务样样做。

我当爸妈小帮手，热爱劳动不懒惰。

妈妈买菜我来拎,爸爸喝茶杯洗过。

自己事情自己做,爸妈夸我真不错。

从小劳动要自立,全家幸福全家乐。

读完了这首儿歌,请你想一想,在你的家里,你会做哪些家务呢?你愿意学做哪些家务呢?

体验学习

我的家庭小岗位

我们每个人都是家的主人,每一个家庭成员都应该为营造温暖舒适的家庭环境贡献自己的力量,你在家能做的家务有哪些呢?请涂上颜色。

擦桌子　　洗袜子　　扫地　　洗碗

晾衣服　　拖地　　做简单的饭菜　　整理书桌

还有哪些家务是老师没有想到，却是你会做的呢？请你在空白的椭圆里写下来吧。

我们都是能干的好孩子，我们都愿意帮助家长做些力所能及的家务，那接下来就请你为自己确定几个自己的家庭小岗位吧！

我的家庭角色：_____

★我的家庭岗位 1：_____

家庭岗位 1 的职责：_____

★我的家庭岗位 2：_____

家庭岗位 2 的职责：_____

★我的家庭岗位 3：_____

家庭岗位 3 的职责：_____

★我的家庭岗位 4：_____

家庭岗位 4 的职责：_____

★我的家庭岗位 5：_____

家庭岗位 5 的职责：_____

★_____

_____

知识锦囊

做家务有以下三点好处。

（1）有利于培养独立生活的能力。一个人的家务劳动能力强，生活技能高，独立生活能力就强，从而对生活充满自信心，能独立面对各种困难，许多青年人生活能力差，缺乏自立意识和能力，所处环境稍有变化，就很难适应，究其原因，其中主要是从小缺乏家务劳动锻炼。

（2）有利于养成勤劳的作风、培养劳动技能。懒惰笨拙的人，是不受人欢迎的。从小参加家务劳动，不但能掌握一定的劳动技能，而且会养成勤劳的品质。一旦走出家庭，走向社会，这些技能和作风，就会在集体生活中表现出来，受到大家的欢迎。

（3）有利于培养责任感。从小做力所能及的家务事，就会在不断的实践中逐步认识到自己是家庭的一员，应该而且必须完成一份家务劳动，为家庭承担一份责任，从而逐步形成一种家庭责任感。这种家庭责任感，便是今后社会责任感的基础。

故事阅读

有趣的洗碗

吃完饭，小西告诉妈妈今天她来洗碗，妈妈开心地点点头。

餐桌上，碗筷横七竖八地躺在上面，小西直皱眉头，这可怎么办呢？小西

想起妈妈平时洗碗筷的样子,于是把袖子卷得高高的,再把碗筷搬到厨房。她拿个洗碗盆,在盆里倒上小半盆水,再挤一点洗洁剂,把碗放在盆子里,用洗碗布把碗里的油洗干净。碗一点都不听小西的话,她用洗碗布把油擦了几遍,油才"举白旗投降"。把碗洗干净可不是件容易的事儿,小西费了九牛二虎之力才把碗洗干净。再洗筷子,筷子上的油很多,小西用两只手掌使劲搓,把油搓干净了,再把筷子放进筷筒里面。洗干净后的碗筷,没有一点油,它们干干净净、开开心心地躺在自己的"房间",好像在说:"你把我身上的脏东西都洗掉了,谢谢你!"

小西觉得妈妈既要工作,又要做家务,真的很累,她以后要多帮妈妈做家务。

赢在未来——启蒙：小学生涯教育手册

课后实践

<table>
<tr><td colspan="8" align="center">我的家庭小岗位一周评价单</td></tr>
<tr><td colspan="8">岗位名称：</td></tr>
<tr><td>时间</td><td>周一</td><td>周二</td><td>周三</td><td>周四</td><td>周五</td><td>周六</td><td>周日</td></tr>
<tr><td>完成
情况</td><td></td><td></td><td></td><td></td><td></td><td></td><td></td></tr>
</table>

我的心情：_____

爸爸妈妈的评价或建议：_____

（本节编者：上海市崇明区堡镇第二小学　黄娟）

第三节　爸妈的工作日

课前导引

你的爸爸妈妈在哪里工作？从事什么职业呢？

他们每天几点上班？几点下班？每天需要工作多长时间？

完成一天的工作,爸爸妈妈累不累？心情如何？

悦读一刻

啄木鸟医生和大树先生

一天,啄木鸟医生主动来给大树先生治病。

啄木鸟医生啄虫的时候,把大树先生的皮啄开了,大树身上出现了一个个小洞洞。大树先生生气地喊:"啄木鸟,你是不是医生呀！你把我啄得千疮百孔,弄得我都不帅了！"啄木鸟医生说:"你不是病了嘛,我给每一棵大树都是这

样治病的。"大树先生气呼呼地说："你什么意思呀？你哪里是在治病？分明是在害我嘛！你以后别来了。"啄木鸟医生一跺脚，说："不来就不来。"说完，拍拍翅膀飞走了。

过了几天，大树先生的身体变得很痛很痛，它那美丽的"头发"一把把地掉了下来。太阳公公语重心长地说："现在你总知道啄木鸟没有害你了吧？朋友之间要相互帮助才对。"

啄木鸟医生听说大树先生又病了，腰杆也不像以前那样挺拔，马上带着猴子护士赶来给大树先生做手术。大树先生有些害怕："好痛！好痛！可以轻一点吗？"啄木鸟医生安慰它说："别怕，一会儿就好了。"然后，啄木鸟医生用自己尖尖的嘴巴捉出了许多蚜虫和昆虫，猴子护士上下检查清理过的树洞，嘴里不时地发出："好了！好了！"的欢呼声。

大树先生高兴地挥着手说："啄木鸟医生，谢谢你！"啄木鸟医生摇摇头说："不用谢，给大树治病是我的职责。"太阳公公、猴子护士和树下的花草，也都开心地笑了。

作者为广东省惠州市惠城区第十小学三年级学生罗一诺

体验学习

你对爸爸妈妈的职业感到好奇吗？请你找个时间，和你的爸爸妈妈谈一谈，问下面几个问题：

问　题	回　答
我采访的人物是：	爸爸或妈妈
每天主要做的事情	
每天打交道的人	
需要用到的知识或技能	
工作带来的收获	
每天的感受	

以小组为单位，交流爸爸或妈妈一天的工作情况，以及自己参与体验的感受。

知识锦囊

古今中外，不论是在科学技术方面的，还是在文学艺术方面取得成就的人物，都对他们所从事的工作具有浓厚的兴趣。英国 19 世纪的伟大生物学家达尔文在自传中写道："在我的学生时代，对我产生最重要影响的，就是我的强烈而多样的兴趣，沉溺于自己感兴趣的东西，了解任何复杂的问题和事物。"

达尔文小时候的学习成绩并不太好，按照他父亲的说法，"是一个平庸的孩子"。但由于酷爱大自然，对动植物抱有特殊的兴趣，他以极大的热情和耐力到野外收集许多风干了的植物和死了的昆虫，把搜集到的贝壳、化石、动植

物制成标本,挂上标签。他的小卧室简直成了一个小型植物馆。童年的爱好为他一生的事业奠定了坚实的基础。

故事阅读

父母的言传身教——俞敏洪的故事

小时候我父亲做的一件事情到今天还让我记忆犹新。父亲是个木工,常帮别人建房子,每次建完房子,他都会把别人废弃不要的碎砖乱瓦捡回来,或一块二块,或三块五块。有时候在路上走,看见路边有砖头或石块,他也会捡起来放在篮子里带回家。久而久之,我家院子里多出了一个乱七八糟的砖头碎瓦堆。我搞不清这一堆东西的用处,只觉得本来就小的院子被父亲弄得没有了空余的地方。直到有一天,我父亲在院子的一角开始左右测量、挖槽和砌泥墙,用那堆乱砖左拼右凑,一间四四方方的小房子居然拔地而起,干净漂亮,和院子形成了一个和谐的整体。父亲把本来养在露天到处乱跑的猪和羊赶进小房子,再把院子打扫干净,我家就有了全村人都羡慕的院子和猪舍。

当时我只是觉得父亲很了不起,一个人就盖了一间房子,然后就继续和其他小朋友一起,贫困但不失快乐地过我的农村生活。等到长大以后,才逐渐发现父亲做的这件事给我带来的深刻影响。从一块砖头到一堆砖头,最后变成一间小房子,我父亲向我阐释了做成一件事情的全部奥秘。一块砖没有什么用,一堆砖也没有什么用,如果你心中没有一个造房子的梦想,拥有天下所有的砖头也是一堆废物；但如果只有造房子的梦想，而没有砖头，梦想也没法实现。当时我家穷得几乎连吃饭都成问题，自然没有钱去买砖，但我父亲没有放弃，日复一日捡砖头碎瓦，终于有一天有了足够的砖头来造心中的房子。

后来的日子里，这件事情凝聚成的精神一直在激励着我，也成了我做事的指导思想。

——节选自俞敏洪第一部口述自传《俞敏洪口述：在痛苦的世界中尽力而为》

课后实践

以小组为单位，每组选择爸爸或妈妈的一个单位进行集体参观和考察，活动前与父母商量，确定活动时间和内容，并讨论如何出行等（见下一节"跟着爸妈去上班"）。

（本节编者：上海市崇明区明珠小学　黄胜娟）

第四节　跟着爸妈去上班

课前导引

职业是什么？职业生涯体验又是什么？

怎样全方位了解爸爸妈妈的职业呢？

每位同学的爸爸妈妈都有自己的职业，他们在自己的工作岗位上有不同的事情要做，每个人的幸福生活都需要通过具体的职业来实现。

悦读一刻

职业谜语

职业，简单地说是指一个人在成人社会中所扮演的、能带来收入的角色，比如教师、工程师、司机、农民、飞行员、警察，等等。

猜一猜下列谜语是什么职业？

赢在未来——启蒙：小学生涯教育手册

不怕劳苦,大街小巷,绿衣天使。（　　）

红色警戒,水深火热,十万火急。（　　）

笑容可掬,假日无休,欢迎光临。（　　）

任劳任怨,马路天使,起早贪黑。（　　）

掂勺拿锅,山珍海味,色香味全。（　　）

白衣天使,药到病除,救助他人。（　　）

哈哈,都猜对了吗？你也来编几个职业小谜语吧。

_____

_____

体验学习

职业生涯体验是指在真实的工作环境中去观察和亲身体验某一职业。

爸爸妈妈的工作单位环境怎样？他们每天做些什么？他们的工作需要哪

些知识和技能？……跟着爸妈上一天班，去观察和体验他们的职业吧，相信你会有很多新发现。

日期		爸爸/妈妈的职业	
我的观察			
我的体验			
我的收获			

我的观察：记录父母做了什么，以及工作时的表情、语言、动作等。

我的体验：记录自己化身为父母的工作角色后，亲身体验了哪些工作。

我的收获：记录通过自己的观察和体验之后，内心有哪些想法和感受。

讨论：在"爸妈的工作日"这一课中，同学们已经访谈过父母的职业，并对父母的职业有了一定的了解。今天在和爸爸妈妈上班的过程中，你看到的和体验到的，和他们说的有什么不一样？

现场体验秀：请你拍一些体验父母职业的照片，打印成图片贴在这里，留下美好的记忆吧。

知识锦囊

到了爸妈的工作地点，该怎么体验呢？你可以把重点放在以下几个方面（不用全部观察，选择一些就可以）：

（1）工作内容：爸爸妈妈做的主要事情以及完成的先后顺序，为什么要这样安排？

（2）工作用具：爸爸妈妈在工作中，需要用到哪些工具？比如电脑、托盘，还是听诊器？

（3）工作技能：在做这些事情的时候，需要用到哪些能力？比如开车需要敏捷的反应速度，操作电脑需要熟练的信息技术应用能力，与人打交道需要良好的沟通能力。

（4）工作伙伴：爸爸妈妈需要跟哪些人打交道，他们有什么样的特点？

（5）工作感受：在做不同事情的时候，爸爸妈妈的感受是怎样的？是开心、兴奋，平静、投入，还是沮丧、压抑，甚至非常痛苦？

故事阅读

爸爸妈妈的工作

阳阳的爸爸在广播电台做电子工程师，他的工作是发射广播信号，电台的记者编辑制作了节目后，通过播出部门将广播信号传送到发射台，再由发射台发射出去。当人们打开收音机时，收音机就会接收广播信号，于是人们就听到了广播节目。佳佳的爸爸除了发射信号还要负责监听广播节目，一旦发现信号发射过程中出现问题，就要立即采取紧急措施。如果用作发射信号的机器设备出现故障，还要负责维修。做一名电子工程师要具备很多专业方面的知

赢在未来——启蒙：小学生涯教育手册

识，以及比较强的动手能力。

　　阳阳的妈妈在一所小学当语文教师，每天要备课、上课、批改作业。如果在单位做不完工作，妈妈晚上回家后还要加班。尽管当教师非常辛苦，阳阳的妈妈却非常自豪，她培养出了很多学生，有的做了教授，有的当了医生，有的当了科学家。每到寒假或暑假，都有不少学生回学校来看望她。当然，并不是谁都可以当教师的。做一名小学的语文教师，要有丰富扎实的语言和文学知识，要懂教学方法和技能，还要有比较强的语言表达和写作能力。

课后实践

　　画一画工作中的爸爸或妈妈，并写一段想对他们说的心里话。

　　我眼中的爸爸/妈妈：

　　亲爱的＿＿＿＿＿，我想对您说：

　　　　　　　　　　（本节编者：上海市崇明区实验小学　姜卓姝）

第五节　我的家族职业树

我们来玩一个游戏吧,名字叫"大风吹"。被大风吹到的小朋友,就要站起来。比如:大风吹,大风吹,大风吹什么? 大风吹爸爸是医生……符合条件的小朋友就要站起来,接下一句。

在刚才的游戏中,你认识了家人哪些职业?

了不起的爸爸

小西爸爸是一个很爱干净的人,甚至还有点洁癖,这其实和他的职业有关,他是一个医生。有一天他接到电话需要急诊,小西跟着爸爸一起去了医院。

医院里很忙碌，急诊室里也很忙碌，医生与护士忙着推病人去救治。有的病人骨折了，先要推他们去拍 X 光片。

小西找不到爸爸，于是他找了前台护士，护士告诉他，如果爸爸不在看诊就是去了手术室。在找爸爸的路上，他看见一个医生在检查病人，这个病人肚子不舒服，原来是病人吃多了不消化！

他到了诊室没有看见爸爸，看来他去手术室了，小西要去手术室找爸爸，路上他看见各种医生在为病人治病。

医护人员其实很辛苦，每天都会遇到各种挑战，各个科室都有各种各样的病人。

等爸爸出来，小西已经在外面睡着啦，爸爸把小西抱到值班室，又开始忙碌起来。

——改编自绘本故事《了不起的兔爸爸》

体验学习

你知道家族中的成员都从事什么工作吗？你对他们的工作有什么看法？让我们借由家庭树的探索，来了解家人的职业特点以及自己对未来职业的期待。

一、绘制家族职业树

请你问一问自己的家人及亲属，并将他们的职业填写在家族职业树上。

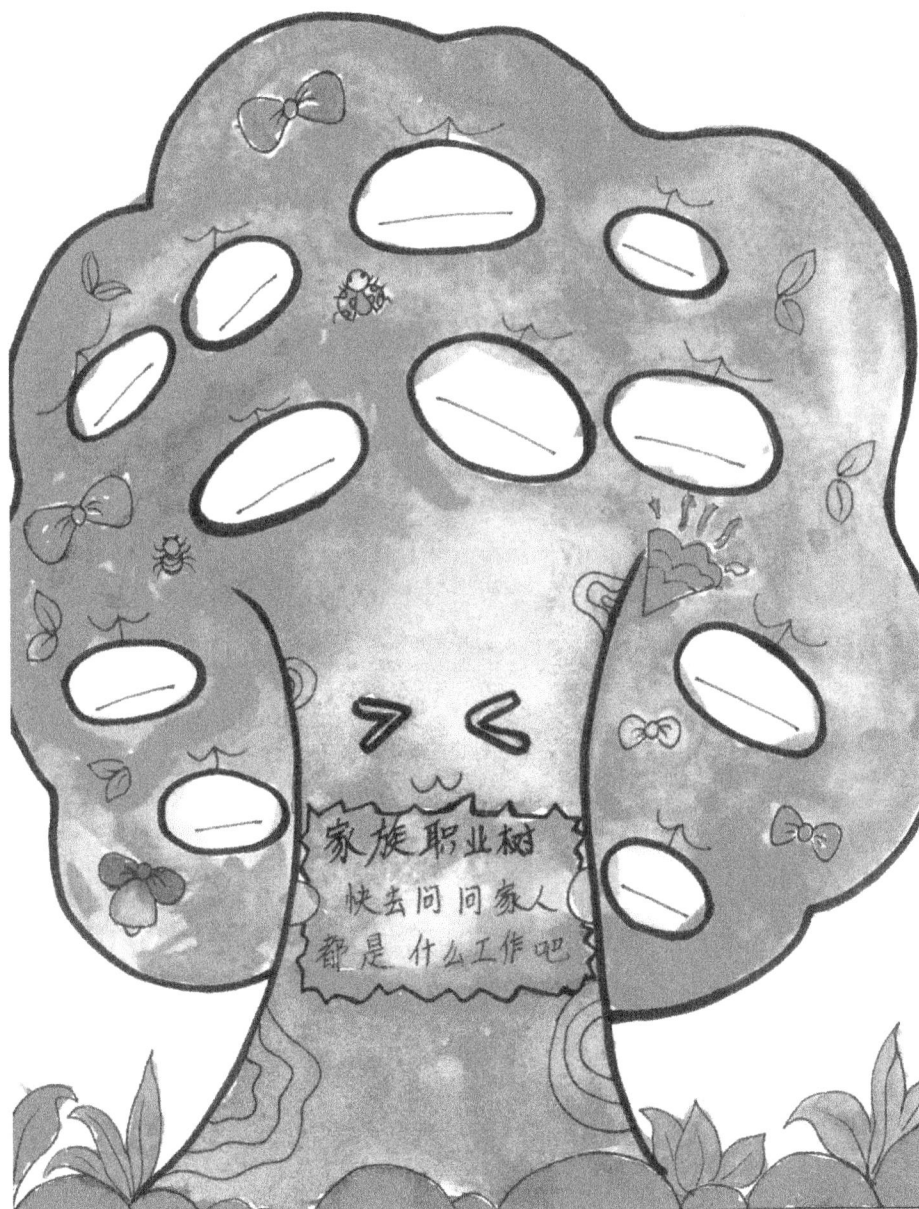

二、探索家族职业树

（1）我的家庭中，从事最多的职业是：＿＿＿＿＿＿＿＿＿＿＿＿＿＿＿。

（2）平时爸妈是这样描述自己的职业：＿＿＿＿＿＿＿＿＿＿＿＿＿＿。

（3）家族中令人比较满意的职业或者令家人羡慕的职业有：＿＿＿＿＿。

（4）我最感兴趣的职业是：＿＿＿＿＿＿，因为＿＿＿＿＿＿＿＿＿＿。

（5）我最不感兴趣的职业是：＿＿＿＿＿＿，因为＿＿＿＿＿＿＿＿。

（6）我的家人希望我长大后从事的职业是：＿＿＿＿＿＿＿＿＿＿＿。

三、交流与分享

知识锦囊

职业指的是一份能够带来报酬的工作。当你拥有一份职业的时候，你就需要花一些时间，来做一些特定的事情。

没有人知道世界上的职业究竟有多少种，但肯定超过了 1 000 种。这里面有些职业有很多人在做，比如老师、医生、警察，还有快递员；也有一些职业，从事的人就很少，比如心理咨询师、舞蹈家、飞行员，等等。

每一个职业，都有它自己独特的工作内容和工作要求，也会给从业的人带来不一样的回报和风险。所以，当我们了解职业的时候，我们需要知道：这个职业是做什么的？怎么样才能做好这个职业？这个职业会有什么回报？这个职业会带来什么伤害？

故事阅读

四世同堂大家族三代人的职场故事

刘家人丁兴旺、四世同堂，共有 100 余位家庭成员。年纪最大的老寿星已经 103 岁，最小的孩子还在襁褓中。一家人从事的职业有几十种，有的在国家事业单位工作，有的在国企或私企上班，还有的自己当老板创办了公司。他们的职业分布于教育界、医学界、地质界、出版界，等等。这个大家庭的几代人在职场路上记录、见证着过去和现在的发展，以及和其他人一样祈望着将来的变迁。

爷爷奶奶辈：

刘振铎(77岁)，曾任职岗位——教授级高级工程师、研究员；

张之一(77岁)，曾任职岗位——教授级高级工程师、研究员。

刘振铎和张之一夫妇为中国地质事业的发展贡献了自己一生的光与热。他们俩都是享受国务院特殊津贴的专家，是中国地质科学领域的领军人物。刘振铎从学校毕业后便开始了执教生涯，之后一直奋斗在地质勘察第一线。他的老伴张之一1953年从苏联留学回国后，主要从事土质学、工程地质、第四纪地质方面的研究工作，特别是在黄土的研究方面有较突出的成就。

爸爸妈妈辈：

刘青(38岁)，任职岗位——国企单位部门经理；

刘青的先生（41岁），任职岗位——私募基金经理。

属于纯正"70后"的刘青，毕业后由学校分配了工作，名正言顺地进入一家国企。对工作从逐渐适应到驾轻就熟，她一直在公司的企业管理部业务支持科工作。虽然工作有时让她觉得很烦琐，但她从未松懈过。她的先生的理想曾是做一名"航天飞机设计师"，但高考的那一年，美国的航天飞机失事，让他对这个职业改变了想法，而大学毕业时阴错阳差，也让这个理想最终没能实现。之后，随着经济的不断发展，他的职业兴趣逐步从技术工作转向投资。他曾就职于多家国内外著名的上市公司，赢得了不少投资者的信任。他们的女儿现在只有4岁，立志做舞蹈家、

钢琴家,而爸爸妈妈对她的职业期望,只是她能够健康成长,做自己喜欢的事。

兄弟姐妹辈:

赵妍(28岁),任职岗位——行政人员;

赵怡婷(22岁),任职岗位——出版社编辑。

赵妍和赵怡婷作为这个大家族中"80后"的代表,毕业后就一直在一家公司就职,赵妍注重加强自己的责任意识,注重在工作中实现和提升自我的价值。赵妍的堂妹赵怡婷才大学毕业不久,所学专业为中药学,按照常理,毕业后到医院药房或药店工作再合理不过了。但是医院药房人员多呈饱和状态,她只能放弃专业,从头学起,现在做了文字编辑,她参与了几本书的出版,她为自己的职业之路做了最充分的打算。

未来,这个大家族的子孙们也会各自踏上不同的职业岗位,为国家创造不同的财富,实现自己的职业梦想。

课后实践

继续采访自己家族成员，了解他们的职业故事，并与伙伴们一起分享。

（本节编者：上海市崇明区西门小学　黄丹凤）

第六节　村居职业探秘

课前导引

　　每个人生活的地方都有村委会或居委会,其中乡镇村是村委会,街道社区是居委会。

　　你去过村委会或居委会吗? 这两个地方有什么神秘之处呢?

　　那里有哪些职业? 这些职业如何使我们的生活更加美好呢?

悦读一刻

村(居)委会的主要职责

　　(1) 宣传国家的法律、法规和政策,比如义务教育、垃圾分类、传染病防治等;维护村民或居民的合法权益,比如帮助失业人员、残疾人、孤寡老人等;

　　(2) 办理本居住区的公共事务,比如开具各种证明,开展便民利民的社会服务等；

（3）进行社区的精神文明建设，比如举办各种公益讲座，组织群众集体文化活动等；

（4）协助其他部门完成辖区管理，比如维护社会治安、调节民间纠纷等；

（5）协助区政府、街道办事处做好与村民或居民利益有关的公共卫生、计划生育、优抚救济、绿化美化、青少年教育等工作；

（6）向区政府或者有关部门反映村民或居民的意见和要求。

体验学习

村（居）委会有哪些职业？为村民或居民提供哪些服务？开展哪些活动？同学们可以利用寒暑假的时间去村（居）委会进行职业探秘，深入了解那里的

职业,并且帮助那里的叔叔阿姨们做一些力所能及的事,为身边的村民或居民贡献一份自己的力量。

村(居)委会职业探秘

职业	提供服务

日期		服务项目	
做了什么			
我的感想			

交流:在参与村(居)委会的活动中,你和你的同伴都观察和体验到了什么? 请在小组内分享交流,了解更多村(居)委会的服务和活动。

知识锦囊

新加坡是一个自由贸易港,文化多元是该国的一个显著特点,这给新加坡的学校德育带来了许多机会,也带来了严峻的挑战。新加坡的学校德育在培养年轻一代的社会服务意识、公共道德意识、遵纪守法意识、团结协作意识等

方面,表现出一定的特色。新加坡政府号召社会各方面要密切配合,为年轻一代的健康成长创造优良的社会环境。全国中小学生都被组织起来,以参与各种各样社区活动作为道德教育的重要途径,如参加文明礼貌月活动、清洁运动、植树运动、禁止吸烟运动、遵守社会公共秩序运动、养老敬贤运动、睦邻运动、守时运动、国家意识周、同心周等活动。

这一优良的制度也被善于学习的我们所借鉴。以上海、北京等大城市为试点,中小学生也开始在课余时间走进社区,在参与活动、接触社会的同时,提升自己的道德素养和能力。

故事阅读

爱劳动的阳阳

双休日,阳阳和同学去居委会参加保洁活动。居委会的负责人让他们去铲小区里的小广告,阳阳高兴地答应下来。阳阳心想:铲小广告还不容易。于是,他和同学信心满满地拿着铲子和水桶就走了。他们先找到一个贴在地上的小广告,铲了半天也没有铲下来。本想放弃,但是不服输的性格提醒阳阳,还没有什么事情能难倒他呢!阳阳站在那里冥思苦想,

突然想起一次下雨天走在路上的时候,地面上被水冲过的小广告很容易就被弄掉了。阳阳马上在小广告上面洒水,等水把小广告浸湿了,再用铲子轻轻一铲,小广告就掉了。看到自己想到的方法很有用,阳阳心里别提多高兴了!经过一番努力,被清除过的地方看上去干净、整洁多了。人们都说:劳动最光荣,阳阳利用双休日体会了劳动的辛苦,也体会了劳动的快乐。

赢在未来——启蒙：小学生涯教育手册

课后实践

根据对自己生活地方的观察和体验，向村（居）委会提出一些好的建议。

亲爱的叔叔、阿姨：你们好！

××小区居民：×××

（本节编者：上海市崇明区实验小学　姜卓姝）

第七节　多样的职业

中国有句谚语："三百六十行,行行出状元。"各行各业都是社会生活不可缺少的。请考察一下自己身边的职业,了解这些职业与我们的生活和学习的关系。

大东的职业选择

从小,大东的父亲就这样对儿子说:"孩子,长大后你想干什么都行,如果你想当律师,我就让我的私人律师教你当一名好律师,他可是出名的大律师;你如果想当医生,我就让我的私人医生教你医术,他可是我们这里医术最高的医生;如果你想当演员,我就把你送去最好的艺术学校学习,找最好的编剧和

赢在未来——启蒙：小学生涯教育手册

导演来给你量身定制角色，永远让你当主角；如果你想当商人，那么我就教你做生意，要知道，你老爸可不是一个小商人，而是一个大商人，只要你肯学，我会将我的经商经验全都传授给你！"

于是，大东首先报考了律师，还没学几天就觉得律师的工作太单调，根本就不适合自己的性格。他想：反正还有其他事情可以干。于是，他又转去学习医术。因为每天都要跟那些病人打交道，最需要的就是耐心，还没干多久，他又觉得医生这个职业似乎也不太适合他。于是，他想，当演员肯定最好玩，可是不久后，他才知道，当演员真的是太辛苦了。最后，他只得跟父亲学习经商，可是，这时，他父亲的公司因为遭遇金融危机而破产了。最终，大东一事无成。

体验学习

　　小朋友,请仔细观察下面的图片,猜一猜下列分别是什么职业,并将职业的名称写在职业树上。你还发现了身边的哪些职业,也把它写在职业树上吧!

猜猜我是谁?

职业树
快把你知道的职业
写到树上吧！！！

知识锦囊

《中华人民共和国职业分类大典》把我国职业分为 8 个大类。

第一大类：国家机关、党群组织、企业、事业单位负责人，比如市长、校长；

第二大类：专业技术人员，比如大学老师、工程师；

第三大类：办事人员和有关人员，比如民警、普通公务员；

第四大类：商业、服务业人员，比如服务员、理发师；

第五大类：农、林、牧、渔、水利业生产人员，比如农民、渔民、伐木工；

第六大类：生产、运输设备操作人员及有关人员，比如司机、建筑工人；

第七大类：军人，比如陆军战士、海军士兵；

第八大类：不便分类的其他从业人员。

故事阅读

"谢天谢地，你的儿子得救了"

　　一位医生在接到紧急手术的电话后，以最快的速度赶到医院，并用最快的速度换上手术服。当他朝手术室走来时，男孩的父亲失控地对他喊道："你怎么这么晚才来？你难道不知道我儿子的生命正处在危险中吗？你难道一点责任心都没有吗？"医生淡然地笑着说："很抱歉，刚刚我不在医院，但我一接到电话，就以最快的速度赶来了。现在，我希望您能冷静一下，这样我也好去做我的工作。""冷静？如果手术室里躺着的是你的儿子，你能冷静吗？如果现在你的儿子死了，你会怎么样？"男孩的父亲愤怒地说。医生又淡然地笑了，回答道："我会告诉自己：我们从尘土中来，也都归于尘土，请为你的儿子祈祷吧！""当一个人对别人的生死漠不关心时，才会给出如此轻巧的建议。"男孩的父亲嘀咕道。几个小时后，手术顺利完成，医生高兴地从手术室走出来，对男孩的父亲说："谢天谢地，你的儿子得救了！"然而，还没有等到男孩的父亲答话，他便匆匆离去，并说："如果有问题，你可以问护士！""他怎么如此傲慢？连我问问儿子的情况这几分钟的时间他都等不了吗？"男孩的父亲对护士愤愤不平地说道。护士的眼泪一下子就流出来了："他的儿子昨天在一场交通事故中身亡了，当我们叫他来为你的儿子做手术的时候，他正在去殡仪馆的路上，现在，他救活了你的儿子，要赶去完成他儿子的葬礼。"

　　小朋友，读了这个故事你有什么感受？

课后实践

　　随着科技的进步，社会的发展，如弹棉花、修伞这样的职业逐渐消失，以小组合作的方式找一找还有哪些职业消失了？消失的原因是什么？

消失的职业汇总表	
职业名称	消失的原因

（本节编者：上海市崇明区长兴小学　刘爱华）

第八节　消防职业探秘

课前导引

你了解消防员吗？

消防员的日常生活是怎么样的？

消防车里面都有什么"秘密"？

悦读一刻

消防员的职责

　　消防员属于国家综合性消防救援队伍。消防员对于人民来说是黑暗中的保护神。给最需要的人们带来光明和希望。常言道："养兵千日用兵一时"，可是消防员刚好相反，他们是"养兵千日用兵千日！"

　　消防员的职责主要有以下三个方面：

一是消灭火灾、抢救灾害、消防安全设施审查与消防安全知识宣传等；

二是参与救护工作，如道路救援、救火车救援等；

三是为民服务工作，如消除安全隐患、自来水公司安全水源检查、内部勤务等工作。

体验学习

一、认识消防职业

消防员平时开展哪些训练？他们为老百姓提供哪些服务？请上网查阅资料、询问家里的大人或者去消防大队采访那里的消防叔叔，完成小调查。

消防员	
职位	具体分工

二、探秘消防职业

利用周末或寒暑假参加职业体验，到消防队去了解消防工具——消防车

的种类和功能。将你了解到的记录下来吧！

消防车	
种类	功能

知识锦囊

　　每年的 11 月 9 日是我国的消防日。在电话号码中，"119"是火灾报警电话,所以从 1992 年起把这一天定为全国消防日。

世界各国的火警号码都不一样,但每个国家都选取了让人们最容易记住的数字来组成火警号码。美国火警号码为 911,中国火警号码为 119,中国选用"119"作为火警号码的原因是,"1"在古时候念作"幺"(yāo),它跟"要"字同音。"119"就是:"要要救。"

故事阅读

"桥兄弟"的故事

消防员是火场上最无畏的"逆行者",他们是人民群众生命财产的坚实捍卫者。在防城港市,有这么一对"兄弟",他们让人们熟知不仅因为他们是全国"最美消防员"——"桥兄弟",更因为他们一次次将自身性命抛之脑后,用青春热血和无私奉献的大爱为国家和老百姓的利益赴汤蹈火,勇往直前。

2012 年 8 月 18 日凌晨,防城区一环城路段,洪流滚滚,一辆客车被困,车上乘客危在旦夕!消防官兵紧急救援。由于没有支撑点,谭忠能、农本豪就以自己的身躯做"桥墩",用双肩做支点,把两节拉梯扛放在肩上,架起了一条通往安全彼岸的生命之桥，成功将 26 名乘客转移上岸。他们奋不顾身、舍己救人的举动，感动了全国成千上万人。他们救人视频刚从网上播出，网友们便亲切称之为"桥兄弟"。

2013 年 5 月 6 日下午，由于突降暴雨导致山洪暴发，防城区那梭镇聪皇沟烧烤岛有 14 名游客被洪流围困，情势十分危急！消防官兵冒着暴雨，克服水位猛烈危险艰难到达救援地点，"桥兄弟"谭忠能、农本豪及另一名战友先后通过安全绳，悬空攀援横渡到被困的小楼。经过 1 个多小时紧张的救援，所有被困人员安全获救，而最后一个撤离小木楼的，就是谭忠能。

2016 年 6 月 15 日中午，防城港市港口区渔洲坪石坂田工业加工区一汽修厂发生火灾。火灾现场，黑烟翻滚，气味呛人，厂房内还不时响起燃爆声。现场已有一辆大巴和几辆大货车起火。火灾现场周围停放了许多待修车辆，一间仓库里存有近 20 吨的机油、黄油。如不及控制火势，后果不堪设想。此次灭火行动，"桥兄弟"一齐上阵。谭忠能和另一名战友负责保证供水。用 11 条管不间断地接管、装水，炎炎烈日下，两个人连续超负荷工作，由于抢救及时有方，火灾未造成人员伤亡。

......

"没有比拯救生命的工作更有意义、更让我们感到幸福。"这是兄弟俩选择当消防战士的初心。正因为不忘初心，他们前行的步伐更加坚实，更加有力。在获称全国"最美消防员"荣誉之后，"桥兄弟"在一次次灭火救援行动中，一次次又立新功。

课后实践

　　观察一下身边的消防标志，画下来并向其他小伙伴介绍一下你知道的消防标志吧！

　　　　　（本节编者：上海市第一师范附属小学崇明区江帆小学　金艳琴）

第三章

生涯拓展

第一节　电影人生

一部好的电影，足以改变孩子对世界的看法。电影就是会说话的书。

每个孩子的成长都需要一些值得模仿的偶像，只有对偶像发自内心地欣赏，才会转化成自己向榜样学习的内在动力。

动画电影这种形式最符合小学阶段儿童的天性，也最容易被儿童接受和理解。好的儿童电影作品充满想象力，打破固有模式的世界观，使孩子们脑洞

大开,深受启发。

通过电影,让我们一起来开启孩子们的人生之路吧!

素材 1

课前导引

什么是梦想? 你是什么时候开始有梦想的呢? 从发现梦想到实现梦想,是怎样一步步做到的呢? 让我们一起从影片《料理鼠王》中一起寻找答案吧。

悦读一刻

料理鼠王

人物	角色性格	解　读
小米	执着、聪明	虽然只是一只老鼠,但坚信"人人都能当厨师",一心想成为一个像他的偶像厨神那样的大厨,可是家人都不支持和理解,经历各种困难最终实现自己的梦想
林圭宁	生性害羞	餐厅里一个倒霉的杂工,工作不顺,却很努力,直到遇到了小米,人鼠之间相互理解、互相支持,最终成为最佳搭档

赢在未来——启蒙：小学生涯教育手册

（续表）

人物	角色性格	解 读
甜甜	有天赋、有主见	厨神餐馆里经验丰富的唯一女厨，机警、冷酷。一开始对史老板指派她收林圭宁做徒弟很不爽，后逐渐被林圭宁的善良所征服，并帮助小米他们实现梦想
柯博	刻薄、严谨	权威的美食评论家，面无表情，令人心生恐惧。他的一句话可以造就一个餐厅，也可以毁掉一个餐厅。但并不是坏人，而是要求严格
厨神	伟大的厨师	一个厨艺天才，他的著作《每个人都是大厨师》让小米萌生了成为一个大厨的梦想，也让他成为小米的终身偶像
史老板	狡猾、专横	唯利是图，他利用厨神的大名，扩张餐馆生意，将厨神餐馆由一个神圣的地方变成一个充满铜臭味的赚钱机器
大米	贪吃、善良	小米的哥哥，有着无底洞般的胃，乐观，有一副好心肠，总是支持小米，给他鼓励，是小米美食最好的食客。

体验学习

　　这是一部幽默且励志的温情影片，讲述了一只老鼠的美食梦想，并化身厨房大厨的荒诞故事。老鼠与厨房好像是不可能同时存在的，但这种奇想营造了欢乐，打破着人们的惯性思维，把老鼠作为一部影片的主角，以老鼠与人类的友情缔结出情感的共鸣，电影既给人带来梦想的力量，更有着一个童话故事般的美好,因为所有的重要人物,从小米、林圭宁、甜甜甚至到美食家,都实现了自己的某些重要的梦想。

除此之外,这部电影向我们展示了,在梦想实现的过程中,相互支持的重要性。没有谁能只凭自己一个人的力量,干成所有的事情。不管是老鼠也好,人也好,我们都需要别人的理解与支持,相互帮助,才能让自己的梦想成真。

(1) 你最喜欢影片中的哪个角色?说说理由。

(2) 小米为什么最终取得了成功?从小米身上你受到了什么启发?

(3) 你的人生梦想是什么?如何才能实现它?

知识锦囊

所谓梦想,就是一个目标,是你想要做到的事情,它也是让自己走下去的动力,是让自己开心和兴奋的原因。

每个人都拥有属于自己的梦想,每个人的梦想都可能会不一样:比如,有的人梦想成为科学家,有的人梦想当一个厨师,有的人梦想拥有自己的房子。就算是同一个人,梦想也是会发生变化的:小的时候,也许你的梦想是拥有漂亮的玩具;但长大了之后,也许你的梦想就变成了要赚很多钱。但是对于每个人来说,这些梦想是同样重要的。

实现梦想的过程,有时候会很简单,但有的时候会很难。当你在追求梦想的时候,如果遇见了困难,千万不要轻易放弃。

故事阅读

月亮与六便士

毛姆的名著《月亮与六便士》向我们讲述了一个关于梦想的故事：一个平凡的伦敦证券经纪人思特里克兰德，原本有一份收入丰厚的工作和美满的家庭——漂亮的妻子和两个健康快乐的孩子。但是，就在他们婚后的第 17 个年头，他却抛弃了在外人看来很好的事业和家庭，突然离家出走去了巴黎。就在人们猜测他的出走原因时，却发现他原来只是为了画画。

为了画画，他过着窘迫的生活，几次险些因饥饿和疾病而死，但仍然热情不减。他不断地流浪，最后奔赴南太平洋的塔希提岛，用画笔谱写出自己光辉灿烂的生命，把生命的价值全部注入绚烂的画布。贫穷的纠缠，病魔的折磨他毫不在意，只是为了实现自己画画的理想。

课后实践

以下任务可任选 1 项完成：

（1）选择一道你最喜欢吃的菜，看爸妈是如何烧制的，然后学着自己做一做。

（2）写一篇 300 字左右的观影心得。

素材 2

课前导引

　　成长是什么？爱是什么？责任是什么？今天让我们通过《狮子王》中小狮子辛巴的成长故事，来探讨和了解这些抽象的话题吧。

悦读一刻

狮子王

辛巴	狮子国王木法沙的儿子，草原王位的正式继承人。顽皮、喧闹、不畏一切，整天和好友娜娜东奔西跑。父亲的去世曾经一度使他迷失方向，被驱逐出境的他和丁满、彭彭过着世外桃源一样的生活。直到娜娜出现，父亲及法师拉飞奇的指点，才让他领悟到了他应该担负的责任，并回到王国，挑战叔父刀疤，夺回了他的王位和臣民

（续表）

木法沙	辛巴的父亲，荣耀王国的国王。强壮、聪明、勇敢，一个真正的领袖。用爱统治着荣耀圣地，也深爱着自己的家人。但他万万没想到自己的亲生弟弟刀疤会为获得王位而不择手段。他在去世后成为荣耀王国的守护神，并在辛巴最需要帮助时给了他新的勇气
刀疤	木法沙的弟弟，辛巴的叔父。野心勃勃，企图害死辛巴、谋取王位。为救儿子，国王死在万兽狂奔中。刀疤借此嫁祸于不知情的辛巴，将之驱逐，坐上王位。然而他却万没想到终有一天辛巴会回来，最终他失去了一切
娜娜	辛巴的好友，整天跟在他身旁，一起冒险。木法沙的去世和刀疤的谎言曾使她以为辛巴已死，而在森林偶遇到辛巴，竭尽全力劝说辛巴回到王国对抗刀疤的无道统治，并在辛巴需要时第一个给予援助
丁满、彭彭	活泼幽默、聪明潇洒，辛巴忠心耿耿的好朋友。在他们的教导下，辛巴渐渐接受了他们的生活哲学——接纳自己，随遇而安

体验学习

电影讲述了一只名为辛巴的小狮子的成长，在朋友的陪伴下，经历了生命中最光荣的时刻，也遭遇了最艰难的挑战，最后终于成为森林之王的故事。

辛巴是狮子王国的小王子，他的父亲木法沙是一个威严的国王。然而叔叔刀疤却对木法沙的王位觊觎已久。要想坐上王位宝座,刀疤必须除去小王子,于是刀疤利用种种借口让辛巴外出,然后伺机大开杀戒,无奈被木法沙及时来救。在反复的算计下,木法沙惨死在刀疤手下,刀疤别有用心地劝辛巴离开,一方面派人将他赶尽杀绝。

辛巴逃亡中遇到了机智的丁满和善良的彭彭,他们抚养辛巴长成雄壮的大狮子,鼓励他回去森林复国。在接下来一场复国救民的斗争中,辛巴真正长成一个坚强的男子汉,领会了责任的真谛。

(1) 你最喜欢电影中的哪个角色? 说说理由。

(2) 辛巴在成长的过程中收获了什么?

(3) 联系自己的生活说说你对爱与责任的理解?

知识锦囊

学会承担责任,是一个人成长过程中必须要学会的。

一个人迈向成熟的第一步应该是承担责任,我们要为自己的行为负责。

爱,是颗渺小的种子,把它播种在你的心中,随着时间的推移,它会生根发芽。

有一种力量是从你那个跳动的心中发出的,它会指引你去做你认为重要的事,并且一定会竭尽全力,这就是责任心。

故事阅读

学会承担责任

一个 11 岁的美国男孩在踢足球时，不小心将邻居家的玻璃打碎，邻居愤怒不已，向他索赔 12 美元。这 12 美元在当时可是天文数字，足够买下 125 只生蛋的母鸡了。男孩儿把闯祸的事告诉了父亲，并且忏悔。见儿子为难的样子，父亲拿出了 12 美元，说："这笔钱是我借给你的，一年后要分毫不差地还给我。"

男孩赔了钱之后，便开始艰苦地打工。终于，经过半年的努力，他把这"天文数字"分毫不差地还给了父亲。这个男孩就是后来的美国总统里根。他还回忆说："通过自己的劳动来承担过失，使我懂得了到底什么是责任。"

在生命的最后一分钟

一名公交车司机行车途中突发心脏病，在生命的最后一分钟里，做了三件事：

——把车缓缓地停在马路边，并用生命的最后力气拉下了手动刹车闸；

——把车门打开，让乘客安全地下了车；

——将发动机熄火，确保了车和乘客、行人的安全。

他做完了这三件事，安详地趴在方向盘上停止了呼吸。这名司机叫黄志全,所有的大连人都记住了他的名字。

课后实践

以下任务可任选 1 项完成:

(1) 跟你的好朋友或同桌讲讲你成长中的故事。

(2) 写一篇 300 字左右的观影心得。

（本节编者：上海市崇明区新河镇成人学校　王爱侠）

第二节　拓展阅读

系列 1：我想当医生

课前导引

亲爱的小伙伴们，小时候的你一定也很怕医生吧。是不是一进医院内心就有种不安呢？医院里设置了哪些岗位？医生为什么被誉为白衣天使？想必你也有了解的冲动吧，那么今天就让我们一起来揭开医务人员那神秘的面纱。

悦读一刻

《我想当医生》一书介绍

今天我们就来打开一本新书——《职业探索系列（1）：我想当医生》，此书的作者是韩国的阿里斯托，由张琦翻译。这是一本专门为梦想未来成为医生，但是又为此感到疑惑的小朋友们所创作的漫画书。一群可爱的主人公将带你进入医院,亲身体验医院情境中的各种职业。你可以通过他们在医院执行医务工作的故事,深入了解医务人员的工作。书中详细介绍了每一种职业的工作内容、优点和缺点以及从事这种职业需要做好哪些准备等,这些信息将有助于你进行职业选择。

体验学习

一、图书拆读

"懒虫病毒"逐渐席卷全球,被病毒感染的人不愿意工作,因此医院里找不到医生和护士。国王派超级跑跑家族去拯救陷入瘫痪状态中的医院。他们只有充分激发起自己的热情,全力以赴,才有可能收集到对抗病毒的疫苗。面对病毒肆虐的医院,他们能否完成任务?

阅读内容:第一章　传奇王国陷入危机
阅读目标:职业大揭秘——医院里有哪些职业呢?

阅读内容:第二章　拯救医院大作战
阅读目标:职业大揭秘——医生、护士

二、思考讨论

（1）你最感兴趣的职业岗位是什么？

（2）如果想要做好这个岗位，应该具备怎样的知识和业务水平？

知识锦囊

一、白衣天使

白衣天使是对医护人员的美称。白衣是因为医护人员总是穿白大褂，而天使的意思是说，他们纯洁、善良、富有爱心；他们救死扶伤，童叟无欺。因此被比喻为是奉上帝的差遣来到人间治病救人的天使。

二、国际护士节

英国护士和统计学家南丁格尔,被称为"提灯女神",是护理事业的先驱和奠基人。因此1912年国际护士会倡议各国和护士学校于每年5月12日(南丁格尔的生日)举行纪念南丁格尔的活动,并将这一天定为"国际护士节"。这一天,全世界的护士以各种不同的方式来庆祝自己的节日。

故事阅读

最美丽的医生

黄海洋从医科大学毕业后,向几家省级医院投了简历,都是石沉大海。无奈之下,当了一家县中医院的实习医生,虽然有较高学历和一定的专业知识,但是找他看病的人并不多。

这天下午,县中医院接到了报警电话,黄海洋和几位医生一起随120急救车来到汽车站。一到现场,他们顿时愣住了:只见一个老头蜷缩在垃圾坑旁,浑身上下散发着臭气,整个人没有一点动静。几位医生你看我我看你,都露出了畏难情绪。望着这个胡子拉碴的老人,黄海洋心里一动,几步走到老人身边蹲了下来。他忍着扑鼻的臭气,立即为老人进行把脉、听心跳等初步检查。发现老人还活着,他连忙抱起老人送到救护车上。看到老人被送上救护车,围观的人们纷纷鼓掌向医生们表示敬意。

　　救护车到达医院后,照顾老人的事自然落到了黄海洋头上。经过仔细检查,老人并没有其他疾病,只是身体太虚弱所致。黄海洋一边为老人治病,一边为老人洗脚擦身子,其他病人家属看了十分感动,说黄海洋比老人的儿子还要亲。

　　第二天,黄海洋正在为老人检查身体状况。他接到北京同学的电话,说在一个国内知名网站论坛上看到了一篇帖子,上面的视频记录了黄海洋救治老人的过程。帖子已经有上千篇跟帖,每一篇都对黄海洋的举动充满了钦佩和赞赏之情。

　　就在这时,病房突然拥进来一大群人。原来,得知消息的电视台记者也纷纷赶来采访。面对镜头,黄海洋不知所措,涨红着脸说这是自己应尽的职责。但病房里的几位病人却详细讲述了黄海洋昨天照顾老人的经过,让大家对这个年轻人更加佩服。

随着新闻媒体的传播,黄海洋很快成了小县城的名人,并当选为"道德楷模"。没多久,被省城的一家医院看中,终于圆了自己进入省城的梦想。

原来黄海洋是一个来自山区贫困家庭的孩子,母亲多病。考上大学那年,父亲东挪西借却依然欠1 000元学费。就在他们万般无奈之际,村里有个靠捡垃圾为生的老人来到他们家中,塞了1 000元钱,一言不发地走了。从那时起,黄海洋就立志以后要帮助需要帮助的人。因此,当看到那位昏迷的老人时,毫不犹豫地上前对老人进行了救治。

大爱无边,我们的生活也是这样。有时候,当我们献出自己的点滴爱心,也许生活的航线会因此改变。而假如每个人都付出一点爱,我们的生活就会变成爱的海洋。

课后实践

以下任务可任选2项完成:

(1) 向爸爸妈妈介绍一下医院里的岗位设置。

(2) 如果爸爸妈妈有在医院工作的,跟着爸妈去上班体验。

(3) 写一篇300字左右的心得体会。

系列2：我想当法官

📖 课前导引

　　亲爱的小伙伴们，"法官"二字一直都是神圣和公正的代名词，你是否想过将来也做一名法官，维护社会公平和正义呢？法院里又设置了哪些岗位，具体做哪些工作？那么今天就让我们一起来揭开法务人员的神秘面纱吧。

悦读一刻

《我想当法官》一书简介

　　家境贫寒的杏怡为了不让家人受饿，竟然在同伴盗窃食品时帮忙把风。朋友借钱之后不愿意还钱，还跑得无影无踪……

　　你想要像超人一样为人们主持正义吗？

　　面对法院里各种让人头痛的案件，要怎么做才能公正地审判呢？快来挑战法务工作，为社会的公平、正义而战吧！

　　今天我们就来打开一本新书——《职业探索系列(2)：我想当法官》，此书的作者是韩国的阿里斯托，由张琦翻译。这是一本专门为梦想自己未来成为

法官,但为此而感到疑惑的小朋友们所创作的漫画书。一群可爱的主人公将带你进入法院,亲身体验法院情境中的各种职业。你可以通过他们在法院执行法务工作的故事,深入了解法务人员的工作。书中详细介绍了每一种职业的工作内容、优点和缺点以及从事这种职业需要做好的准备等,这些信息将有助于你进行职业选择。

体验学习

一、图书拆读

阅读内容:第一章　挑战新任务	
阅读目标:为什么需要法律?	
阅读内容:第二章　食品盗窃案	
阅读目标:了解法庭都有哪些法律常识?	
阅读内容:第三章　法律专家出击	
阅读目标:职业大揭秘——法官	

赢在未来——启蒙：小学生涯教育手册

二、讨论思考

（1）说说法院里都有哪些热门职业？

（2）你最感兴趣的职业是什么？如果胜任这个职业应该具备怎样的知识和业务水平？

（3）模拟法庭：当一次班级小法官或者家庭小法官，进行体验。

知识锦囊

如何才能成为一名法官呢？

（1）要想成为一名中国法官，要具有中华人民共和国国籍。

（2）年满 23 岁才能申请当法官。

（3）有正确的认知思想，拥护《中华人民共和国宪法》。

（4）有良好的政治、业务素质和良好的品行。

（5）身体要健康，没有特殊疾病。

（6）所学习的为法律专业且本科毕业，如果非本专业的话，应当具有相应的法律知识并且在法律界工作两年及以上。

故事阅读

法官的智慧

一个牧场主养了许多羊。他的邻居是个猎户，院子里养了一群凶猛的猎狗。这些猎狗经常跳过栅栏，袭击牧场里的小羊羔。

忍无可忍的牧场主找镇上的法官评理。听了他的控诉，明理的法官说："我

可以处罚那个猎户，也可以发布法令让他把狗锁起来，但这样一来你就失去了一个朋友，多了一个敌人。你是愿意和敌人做邻居呢？还是和朋友做邻居?"

"当然是和朋友做邻居。"牧场主说。

"那好，我给你出个主意，按我说的去做，不但可以保证你的羊群不再受到骚扰，还会为你赢得一个友好的邻居。"法官如此这般地交代了一番。牧场主连连称是。

一到家，牧场主就按法官说的挑选了三只最可爱的小羊羔，送给猎户的三个儿子。看到洁白温顺的小羊羔，孩子们如获至宝，每天放学后都要去院子里和小羊羔玩耍嬉戏。因为怕猎狗伤害到儿子们的小羊羔，猎户做了个大铁笼，把狗结结实实地锁了起来。从此，牧场主的羊群再也没有受到骚扰。

为了答谢牧场主的好意，猎户开始送各种野味给他，牧场主也不时用羊肉和奶酪回赠猎户。渐渐地，两人成了好朋友。

课后实践

以下任务请任选 1 项完成：

(1) 跟父母说说你对法官这一职业的认识。

(2) 写一篇 300 字左右的阅读心得。

(本节编者：上海市崇明区新河镇成人学校　王爱侠)